教育部人文社会科学研究规划基金项目（项目编号　15YJA880035）

民族地区农村中小学生学业自我概念及其发展

梁好翠　著

北京理工大学出版社
BEIJING INSTITUTE OF TECHNOLOGY PRESS

内 容 简 介

第一，本书对自我概念和学业自我概念的相关研究做了历史考察，作为整个研究的理论基础。第二，对广西民族地区农村中小学学业自我概念的现状进行了调查研究，分析其现状、发展规律和特点，并深入地研究了数学学科、语文学科的具体学科自我概念的特点。第三，研究民族地区农村中小学生学业自我概念的影响因素，从"学生个体因素"和"数学教室文化"角度探讨初中生数学自我概念的影响因素；对数学教师和语文教师这一"重要他人"进行了实证研究；给出一项"大鱼小池"效应的个案研究。第四，分析民族地区农村中小学生学业自我概念对学习的影响，给出学业自我概念对学习投入、学业成绩的影响的实证研究。第五，分析了民族地区农村学生学业自我概念与个体心理因素的相关性，对学业自我概念与学习坚持性、心理健康关系进行实证研究，给出一个初中生数学心理健康诊断模型及应用案例。第六，提出民族地区农村中小学生学业自我概念的培养提高策略和团体训练方法，开展初二学生数学自我概念辅导训练的实验研究。

本书可供学科教育、课程与教学论、教育心理学的教师和研究生、中小学教师、教育科学研究人员参考阅读。

图书在版编目（CIP）数据

民族地区农村中小学生学业自我概念及其发展 / 梁好翠著 . — 北京：北京理工大学出版社，2019.8

ISBN 978 - 7 - 5682 - 7163 - 9

Ⅰ.①民…　Ⅱ.①梁…　Ⅲ.①民族地区 - 农村 - 中小学生 - 学习动机 - 研究 - 中国
Ⅳ.①G442

中国版本图书馆 CIP 数据核字（2019）第 124823 号

出版发行 / 北京理工大学出版社有限责任公司	
社　　址 / 北京市海淀区中关村南大街 5 号	
邮　　编 / 100081	
电　　话 / （010）68914775（总编室）	
（010）82562903（教材售后服务热线）	
（010）68948351（其他图书服务热线）	
网　　址 / http：//www. bitpress. com. cn	
经　　销 / 全国各地新华书店	
印　　刷 / 北京虎彩文化传播有限公司	
开　　本 / 787 毫米 × 1092 毫米　1/16	
印　　张 / 12.25	责任编辑 / 李慧智
字　　数 / 290 千字	文案编辑 / 李慧智
版　　次 / 2019 年 8 月第 1 版　2019 年 8 月第 1 次印刷	责任校对 / 周瑞红
定　　价 / 60.00 元	责任印制 / 施胜娟

前　言

　　"认识自己"，是一个既古老又现代的话题，是一个看似简单却最难的问题。"人贵有自知之明"，"自知"是自古希腊以来困扰人类的不变命题。离我们最近的自己又离我们最远，近的是自己的身体，远的是我们对自我的认识。

　　自 1890 年美国心理学家詹姆斯（Willian James）首次提出自我概念以来，许多心理学家都高度关注这一研究领域。从詹姆斯到米德（Mead，1934），从罗杰斯（C. Rogers，1951）到杰根（Gergen，1982），自我及相关理论受到人们的普遍关注，并得到了广泛的运用。相关研究重点是放在人们如何思考和感觉自己，以及这些想法和感觉如何塑造和影响其心理的其他方面。莎沃森（Shavelson，1976）第一次把一般自我概念划分为学业自我概念（academic self - concept）和非学业自我概念（nonacademic self - concept），学业自我概念可分为语文自我概念、数学自我概念等具体的学科自我概念。之后，学业自我概念成为教育心理学、社会心理学共同关注的热点领域。在教育心理学研究中，人们高度关注学业自我概念的形成和发展、学业自我概念与学业成绩的关系等问题。

　　在中小学的教育现实中，学习、作业、月考、期中考、期末考、中考、高考、分数、学业进步，都是一个个的重磅任务！学生每天都要面对各种学习任务，要应付各种题目，没有完成或完成不好的还要面临着老师的批评、父母的责备，学习成绩差的还可能受到老师、同学的另眼看待，这些都引起学生对学习的倦怠、紧张、恐慌和焦虑，严重的还可能导致学生辍学。这是学生对学业的感受、体验，这些感受和体验影响到学生的学习状态，严重的还可能影响到学生的人格特征和整个人生。

　　《义务教育数学课程标准》中指出："既要关注学生数学学习的水平，也要重视学生在数学活动中所表现出来的情感与态度，帮助学生认识自我、建立自信。"《高中数学课程标准》中指出："通过评价，提高学生学习兴趣，帮助学生认识自我，增强自信。"那么，如何帮助学生认识自我，自我又是什么？更为具体地说，自我概念是什么？学业自我概念是什么？数学自我概念是什么？它们的组成结构如何？有什么特征？数学自我概念对数学成就有没有影响？影响程度如何？影响机制如何？影响学生数学自我概念的因素有哪些？影响的机制如何？数学自我概念与其他心理特质的关系如何？如何通过心理干预来提高学生的数学自我概念？能否通过认识自我来建立自信？目前，中小学生学业自我概念的现状和发展特点如何？数学自我概念的现状和发展特点如何？等等。这些问题既是理论的问题，也是与教育教学实践密切关系的问题。

　　我们对上述问题开展了系列的研究，取得了一些成果，分别在《数学教育学报》《民族教育研究》等中文核心期刊上发表，有两篇论文分别获广西哲学社会科学优秀成果奖和钦州市社会科学优秀成果奖，有些成果在第二届华人数学教育大会、广西高教学会数学教学专业委员会年会上做了报告，得到了同行们的肯定。

　　本书就是对这些研究的记录、总结和提升。研究通过以点带面、点面结合的方法开展，这里的点就是数学自我概念和语文自我概念，面就是一般的学业自我概念。本书比较深入地对数学自我概念进行了研究，以深入的"点"来带动"面"，思辨与实证相结合，以实证研究为主。全书按"理论基础—现状和发展特点—影响因素—对学习的影响—一些相关性研究—教育实践应用"展开，共分为六章。

第一章：对自我概念和学业自我概念的相关研究做了历史考察，作为整个研究的理论基础。提出本研究的目的、问题、内容和方法。

第二章：采用问卷调查的方法，以广西为例，对民族地区农村中小学学业自我概念的现状进行调查研究，分析其现状、发展规律和特点，并深入地研究了数学学科、语文学科的具体学科自我概念的特点。

第三章：研究民族地区农村中小学生学业自我概念的影响因素，采用结构方程模型方法，从"学生个体因素"和"数学教室文化"角度探讨初中生数学自我概念的影响因素；对数学教师和语文教师是学生"重要他人"这一认识进行了实证研究；给出了一项"大鱼小池效应"的个案研究。

第四章：研究民族地区农村中小学生学业自我概念对学习的影响，并给出学业自我概念对学习投入、学业成绩的影响的实证研究。

第五章：分析民族地区农村中小学生学业自我概念与个体心理因素的相关性，对学业自我概念与学习坚持性、心理健康的关系进行实证研究。针对数学学科领域，提出了一个初中生数学心理健康诊断模型及其应用案例。

第六章：给出民族地区农村中小学生学业自我概念的培养提高策略和团体训练方法，开展初二学生数学自我概念辅导训练的实验研究。

对学业自我概念、具体学科自我概念的研究，不是一件简单的事情，学业自我概念、数学自我概念、语文自我概念不是常量，而是变量，它随着历史的发展、社会文化的变迁而发生变化，因不同的社会文化、环境而差异。当然，学业自我概念的本质含义是不变的。詹姆斯将认识自我称作心理学中的"最难解之谜"。本研究只是做了一些粗浅的工作，不成体系，也很不成熟。

本研究得到了 2015 年度教育部人文社会科学研究规划基金项目"民族地区农村中小学生学业自我概念及其发展研究"（项目编号 15YJA880035）基金资助。项目研究得到了项目组成员特别是黄乃佳、刘阳、黄岳俊等老师的通力合作，科技处曹允青科长的鼎力支持，调查研究和实验研究等研究得到了多所中小学特别是钦州市钦北区小董中学、大寺中学、大寺二中、大寺镇中心小学的大力支持，数据的收集和录入得到了数学专业学生何少梅、黄慧琴、罗萍萍、檀香莲、苏冰、包晓清等的帮助，在此，我对他们表示衷心的感谢。

梁好翠

2018 年 12 月 8 日

于钦州·北部湾大学

目 录

第一章

学业自我概念研究的历史考察

"人贵有自知之明","自知"是自古希腊以来就困扰人类的命题。离我们最近的自己又离我们最远,近的是自己的身体,远的是我们对自我的认识。认识自我被许多哲学家认为是最难的事。詹姆斯将认识自我称为心理学中的"最难解的谜"。

本章首先分析自我概念的含义、组成、功能、形成及其发展,在此基础上对学业自我概念的研究进行梳理,为本研究提供理论基础。最后提出本研究的目的、问题、内容和方法。

第一节　自我概念

一、自我概念的含义

自我是起源于哲学领域的一个重要概念,现已发展成为心理学领域研究的奠基石。但是在整个心理学研究中,自我概念至今还没有形成非常明确的或者被公认的概念定义。

在国外,代表性的定义有:

罗杰斯认为,自我概念是个人现象场中与个人自身有关的内容,是个人自我知觉的组织系统和看待自身的方式[1]。

莎沃森(Shavelson)认为,自我概念是通过经验和对经验的理解而形成的自我知觉,即个体的自我知觉,这种知觉源于对人际互动、自我属性和社会环境的经验体验,是多维度的,按一定层次组织到一个范畴系统之中。

鲍迈斯特尔(Baumeiste)认为,自我概念是指一个人自身的整体,包括一个人的人格特征和图式,以及对社会角色和关系的理解[2]。

格林等人(Green等,2006)认为,自我概念是一个人对他自己的感知,包括成长的环境和经历[3]。

在国内,代表性的定义有:朱智贤主编的《心理学大词典》中指出,自我概念是一个人对他自己的概念或观念。具体说来,自我概念就是一个人对自身的生理自我特征、心理自我特征、社会自我特征以及关联自我特征的态度,它包括认知、情感与意志三种成分。因此,自我概念是基于自我意识的知、情、意的统一,是个性心理面貌的重要成分[4]。

陈琦等人认为，自我概念是指由"个体对自身的观念、情感和态度组成的混合物"（Hilgard 和 Atkinson，1979）。它是个体对自己的综合看法，是在过去与环境相互作用而形成的经验的基础上建立的，主要受到他人的强化和评价的影响[5]。

于露等人认为，自我概念是个人心目中对自己的印象，包括对自己的存在、个人身体能力、性格、态度、思想等方面的认识，是由一系列态度、信念和价值标准所组成的有组织的认知结构，它把一个人的各种特殊习惯、能力、观念、思想和情感组织连接在一起，贯穿于经验和行为的一切方面[6]。

蔡淑玲认为，自我概念是一种自我态度的组织，其结构具有阶层性。

黄希庭（1996）提出，自我概念是对自己所有方面的知觉，是一个多维度、有组织的结构，具有评价性且可以与其他人分开。

综合有关观点，自我概念有以下常见的界定或特性：①自我概念是自我知觉的一部分，是建立在与环境相互作用的基础上形成的。②自我概念是个体与环境相互作用形成的关于自己、自己与他人、自己与外部世界的观念性认识，是关于自我信念的组织。③自我概念是个体对自己的综合看法，是在过去与环境相互作用而形成的经验的基础上建立的，主要受到他人的强化和评价的影响而逐步形成。④自我概念是属于自我意识的范畴，包括个体的知觉、意识、态度、价值等成分。⑤自我概念是多维度、多层次的。⑥自我概念具有发展性、相对稳定性、阶段性、可塑性和个体差异性。总之，自我概念是个体对自己的综合观念或看法，包括自己的特长、能力、外表、自身心理、生理和社会接受性方面的态度、情感、知觉和主观评价。

二、自我概念的结构组成

自我概念的结构，从单维模式到多维模式发展[2]。

单维模式流行于 20 世纪六七十年代。该模式主张个人自我概念的特征反映其在不同生活领域中对自己的知觉与评价。早期的理论家将自我概念看作是整体的构念。詹姆斯是近代研究"自我心理学"的先驱，他认为自我概念具有二元性，即存在两类自我：主我（I）和客我（M）。"主我（I）"是自我中积极的知觉、思考部分，"客我（M）"是自我中被注意、思考或知觉的客体。后者就是自我概念，是个体对自己知觉的总和。后来，詹姆斯又将"客我"分为物质自我、社会自我和精神自我。这样一来，詹姆斯（1890）认为自我由四个部分组成：物质自我、社会自我、精神自我和纯自我，并认为自我具有层次结构性，身体自我是基础，社会自我高于物质自我，精神自我在最高层。

与詹姆斯相比，符号互动论者在自我概念的形成中看重个体与他人社会交往的价值。例如，库利（Cooley，1902）提出自我是通过人际关系建立的。自我不仅是一个个人实体，还是社会的产物，他把自我的这个方面称为投射自我或镜中自我。人们不仅想象他人如何看待自己，而且想象他人如何评价他们的所见所闻。所以，自我还包括镜中自我，即由他人如何对自己及对自己的行为做评判的知觉所构成的我。米德（1934）也强调社会经验在自我形成中的作用，他指出："当个体与已成为他的客体的其他人可以比较时，个体只有采取在某一社会环境中其他个体对他的态度，才能成为他自己的客体。没有社会经验，自我便不可能产生，因为它是社会经验的产物。"

20 世纪 80 年代，许多自我概念研究者已转向多维模式。很多研究者认为，自我概念不是单一的构念，总体自我概念是由多个领域自我概念构成，这些领域自我主要包括身体外貌、父母认可、运动能力、胜任力和学业能力等。

伯恩斯（R. Burns，1982）对前人在自我概念方面的研究进行了一次总结，并明确提出了一个同时包括主体自我与客体自我的自我概念结构图，如图 1-1 所示。这一结构以詹姆斯的经典理论为基础，将自我概念理解为自我态度系统，并在这一系统的具体内容上将罗杰斯的理想自我的概念融汇进去。虽然，这一结构忽视了自我价值维度的考虑，未能在结构系统中找到诸如道德自我等重要方面的位置，但它在总体上对自我概念的结构做了很多合理的思考，并将经典的自我理论有机地结合到了其中，如把詹姆斯、罗杰斯、罗森伯格等的观点融合在一起，对自我概念研究起到了承上启下的作用。

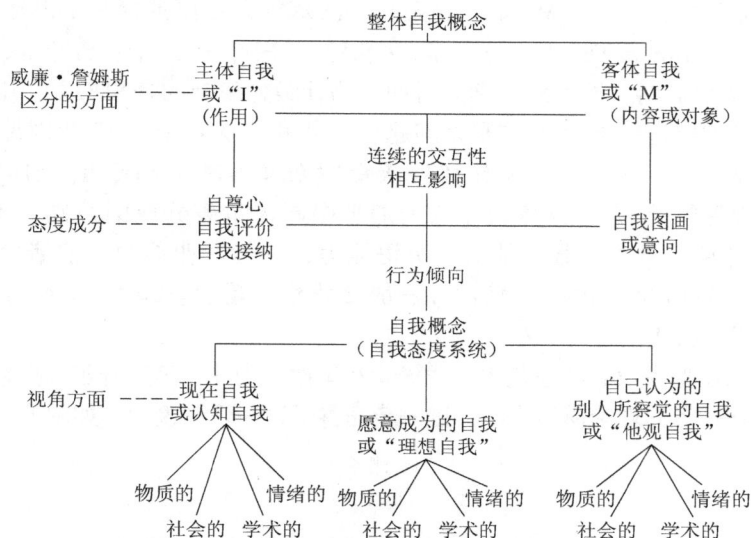

图 1-1　伯恩斯自我概念结构图（1982）

莎沃森等人（1976）提出的自我概念的多维模型是自我概念当代模型发展的里程碑。莎沃森，胡贝尔（Huber）和斯坦顿（Stanton）等（1976）在詹姆斯（1890）和库利（1902）等理论的基础上综合了前人的研究成果，给出了自我概念的明确定义，从系统论的角度提出了一个多维度、多层次、有组织的自我概念结构模型，简称莎沃森等人的模型，如图 1-2 所示。在这一模型中一般自我概念位于最顶层，它分为学业自我概念和非学业自我概念。学业自我概念又细分为具体学科的自我概念，如数学自我概念、英语自我概念等。非学业自我概念又分为社会的、情绪的和身体的自我概念。并指出自我概念的七个特征：组织性、多维度、层次性、稳定性、发展性、评价性和区分性。这一模型很有启发性，引起了研究者的广泛重视，许多研究和量表的编制都以这种模型为理论基础。

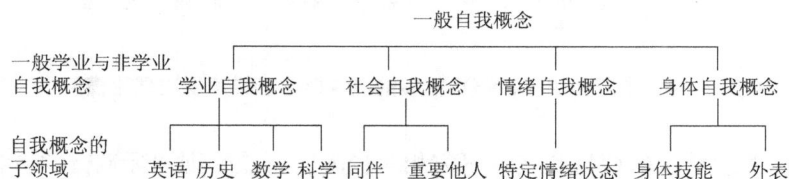

图 1-2　自我概念的多维度多层次模型（莎沃森等，1976）

莎沃森和布勒斯（Shavelson 和 Bolus，1982）扩展了最初的莎沃森等人（1976）的观点，检验了这样一个假设，即当个体的自我概念移至层次或学业自我概念的最高层时，自我概念的稳定性会增加；当个体的自我概念下降层次时，自我概念的稳定性会降低。自我概念测量的数据（一般学业、英语、数学、科学）和学习成绩（英语、数学、科学）在五个月内分两次收集，在支持自我概念的多维度方面，自我概念的五个成分间具有相当清晰的独立性；在支持多层次模型方面，一般自我概念与一般学业自我概念存在最高的相关，与特定学科的自我概念的相关较低，与学校的分数的相关最低；一般学业自我概念与特定学科自我概念的相关最高，特定学科自我概念与对应的学科分数的相关高于与其他学科得分的相关。然而这些结果并没有表明当个人的自我概念下降层次时自我概念的稳定性会降低。

20 世纪 80 年代初，马什（Marsh）等人在莎沃森等人提出的模型的基础上编制了自我描述问卷（Self Description Questionaire，简称 SDQ），SDQ 有三个：SDQ Ⅰ、SDQ Ⅱ、SDQ Ⅲ，分别适用于学龄前期、学龄期、学龄后期。马什最先编制的是 SDQ Ⅰ，用这一问卷进行的研究支持莎沃森的模型，但也存在很多问题。马什和莎沃森于 1985 年对原模型进行了修正，其结构模型如图 1－3 所示。马什和莎沃森后来又编制了 SDQ Ⅱ、SDQ Ⅲ。SDQ Ⅲ 与 SDQ Ⅰ 不同，SDQ Ⅲ 包括 13 个分量表，在 SDQ Ⅲ 中同伴量表分成同性别和不同性别量表，另外的量表包括体能、外貌、数学能力、英语能力、一般学业能力、情绪稳定性、问题解决、亲子关系、宗教信仰、诚实/可信性、一般自我概念量表。20 世纪 90 年代初期，马什等对结构模型再次做了修正。

马什和莎沃森模型中没有考虑艺术自我概念在里面，为此，韦斯普尔等把艺术自我概念也整合到莎沃森和马什等的理论模型之中，进一步完善了这一理论模型，如图 1－4 所示。

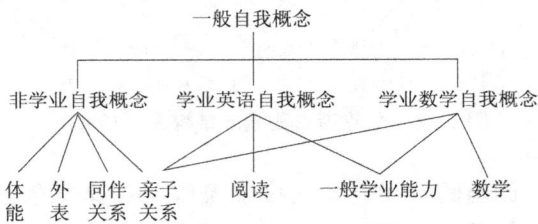

图 1－3 马什，莎沃森（1985）修订后的自我概念结构模型

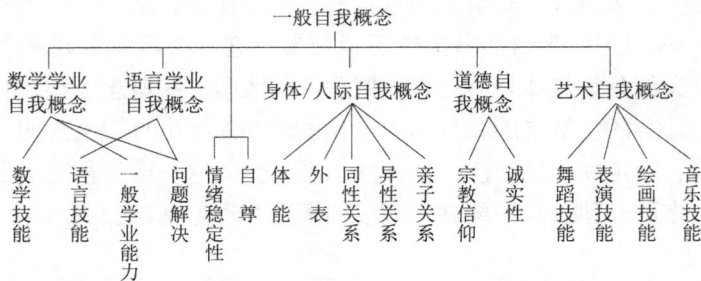

图 1－4 韦斯普尔（1995）扩展的自我概念多维度层次理论模型

国内对自我概念结构的探讨和实证研究相对较晚，可能受到国际流行的自我概念观的影响，基本上采用多维结构模式的观点。

黄希庭等人（1998）认为[7]，自我概念是个人对自己多方面知觉的总和，包括个人对自己的性格、能力、意趣的了解，个人与他人和环境的关系，以及个人对现实生活的评价。郑涌和黄希庭（1998）通过对大学生自我概念结构的内容分析，构造出大学生自我概念的理论维度，并对其进行实证研究，结果显示：大学生自我概念的重要维度包括交际、友善、信义、容貌、学业、志向、家庭、成熟和自纳等。同时，采用多层次因素分析显示，大学生自我概念以内外组织为基础的层次结构。

赵小军（2006）参考 SDQ II 和 TSCS 的项目，编制出西北初中生自我概念问卷，得出 10 个因子：文科自我、理科自我、艺术自我、诚实性自我、家庭自我、一般自我价值、朋友自我、外貌自我身心愉悦、良心，并进一步研究得出四个二阶因子：学业自我、人际自我、自身自我和道德自我[8]。

陈美吟（2007）编制的中学生自我概念的量表包括生理自我、道德自我、学业自我、家庭自我、社会自我和心理自我等维度[9]。

赵必华（2013）认为，自我概念是个人对自己多方面知觉和评价的总和，反映了个体对自己的认知与态度。自我概念是一个多维度的概念，随着个体的经验及其与环境的互动而发生变化。采用因素分析等方法，得出自我概念结构成分包括学业自我、道德自我、社会自我、家庭自我和身体自我[10]。

几种自我概念量表的结构成见表 1-1。

表 1-1　几种自我概念量表的结构成分

SDQ II	TSCS	MSCS	赵小军量表（2006）	陈美吟量表（2007）	赵必华量表（2013）
外表	生理自我	身体自我	自身自我	生理自我	身体自我
体能					
诚实性	道德伦理自我		道德自我	道德自我	道德自我
数学		学业自我	学业自我	学业自我	学业自我
语文					
一般学校					
与父母的关系	家庭自我	家庭自我	人际自我	家庭自我	家庭自我
与同性关系	社会自我	社会自我		社会自我	社会自我
与异性关系					
情绪稳定性	心理自我	情绪自我		心理自我	
		能力自我			
总体自尊	自我批评				

注：SDQ II 是马什等编制的量表；TSCS 是林帮杰（1991）修订的田纳西自我概念量表；MSCS 是布兰肯（Bracken，1992）编制的多维自我概念量表；赵小军量表（2006）是 2006 年赵小军编制出西北初中生自我概念问卷；陈美吟量表（2007）是 2007 年陈美吟编制的高中生自我概念量表；赵必华量表（2013）是 2013 年赵必华编制的量表。

三、自我概念的功能

伯恩斯（1982）提出自我概念具有保持一致性、经验解释和决定期望等三种功能[11]。

一是自我一致性保持功能。它是指自我概念使人保持内在一致性，个人需要按照保持自我看法一致性的方式行动。个人怎样理解自己，是其内在一致性的关键部分。积极的自我概念引导人按照社会期望的方向发展，消极的自我概念引导人放松自我约束。其实上，通过维持内在一致性的机制，自我概念实际上起着引导个人行为的作用。在这个意义上说，儿童与青少年的发展过程中，引导他们形成积极的自我概念有着非常重要的意义。例如，在青少年成长过程中，如果青少年给自己打上"坏孩子"的标签，他就会形成不良的自我概念，他们就会放松对自我行为的约束，不良行为成为他们合理的印证。如果青少年认为自己是一个"好人"时，"好人"的自我概念会使人倾向于做好人的行为。

二是经验解释功能。它是指自我概念具有经验解释系统的作用。一定经验对个人具有怎样的意义，取决于个人在怎样的自我概念背景上做出评价。同样的经验对不同自我概念背景的人，会具有不同的意义。人们的自我概念背景不同，对自我同周围世界的关系也就有了不同的解释轨迹。例如，在某次数学考试中，同样都得 85 分的不同学生，有的会表现出高兴和满足，而有的会感到失败和沮丧。某学生自认为自己的数学能力一般，现在考得 85 分，会认为是取得了好成绩，取得了极大的成功，自己觉得不错，心情愉快。而某学生自认为的数学能力很强，应该是考得更高的分数，现在只考得 85 分，认为是考得不好，体会到极大的挫折，感觉到了失败和痛苦。如同人们保持自己行为与自己的自我看法相一致的强烈倾向一样，人们也强烈地倾向于按照与自己的自我概念相一致的方式来解释自己的行为和行为结果。

三是期望定向功能。它是指人们对情境和自己行为的期望是受到自我概念引导的。在各种情境中，人们对于事情发生的期待和自己在情境中如何行为，都高度决定于自己的自我概念。伯恩斯（1982）发现，儿童对自己及其后继行为的期望，是在自我概念基础上发展起来的，并与自我概念相一致。金盛华（1993）发现，差生的消极自我导致自我期望、学习动机、外部评价与对待都偏离应当自我鼓励和提升的学生角色，差生的成绩落后是一个新的自我一致系统的有机构成部分。在这个自我一致系统中，成绩落后是差生自己期望得到的结果，也是教师、家长和同学都认为应该得到的结果。

自我概念的保持一致性、经验解释、期望定向功能在本质上是同一的。

四、自我概念的形成和发展

（一）儿童自我概念形成和发展的机制

儿童自我概念的形成和发展机制，主要是社会比较和个体内部比较。儿童通过与周边的人或事件进行比较，与自己的过去或其他方面的属性（或事件）进行比较，逐步形成对自己的认识和评价。儿童的自我概念就是通过这样的社会比较、个体内部比较而形成和发展起来的。

孩子长到 6~8 月龄时，开始出现自己身体和自身连续性的感觉，此时，婴儿可以像认识不同时间的妈妈是同一个人一样，感觉到自己是一个连续的对象。儿童自我意识正是在这一基础上逐步发展起来的。

随着儿童认知能力的不断提高，特别是随着语言的学习和与他人的相互作用，开始逐步学会用符号来指称周围世界的客体，并最终了解了语词中"我"的内涵，开始用"我"来代替"宝宝"，此时，自我已经明确分化为一个独立的对象。这意味着自我概念的完整意义已经出现，儿童关于自我的概念将开始影响其与周围世界的关系和对待自己的方式。

按照库利"镜像自我"理论，儿童早期的自我概念主要是通过将别人对自己的态度当作镜子来看到自己的"镜映过程"获得的，别人的态度不仅影响着儿童折射性的"镜像自我"，而且会经由这一途径使实际的自我发展也受到影响。儿童自我概念发展的另一个核心要素是人际交往。个人的自我是因为体验到别的存在而出现，没有对别的存在的体验和将自身与他人进行比较，就不可能有自我的诞生。儿童与他人的交往过程是不断提高知觉别人能力的过程，也是自我概念不断发展的过程。在实际生活中，并不是每个与儿童交往的人都对他们产生同等的影响力，在儿童生活中的某些人对他们的自我概念发展有着十分重要的影响。这些人被称为"重要他人"，如父母、教师、同伴等，但在不同年龄段，"重要他人"有所不同。事实表明，在儿童发展过程中，教师对儿童自我概念的形成和发展发挥着长期、重大而持续的影响，而且这种影响的性质很难为其他途径的影响所取代。这意味着教师看待学生的态度和对待学生的行为方式是学生在学校社会环境中处境是否积极的最主要的因素，教师不仅会对学生的自我概念发展产生重要的影响，而且对学生的实际自我状况与整个人生道路都产生重大的影响。

在儿童自我概念的形成与发展过程中，儿童的自省能力是基础，也是关键。因为，在儿童与他人的交往过程中，不断地对自己进行反思和自省，在此基础形成和发展自我概念。

（二）儿童自我概念形成和发展过程

儿童自我概念的发展过程具有一定的特征或特点[12]，见表1－2。

表1－2　自我概念的发展过程

年龄阶段	自我概念在各个年龄阶段的重要特征
1～2岁时婴儿	已经能够理解自己是一个独立的个体，和别人是有区别的
2～3岁时婴儿	对性别和年龄有了一定的识别能力，这是自我概念的最初成分。他们能够辨出自己的性别，并知道自己是孩子，父母是成年人，父母比自己年龄大。也将家庭关系列入自己的自我概念之中
3～4岁的儿童	能够对他们可以观察到的自我特征建构心理表征，但所理解的自我是孤立的各个部分，不能把各个部分整合成一个完整的自我，归类能力较弱
5～7岁时的儿童	对自我的各个部分进行归类的能力得到了发展，如能够将"我跑得快""我跳得远"等"运动能力"归为一类
8～12岁时的儿童	会用能力来描述自己。在这一时期，儿童对自己的描述中更多地出现了社会关系。童年期的儿童，已经可以进行社会比较，他们会通过其他人来描述自己。在这一阶段，儿童的自我概念早已不再停留在识别自己的身体上了，他们发现自己有思想、情感、欲望，而这方面别人可能都不知道，只有他本人才能了解。了解到自己的一些隐私方面，这是儿童自我概念发展的重要进步
13～18岁的青少年	青春期的青少年，更喜欢进行社会比较，也更在意他人对自己的评价。此时，社会情境的改变与自己社会角色的显著变化导致青少年的自我概念产生了深刻的变化。青少年有了观点采摘的能力，能够站在他人的角度、揣测他人的观点来看待自己或其他问题。此时的青少年的自我概念容易受到同伴的影响，社会反馈对青少年自我概念的发展产生重要的影响，积极的反馈起到正强化的作用，而消极的反馈会导致青少年的自我概念评价降低，最终产生消极的自我概念。14岁左右的青少年是自我概念形成和发展的关键期
成年人	成年人自我概念的发展过程中既有稳定性，也有可变性。成年人对自己的评价较为稳定，但随着环境的改变，自我概念也会发生变化。环境的稳定性在自我概念的稳定性上扮演着重要的角色

第二节　学业自我概念

学业自我概念的研究，主要集中在学业自我概念的含义和结构、学业自我概念的形成与发展、学业自我概念的相关性研究。

一、学业自我概念的含义

关于学业自我概念的界定，过去有的学者从认知角度去界定或者从评价角度去界定，但是目前大多数学者都是综合两者去界定了。

从认知方面去界定，如拜恩（Byrne，1984）认为，学业自我概念指个体在成就情境中对自己的知识和知觉[13]。它不同于学业自我效能，学业自我效能是指个体对自己能否成功地完成指定水平的学业任务的信心。豪斯（House，1992）认为，学业自我概念是指学生对其学业能力的自我知觉[14]，是学生对自己在学业任务中能否获得成功、能否掌握某一具体的、确定的学业任务的预期和判断。从评价角度来界定，认为学生学业自我概念是指学生对自己完成学习任务中的表现或能力水平高低的评价。

目前，大多数学者都是综合认知和评价两者去界定学业自我概念。

Ghazvini（2011）认为，学业自我概念是学生对自己学业方面的表现、能力和知识形成的稳定的知觉和评价[15]。

李叶、田学红（2002）认为，学业自我概念是学习者对自身学业方面的知觉和评价，包括学业现状、学习潜能、学习兴趣、学习动机、学习态度、学习方法、归因等[16]。

姚计海、申继亮等（2003）认为，学业自我概念是学生把自己当作客体，对自己在学校中的学习能力、态度、体验和价值等做出的整体的认识与评价[17]。

林崇德等（2003）认为，学业自我概念是指"个体在学校情境中对自己的学习行为和学习能力的知觉和评价"[18]。

郭成（2006）认为，学业自我概念就是指个体在学业情境中形成的对自己在学业发展方面的比较稳定的认知、体验和评价，包括对自己在不同学业领域中的学业能力、成就、情感以及方法等的认知、体验和评价。学业自我概念包含着认知、情感和评价三种不同的心理成分，它们是可以区分的，如"我的数学很好"是认知成分，"我学数学很容易"是评价成分，而"我期待数学的学习"则是情感体验成分[19]。

另外，学些学者认为，学业自我概念不应包括学业情感体验在内，而有些学者认为则应该包括在内。如 Bong 和 Clark（1999）明确提出，学业自我概念由认知和情感维度组成。Eccless 和 Wigfield 则认为，有关学业情感体验应属于另外的结构，在学业自我概念中应强调认知和能力的成分。

具体到各学科自我概念，基本上是结合学科特点，参考学业自我概念来界定。如梁好翠（2010）认为，数学自我概念是指学生在学校情境中形成的对自己在数学学业方面的特长、能力和知识形成的比较稳定的认知、体验和评价，它是学生自我意识中的数学自我的知觉和评价，是学生通过对数学活动、自我属性和社会环境的经验体验及对经验理解而形成的[20]。李磊（2010）认为，语文学业自我是从语文这个具体学科角度来考察学生的语文学习状况，是指学生在学业学习过程中形成的对自己语文学业各方面比较稳定的认识、体验和评价，包括语文学习能力、语文学习成就、语文学习情感和语文学习行为等方面的认识、体验和评价。

二、学业自我概念的结构

莎沃森（1976）第一次把一般自我概念划分为学业自我概念（academic self-concept）和非学业自我概念（nonacademic self-concept）。学业自我概念可分为语文自我概念、数学自我概念等具体的学科自我概念，如图 1-5 所示。

图 1-5 莎沃森的学业自我概念结构模型（1976）

Song 和 Hattdie（1984）对莎沃森模型进行了修正，得到了由七个因素构成的模型[21]，通常称为 Song-Hattdie 学业自我概念模型，如图 1-6 所示。

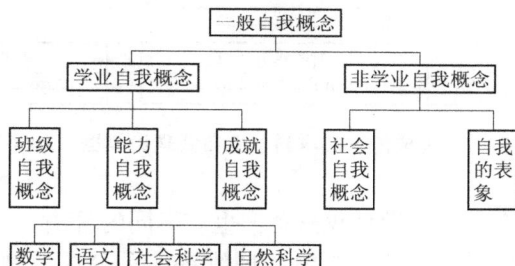

图 1-6 Song-Hattdie 学业自我概念模型（1984）

马什（1983）根据莎沃森多维度层次模型，编制出较为完善的自我描述问卷（简称SDQ）。1985 年马什和莎沃森进行了修改提出了马什/莎沃森模型。1988 年，他们再对模型做了进一步修订，他们用学业语言和学业数学自我概念来代替学业自我概念，下面包括各种具体学科领域的自我概念以及一个学校自我概念，各种具体学科的自我概念又包括更多更小的元素成分[22]，如图 1-7 所示。

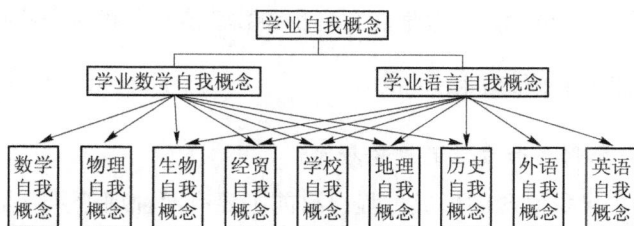

图 1-7 马什/莎沃森学业自我概念结构模型（1988）

在国内，大部分学者都是参考国外学业自我概念结构成分基础上进行研究，取得了一定的成绩。例如：郭成（2006）运用探索性因素分析和验证性因素分析技术，编制了基于多层面等级结构模型的一般学业自我、学科学业自我和负面学业自我的测量工具。他认为，青少年的学业自我是一个多层面、多维度的系统结构。在层面上，包括一般学业自我、一般学科自我和具体学科自我三个层面。在维度上，一般学业自我包括学业能力、学业行为、学业体验和学业成就等四个维度，如图1-8所示；一般学科自我包括文科学业自我、理科学业自我和艺术学业自我三个维度，如图1-9所示；具体学科自我主要包括语文学业自我、政治学业自我、历史学业自我、地理学业自我、数学学业自我、物理学业自我、化学学业自我、生物学业自我、音乐学业自我、美术学业自我、体育学业自我、英语学业自我等具体学科学业自我[23]。

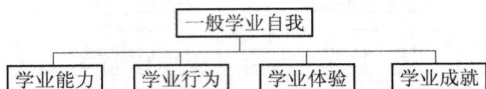

图1-8 郭成的青少年一般学业自我结构模型（2006）

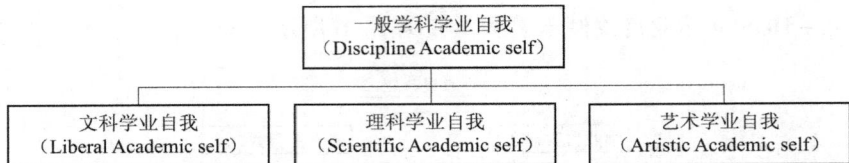

图1-9 郭成的一般学科学业自我理论模型（2006）

关于具体学科自我概念，如数学自我概念，也有不同的看法。例如，根据不同的划分标准，数学自我概念的构成成分有二维、三维、四维等多种分法。例如，裴昌根（2009）认为[24]，数学学科自我概念由数学学习的自我认知、自我体验、自我调控等三个维度构成，其中数学学习的自我认知是指学生对自己数学学习能力、水平的认识和评价；数学学习的自我体验是指学生在数学学习过程中产生的情感和态度；数学学习的自我调控是指学生对自己数学学习行为的调节和控制。台湾学者洪志成认为[25]，数学自我概念可由学科自信、学科自我形象、学科自我行动、学科自我接纳等四个维度构成。马什（1999）对自我描述问卷（Self-Description Questionnaires，简称SDQ）中各项目进行验证性因子分析得到，数学自我概念由两个维度构成，分别是数学能力自我和数学情感自我两个核心维度[26]。目前，多数研究者采用了马什的结论，即数学自我概念是由数学能力自我和数学情感自我两个核心维度构成。

三、学业自我概念的形成和发展

（一）学业自我概念形成和发展的理论模型

关于中小学生学业自我概念的形成过程，目前主要有两种理论：一是参照系效应，二是自我动机。

1. 参照系效应的理论模型

（1）I/E参照模型[27]

马什（1986）提出的内/外参照模型（internal/external frame of reference model，以下简

称"I/E 模型")是其中最主要的理论模型之一。马什是以学业成绩与学业自我概念之间的关系为基础提出了该模型。他指出,学业自我概念的形成有外部比较和内部比较两种不同历程。

I/E 模型的提出源于马什及其合作者对莎沃森、胡贝尔和斯坦顿(1976)的多层次多维度自我概念结构模型的改进。多层次多维度自我概念结构模型假设一般自我概念位于模型的最顶端,向下划分为学业自我概念和非学业自我概念,其中学业自我概念又进一步细分为更为具体的学科自我概念(如语文自我概念、数学自我概念等)。根据这一结构模型,由于语文成绩和数学成绩之间呈显著正相关,所以,语文自我概念和数学自我概念之间也应该呈显著正相关。然而,后来的实证研究却发现,尽管语文成绩和数学成绩之间呈显著正相关,但语文自我概念和数学自我概念之间的相关性却几乎接近于零。

为了解决这一矛盾,马什和莎沃森(1985)改进了多层次多维度自我概念结构模型,提出了马什/莎沃森模型。在马什/莎沃森模型中,根据学科性质及其彼此之间的相关性,学业自我概念首先被划分为文科自我概念(verbal self-concept)和理科自我概念(math self-concept),其中文科自我概念又被划分为语文、外语、历史等人文社科方面的具体学科自我概念,理科自我概念又被划分为数学、物理、生物等理工科方面的具体学科自我概念。根据学科性质的差异程度,语文自我概念和数学自我概念位于具体学科自我概念的最两端,其余学科自我概念从左至右构成一个学业自我概念连续体。在此结构模型基础上,马什(1986)提出了 I/M 模型。其具体路径结构模型如图 1-10 所示。

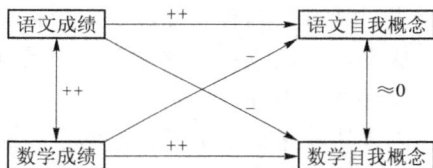

图 1-10 I/M 模型路径结构

马什(1986)认为,之所以语文成绩和数学成绩之间呈显著正相关,但语文自我概念和数学自我概念之间却几乎呈零相关,是因为学生在评价自己的语文和数学能力时,同时使用了内部和外部两种参照系或比较过程。通过外部比较,学生将自己的语文(或数学)成绩和班级中其他同学相比较,其语文(或数学)成绩越高,语文(或数学)自我概念也就越高,即语文(或数学)成绩对语文(或数学)自我概念具有正向预测作用;通过内部比较,学生将自己的语文成绩与数学成绩相比较,如果其语文成绩高于数学成绩,其将习得相对较高的语文自我概念和相对较低的数学自我概念。相反,如果其语文成绩低于数学成绩,其将习得相对较低的语文自我概念和相对较高的数学自我概念。即语文成绩对数学自我概念、数学成绩对语文自我概念具有负向预测作用。在内/外两种比较过程的共同作用下,语文自我概念和数学自我概念几乎呈零相关。

从 I/E 模型的内涵可以看出,同一学科领域的学业成绩和学业自我概念呈显著正相关(如数学成绩和数学自我概念),不同学科领域的学业成绩和学业自我概念呈显著负相关(如数学成绩和语文自我概念)。I/E 模型说明了学业自我概念具有学科特异性,学生的特定学科自我概念不仅受到该特定学科能力的正向影响,而且受到具有明显不同特性的其他学科能力的负向影响。

(2)大鱼小池效应[28]

大鱼小池效应来源于戴维斯(Davis,1966)的"青蛙池塘"理论。1966 年,戴维斯在进行有关美国大学生职业决策的研究时,试图探索为什么一所大学的学术质量对学生的职业选择几乎没有影响的理论解释。为什么来自高能力水平或重点学校的学生往往并不会总是选择最具有挑战性的职业呢？戴维斯注意到，对于同等能力的学生来说，进入低能力水平学校比进入高能力水平学校的学生具有更高的职业抱负。他用社会比较和相对剥夺来解释这种发现：学生倾向于把自己的成绩和所在学校中其他同学的成绩进行比较，并用这种比较的结果来评判他们自己的能力。为了使他发现的这种比较倾向更加易于理解，他使用了"池塘中的青蛙"这个格言，并因此产生了"青蛙池塘"理论。在谈到该理论的教育意义时，戴维斯（1966）指出："咨询师和父母在打算把孩子送进优秀学校时，也许应该同时考虑这样做的优缺点。如果真的直接把孩子送进这样的学校，那么这个孩子在毕业时可能是班上垫底的。'与其成为大池中的小青蛙，不如成为小池中的大青蛙'这句格言虽不是最好的忠告，但也不容忽视。"后来，戴维斯的"青蛙池塘"理论在1984年被马什和派克所采用，并将其发展成大鱼小池效应。

关于大鱼小池效应的理论基础，我国研究者李颖和施建农（2005）认为，大鱼小池效应的理论基础有两个：一是社会比较理论。该理论认为，人类存在这样一种动机，即在缺少外在的客观标准时，人们通过与他人的观点和能力进行比较来评价自己的观点与能力，比较的结果对其行为具有重要影响。二是马什的内/外参照系模型。该理论认为，个体自我概念的形成受与其比较的"参照系"的影响，是与其比较参照系之间的交互作用过程。这个交互作用存在着内外比较两个维度。外部比较是指学生把自己的学业成绩与同班同学进行比较，内部比较是指学生把自己的学习成绩与自己的其他方面进行比较。大鱼小池效应就是基于外部参照系模型形成的。

马什等人（2008）指出，大鱼小池效应最基本的理论假设是：如果忽视参照系的作用，那么个体将不能充分地认识自己。个体根据不同的参照系或比较标准评价自己时，同样的客观特征和成就能够导致不同的自我概念。而对大鱼小池效应研究有重要贡献的参照系的理论基础主要来源于以下方面的研究：适应水平、心理物理判断、社会心理学、社会学、社会比较理论、相对剥夺理论。

马什和派克（Marsh 和 Parker，1984）提出了大鱼小池效应理论模型，并将其应用到教育情境中的学业自我概念研究中。在大鱼小池效应模型中，马什假设学生将自己的学业能力与其同学的学业能力进行比较，并用这种社会比较的结果作为形成他们自己学业自我概念的基础。也就是说，大鱼小池效应研究假定学生把其所在学校或班级中其他学生的平均能力水平视作其比较的标准或参照系。对于同等能力的学生来说，进入高能力水平学校或班级的学生，其将要和更高能力的学生进行比较，从而导致学业自我概念的降低。相反，进入低能力水平学校或班级的学生，其学业自我概念将得到提升。即对于同等能力的学生来说，进入高能力水平学校或班级的学生要比进入低能力水平学校或班级的学生习得更低的学业自我概念。

总之，学生从普通学校转入或升入重点学校后他们的学业自我概念水平往往会下降，反之亦然。马什认为，这种效应主要是通过外部比较而形成的，学生将自己的学业成绩与学校中他人的学业成绩进行比较，并以此作为基础形成个人的学业自我概念。这种效应具有两种表现形式：加入高成绩水平团体将导致个体降低学业自我概念，而加入低成绩水平团体将导致个体提高学业自我概念。

由此可见，学业自我概念不仅取决于个体学生能力，同时，取决于学生所在学校或班级平均能力水平。学业自我概念和学生个体成绩呈正相关，和学校或班级平均成绩呈负相关（见图 1 –11）。

（3）同化效应

与大鱼小池效应相反，当学生通过严格的选拔而加入高水平团体时，他可能会认为这是对自己的学习能力、学业水平的一种证实，其学业自我概念水平得到提高。这时团体平均成绩水平对学业自我概念产生正向而不是负向的影响。这种现象被称为同化效应。

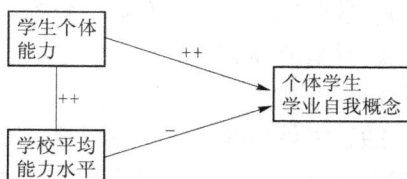

图 1 –11　基于大鱼小池效应的路径预测模型图

参加高成绩水平的团体可能对学生产生负向的大鱼小池效应，也有可能对学生产生正向的同化效应。因此，进入一所高能力学校能够同时导致两种效应：负性的大鱼小池效应和正性的同化效应。对于这点，马什等人（2000）进行了一项纵向研究，通过调查大量香港高中学生进入所在学校而产生的自豪感，他们发现：一方面存在大鱼小池效应，即较高的学校平均成绩导致了较低的学业自我概念。另一方面存在同化效应，也就是学生因为自己属于高能力学校而产生荣誉感和自豪感，即对学校高能力状况的充分认识能够对学业自我概念产生积极影响。但是，负向大鱼小池效应要比正向同化效应强。

2. 自我动机的理论模型

学生有时会出现这样的现象：当自己的某个学科成绩不理想时，进而会怀疑自己在其他学科上的能力，即在某个学业领域中的低成就将降低其他领域的学业自我概念。这与 I/E 参照模型中某领域的低学业成绩将提高另一领域的学业自我概念的假设存在矛盾。

自我动机理论对此做了很好的解释。该理论认为，动机在个体学业自我概念形成的过程中发挥着重要的作用。1997 年，塞迪基德斯（Sedikides）和斯特拉贝（Strube）指出自我概念的形成过程与自我增强（self-enhancement）、自我验证（self-verification）、自我评估（self-assessment）和自我改善（self-improvement）四种动机密切相关。其中自我增强和自我验证动机受到较多的关注。

自我增强动机可解释同化效应。自我增强是指个体试图寻找某些信息来维持或提高自尊水平。从自我增强的角度来看，个体存在着增强自我概念的积极性并减少消极成分这样一种倾向，其目的是为了获得个人满足感、效能感以及应对压力。同化效应实际上就是个体为了自我保护和安慰，以团体的高水平来增强学业自我概念。

自我验证动机是指个体为了追求一种凝聚感和整体感，试图在自我知觉以及即将获得的信息之间寻求一致性，不管收到的信息对个体的自尊有利与否，个体也将选择相应的信息来确证自己的自我概念，否则将面临自我感分裂和由此带来的冲突与压力。前述现象可理解为自我验证动机使得个体试图保持一种连贯的低学业自我概念。

自我增强和自我验证动机在不同的情境中有不同的表现，其目的在于保持和形成一个相对稳定的自我概念。

（二）学业自我概念的形成和发展的影响因素

近年来，对学业自我概念影响因素的研究成为自我概念研究领域的一个新的热点。国外研究表明，学业自我概念形成和发展的主要理论有参照系效应和自我动机，其中，参照系效应包括"I/E 参照模型""大鱼小池效应"和"同化效应"等。因此，学业自我概念形成和发展的影响因素有学生个体内部因素和外部因素，其中学生个体内部因素包括学生的年龄、性别、学业成绩、归因方式、个体心理等，外部因素包括家庭、学校和社会文化等。

1. 个体内部因素

（1）年龄

随着年龄的增长，学生在身心发展变化的同时，社会经验和学习经验也在逐渐积累，他们的学业自我概念也会随之发生变化。李叶（2002）研究表明[16]，初一、二年级间学业自我概念无显著差异，初一与初三、初二与初三年级间学业自我概念各方面差异非常显著，初一、初二年级普遍高于初三年级，体现不同的年级特点。周琳（2008）研究表明[29]，不同年级的初中生的数学自我概念存在非常显著的差异，初一与初二、初三存在非常显著的差异，初二与初三的也差异显著。初中生数学自我概念的发展呈现出"V"形状态。

（2）性别

一般认为，学业自我概念受性别的影响而产生差异，但不同的学科有所不同。例如，就数学学科而言，一般认为男生的数学自我概念高于女生。在小学阶段，数学成绩和数学自我概念的性别差异不大，但在初、高中阶段均呈下降趋势，而且女生下降幅度更大。但目前研究的结论很不一致（姚计海，2001；徐富明，2008）。初中生学业自我概念中的语言自我、一般自我性别差异显著，女生高于男生，而数学自我、学业自我总分性别差异不显著（李叶[16]，2002）。

（3）学业成绩

不同学习成绩水平的初中生学业自我概念存在显著差异，优生明显高于中等生、中等生又明显高于差生（郭成，2006；周琳，2008）。徐富明等人（2008）认为[30]，中学生的学业自我概念与其学业成绩存在显著的正相关关系，中学生的一般学业自我概念和语文自我概念与其语文成绩存在显著的正相关关系，一般学业自我概念和数学自我概念与数学成绩呈正相关。李叶（2002）研究表明[16]，初中生学业自我概念与学业成就相关显著，不同学业成就组学生的学业自我概念差异显著。

（4）个体的非智力因素和智力因素

广义而言，非智力因素就是除了认知（感觉、知觉、记忆、言语、思维、问题解决等）因素之外的全部心理因素。狭义而言，非智力因素是指与认知活动关系密切并共同影响认知活动效率的心理因素，如学习动机。不少学者认为，学习动机影响着学生学业自我概念，其中归因方式是影响学业自我概念形成和发展的重要因素。

2. 外部因素

（1）家庭因素

家庭环境对学生的学业自我概念产生重要的影响，特别是父母的婚姻状况、父母关系、言行举止、教养态度、期望和评价，以及家庭环境、家庭结构等都直接或间接地影响着学生学业自我概念的发展。冯超（2011）研究表明[31]，父亲的情感理解、温暖与学生的学业自我概念呈显著正相关，而父亲的过分干涉、拒绝、否认、过分保护均与学生的学业自我概念呈显著负相关。母亲的拒绝、否认与学业自我概念呈显著负相关。父亲负向教养方式对学生的学业自我概念具有显著预测作用，学业自我概念的中介效应显著。

（2）学校因素

随着儿童进入学龄期，学生的自我概念会受到学校各方面的影响，尤以教师的影响最为深远。张滨熠（2010）研究表明[32]，无论教师是在不同情景下（课堂内/外），还是以不同行为方式（言语/非言语）表现出的行为都会对中学生自我概念的发展造成重要影响。

（3）社会文化因素

人是在一定的社会文化历史条件下生存和发展的，不同的文化类型以及相应的价值观念影响着青少年的自我概念，当然也影响着学生学业自我概念。徐富明等人（2008）认为[30]，城市中学生的一般学业自我概念要高于农村中学生。其主要原因是现阶段我国城乡在生活条件、文化水平和教育质量等方面仍存在较大的差异，这种差异会通过多种途径影响到城乡学生学业自我概念的形成，并最终导致城乡中学生在学业自我概念上出现差异。

四、学业自我概念与学业成绩的相关性研究

学业自我概念的相关性研究主要有学业自我概念的性别效应和年级效应、与学业成绩的关系、与学习成就的关系、与人格特征的关系、与家庭环境的关系、与父母教养方式的关系、与学校环境和水平的关系、与社会文化的关系等，而学业自我概念与学业成绩的相关性最受广大研究者的关注。

（一）学业自我概念与学业成绩的相关研究

学业自我概念与学业成绩之间的关系一直是许多研究者关注的课题，现有的研究表明，学业自我概念与学业成绩之间存在着显著的持续的交互作用。一些学者认为，如果学生认为自己有能力获得学业成功，那么，他就可能更努力学习，进而取得更好的学习成绩。也有一些学者认为，如果学生有过获得学业成功的经历，那么，他会比那些没有学业成功经历学生具有更高的自信心，认为自己是有能力获得成功的。

在国外，典型的研究是马什（1988，1992）的研究，研究结果表明：青春期前学生的语言成绩与阅读自我概念相关性高（0.39），与总的学业自我概念相关性不高（0.21），而与数学自我概念的相关性更低（0.04）；数学成绩与数学自我概念之间的相关性较高（0.33）。青春期学生特定领域自我概念与对应的学科成绩之间的相关性更高，相关系数介于 0.45 至 0.7 之间。

在国内，研究结果与国外类似。姚计海等（2001）研究表明[33]，中学生的不同学业成绩水平（优秀、中等、不良）的学生在言语自我、数学自我、一般学校自我等学业自我概念有显著差异。进一步两两比较检验（Tukey HSD）发现，在言语自我、数学自我上，优秀生得分显著高于学业不良的学生；在一般学校自我子量表上，优秀生得分非常显著地高于中等生和学业不良的学生，中等生显著高于学业不良的学生。

李叶等（2002）认为，[16]初中生学业自我概念与学业成就之间存在显著相关，学业自我概念与学业成就是相互影响的。学业成就的好坏会影响学业自我概念的形成，同时，学业自我概念又影响学习动机、兴趣、信心等从而影响学业成就。而且，学业优秀组与学业不良组学生的学业自我概念差异极其显著，学业优秀组明显高于学业不良组。这说明学业优秀组学生经历许多次学业上的成功，充分体验过自己的能力和努力的结果，他们比学业不良组有更多积极的学业自我概念。

郭成（2006）研究表明[23]，通过对学业自我概念各维度、学业应对方式各维度与学业成绩之间的路径分析发现，学业自我概念对学业成绩既具有直接的积极影响，尤其是一般学业自我、一般学科自我与学业成绩的直接影响效应均达到显著水平，同时还发现，学业自我还通过学业应对策略对学业成绩发生显著的间接影响。

徐富明等（2008）研究表明[30]，中学生的学业自我概念与其学业成绩存在显著的正相关关系。中学生的一般学业自我概念和语文自我概念与其语文成绩存在显著的正相关，其中语文成绩与语文自我概念的相关程度要高于与一般学业自我概念的相关程度；中学生的一般学业自我概念和数学自我概念与其数学成绩存在显著的正相关关系，其中数学成绩与数学自我概念的相关程度要高于与一般学业自我概念的相关程度。

周琳（2008）认为[29]，中学生的数学学业自我概念水平高分组与低分组、高分组与中分组、中分组与低分组，任意两组之间的数学成绩存在非常显著差异。数学学业自我概念与数学成绩之间呈非常显著的正相关，并且能力自我概念和情感自我概念也与数学成绩呈显著的正相关。数学学业自我概念的两个因素按照能力自我概念、情感自我概念依次进入回归方程，t 检验结果表明在能力自我概念、情感自我概念在 0.01 水平上对数学成绩具有显著的预测力，两因素共同解释数学成绩 48.2% 的变异量。其中能力自我概念对数学成绩最具有预测力，其单独解释量为 45.0%。

对于中小学生而言，目前的研究结果都是一致的，即学业自我概念与学业成绩之间的相关性存在非常显著的正相关。但对于大学生而，结果却不太一致。刘喆（2009）研究表明[34]，对于不同成绩水平的大学生的自我概念不存在显著差异。主要原因是随着年龄和知识的增长，大学生开始不再屈从于成绩至上的评价标准。一些学生将成绩不良归因为自己没有努力和重视，相信自己如果用功，一定能够取得好成绩；另一些成绩不良的学生并未将学业成绩作为取得最终学业成就的唯一指标；而一些成绩优秀的学生也不是十分确信自己是否真正胜任数学学习。关于大学生的学习成绩与学业自我概念的关系还有待进一步研究。

然而，在学业自我概念与学业成绩关系中，哪个是因哪个是果的问题上，研究者存在有不同的观点。

（二）学业自我概念与学业成绩之间因果关系模型

在学业自我概念与学业成绩之间的关系方面，国外探讨得最多也是最关键的问题之一就是确立学业自我概念与学业成绩之间因果关系的顺序，目前已形成了解释其因果关系的几种理论模型，即自我增强模型、技能发展模型、交互影响模型、发展观等。

（1）自我增强模型[19]

自我增强模型认为，学业自我概念是学业成绩的决定因素，即先前的学业自我概念影响随后的学业成绩[35]。因为，学业自我概念具有动机性质，所以，学业自我概念的改变将引起学业成绩的改变[36]。Henk 和 Melnick（1992）[37] 在对阅读学业自我概念的研究中指出，学业自我概念的动机功能主要表现在它决定着学生是努力寻求阅读还是尽量避免阅读，决定着学生在阅读过程中付出努力的数量和在追求理解中的坚持程度。该模型对教育的启示是教师可以将培养学生的积极学业自我概念作为提高学生学业成绩的一种手段，即采用增强自我概念的干预措施。

（2）技能发展模型[19]

技能发展模型认为，学业自我概念是学业成绩的结果，即先前的学业成绩影响随后的学业自我概念[35]。一些心理学家认为，学业自我知觉就是学生对重要学业技能的掌握程度、在学业任务中成败难易的体验和教师对学生学业表现的解释方式等的反映过程[37-38]。Helmke 和 Van Aken（1995）对小学二、三、四年级学生的数学学业自我概念与数学成绩的纵向研究发现，在四个先前学业自我概念对随后成绩的影响中，只有一个具有统计学意义，因此，他们得出结论："在小学，自我概念主要是与成绩有关的成功与失败积累的结果，先前的学业自我概念对随后的学业成绩没有重要的影响。"[39]该模型对教育的启示是教师主要应该通过培养和提高学生的学业成绩和技能来培养和提高学生对自己学业能力的自我信念，而不必单纯从学业自我概念入手。

（3）交互影响模型[19]

交互影响模型是技能发展模型与自我增强模型之间一种更符合现实的折中模型，认为学业自我概念既影响学业成绩，同时又受学业成绩的影响。这种模型有一个重要的推论就是把学业自我概念作为一种有助于其他预想结果的手段，同时也作为一种重要的结果变量。马什等（1990，1999）认为，以往关于学业自我概念与学业成绩的因果关系顺序的研究有许多在方法上是不健全的，且与学业自我概念的理论也不一致[40-41]。因此，他对确立学业自我概念与学业成绩之间更清晰的关系提出了方法学的指导，即建立在结构方程的统计方法上。他指出，要探讨学业成绩和学业自我概念的关系，应该在多个指标的基础上进行推论，每个因子至少要有三个项目；应该有效地控制由在多种情境下收集同一测量引起的方法上的晕轮效应；学业成绩和学业自我概念至少应该测试两次，而且间隔时间不能太长，最多不能超过一年；研究者应该从建立一个全面的结构方程模型着手，严密地检测交互影响模型，并用足够大的样本和不同的样本来验证结构方程和结论的概括性。在这种研究思想的指导下，马什和弗雷德里克·盖伊（Marsh 和 Frederic Guay，1999，2003）以 10 个小学的 2~4 年级学生为对象，采用跨年龄-跨时段设计（multicohort - multioccasion design），探讨了学业自我与学业成就之间的因果关系，证明了交互影响模型确实存在，并且该模型具有年龄稳定性[42]，即学业成就对学业自我概念有影响，符合技能发展模型（skill - development model）；学业自我概念对学业成绩也有影响，符合自我增强模型（self enhancement model）。该模型对教育的启示是教育者既要提升学生的学业自我概念，又要促进其学业成绩的提高，以促进二者的积极改变。

（4）发展观[19]

发展观认为，随着学生年龄的增长，其因果关系顺序也发生着变化。对于年幼儿童来讲，二者关系主要表现为技能发展模型；对于年长儿童和青少年来讲，二者关系主要表现为自我增强模型和交互影响模型。Shaalvik 和 Hagtvet（1990）[38]、Chapman 和 Tunmer（1997）[35]的研究证实了这种发展趋势的存在。Helmke 和 van Aken（1995）[39]、Skaalvik 和 Valas（1999）研究表明[43]，对于年幼儿童，从先前的学业成绩到随后的学业自我概念的路径系数具有统计学意义，而从先前学业自我概念到随后的学业成绩的路径系数不具有统计学意义。弗雷德里克·盖伊和马什（2003）[42]对此的解释是：年幼儿童有非常积极的学业自我概念，这种自我概念与外在指标（如技能、成就、成功、其他重要的自我概念）没有高相关；但是随着年龄的增长，生活经验的增加，儿童逐渐形成并明确意识到自己的长处和短处，学业自我概念的积极性逐渐降低，具体领域的自我概念能彼此区别开来，同时与外在指标的相关也逐渐增加。此时，学业自我概念与学业成绩的关系就表现为技能发展模型。当儿童的自我概念与外在指标密切联系时，二者关系就表现为自我增强模型和交互影响模型。这种发展趋势可以从三方面来理解：年长儿童有较高的认知能力，他们能改善以往彼此对立的自我知觉，使自我概念的等级与外在指标更趋一致；年长儿童有较高的认知技能，他们能通过社会比较，形成一种更和谐的自我概念；年长儿童已经内化了他人的价值标准，这使自我价值中的自我中心成分逐渐减少。这三方面的发展使年长儿童的学业自我概念更加精确，从而使通过学业自我概念来预测学业成绩的改变成为可能。该观点对教育的启示是教育者对不同年龄段的学生应采取不同的教育策略，即对年幼儿童教育的重点应放在培养和提高学生的学业成绩和学习技能方面，而对年长儿童和青少年则应把重点放在培养学生积极的学业自我概念方面，同时也不能忽视学习技能和学业成绩的提高。

五、自我概念测量的相关研究

（一）自我概念的测量方法

随着实证研究受到重视，如何通过不同方法测量自我概念和学业自我概念，成为自我概念研究的重要课题。

自我概念的测量与评价方法最常用、最主要的是自我报告调查法，此外还有情境评价法、面谈法、档案袋法、排组法、语义分析法等。

自我报告调查是测量学生自我概念最普遍的方法，该方法的基本思想是相信自我概念是一个内在感觉，个人的态度比其他人的观察更为重要。自我报告一般是针对某一活动领域编制一系列问题，要求被试按照测题的要求，提供有关自己情况的报告，从而鉴别被试特征的方法。它不仅可以测量外显行为，也可以测量个体对环境的感受。

自我报告法主要有四种呈现问题的方式：等级量表、核查表、Q 分类和自由报告。

等级量表是学业自我概念测量与评价的最常用形式，它事先由评价者对某一学业自我心理特质进行描述，要求报告者根据自己的情况从符合自己程度的词语中选择作答，程度词一般有 5 个或 7 个，称为五点计分法或七点计分法，最后将他们的回答总合起来就能完成对其学业自我概念的测量。

样例（中学生数学自我概念量表）：请根据你的实际情况或感受，选出合适的答案，注意每个问题只能选一个答案。

1. 数学是我学得最好的课程之一
①完全不符合　②比较不符合　③不确定　④比较符合　⑤完全符合

2. 在学习数学时我经常需要帮忙
①完全不符合　②比较不符合　③不确定　④比较符合　⑤完全符合

3. 我很想上数学课
①完全不符合　②比较不符合　③不确定　④比较符合　⑤完全符合

4. 理解与数学有关的任何问题我都有困难
①完全不符合　②比较不符合　③不确定　④比较符合　⑤完全符合

5. 我喜欢数学
①完全不符合　②比较不符合　③不确定　④比较符合　⑤完全符合

6. 在数学考试中我总是做得很糟糕
①完全不符合　②比较不符合　③不确定　④比较符合　⑤完全符合

7. 我的数学成绩很好
①完全不符合　②比较不符合　③不确定　④比较符合　⑤完全符合

8. 我永远不想再上数学课
①完全不符合　②比较不符合　③不确定　④比较符合　⑤完全符合

---

9. 我的数学总是很好

①完全不符合 　②比较不符合 　③不确定 　④比较符合 　⑤完全符合

10. 我讨厌数学

①完全不符合 　②比较不符合 　③不确定 　④比较符合 　⑤完全符合

核查表是着眼于学业自我概念中某种特质的"是或否""有或无""能或不能"等两个方向进行评定。

样例：请根据你对数学方面的实际感受，回答下列各题，并在题后"是"或"不是"之一打上"○"。

（1）我对数学有信心。……………………是/不是

（2）做数学题我觉得有意思。……………是/不是

（3）我学数学不吃力。……………………是/不是

……………

自由报告是通常要求报告者完成部分陈述。这种方法用于自我概念评价具有可靠性低的缺点，但受到许多咨询人士的喜爱。因为，咨询者的任务就是从开放的答案中寻找来访者的问题。

样例1：请根据你在学习上的感受完成下列句子。

1. 可以描述我的三个词汇是_____

2. 我在学校学得最好的学科是_____

3. 我希望进一步学习的是_____

4. 我想知道更多的是_____

5. 确实让我感到困扰的事情是_____

………………

样例2：如果你告诉别人20件关于自己的事，使别人清楚地了解你，你会告诉他们什么？你的个性？社会背景？生理特征？爱好？你拥有的东西？你亲近的人？试将你的答案填在下面的横线上，每一横线填一项：

1. _____

2. _____

3. _____

4. _____

……………

……………

19. _____

20. _____

（你填写的，就是你头脑中的自己，是你对自己的认识和描述。这就是认识自我的20问法，用以测量一个人对自己的认识。）

(二) 自我概念量表的开发和修订进展

自我概念的测量也随着自我概念结构观的发展而发展，即从单维度结构量表到多维度结构量表的发展。早期的自我报告调查基于单维观评价自我概念，强调一般自我概念，代表性的量表有：Rosenberg 的自尊量表 (RSES, Rosenberg, 1965)、田纳西自我概念量表的最初版 (TSCS, 1965)、Coopersmith 的自尊调查问卷 (CSEI, Coopersmith, 1967) 等，这些量表已经落后了。随着自我概念观从单维模式转向多维模式，研究者相应地开发了新的自我概念量表，或者改造修订了原来的量表。代表性的量表有：马什等人 (1984, 1988, 1990) 的自我描述问卷 (SDQ I、SDQ II、SDQ III)，Piers 与 Harris 开发的儿童自我概念量表 (修订版) (PHCSS, Piers 和 Harris, 1984)，田纳西自我概念量表的修订版 (TSCS, Roid, 1988) 等。

在国内，研究者也对自我概念量表和学业自我概念量表进行开发或修订，主要有，一是修订国外知名的自我概念量表，陈国鹏等人 (1997) 修订自我描述问卷 (SDQ II)、苏雁林 (1999) 修订 Piers 与 Harris 的儿童自我概念量表。二是与国外学者合作开发自我概念量表，如董奇与 Watkins (1994) 合作开发中国版的自我描述问卷 I。三是自主开发，陈国鹏等人 (2005) 开发的小学生自我概念量表，赵小军 (2006) 编制的西北初中生自我概念量表，郭成 (2006) 编制的青少年学业自我概念量表，裴昌根 (2009) 编制的初中生数学学科自我概念量表。

第三节　小结与反思：本研究的目的、内容和方法

一、学业自我概念研究之不足

综观有关研究，学业自我概念的研究存在许多不足。如：

第一，就研究内容而言，一般的学业自我概念的研究比较多，但针对具体的学科如数学、语文等方面的专题研究比较少。研究不够深入或有些地方无人问津，存在诸多的空白。如学业自我概念理论模型的本土化问题；学业自我概念与学业成绩的因果关系模型；不同学业自我概念学生的内在认知图式、学业自我概念的发展水平与其他心理因素、人格因素之间的关系；培养学生积极的学业自我概念的实验研究。

第二，就研究对象而言，以城市学生为主，民族地区农村学生很少。

第三，就研究方法而言，目前基本是问卷调查法，方法单一。

第四，就研究视角而言，主要是从评价的角度来考察学业自我概念，较少从内在认知机制角度来考察。

二、本课题的核心概念与研究问题

(一) 核心概念的界定

自我概念是指由个体对自身的观念、情感和态度组成的混合物，是个体对自己的综合看法或观念。

学生的自我概念由学业自我概念和非学业自我概念组成，学业自我概念可分语文自我概念、数学自我概念等具体学科自我概念。学业自我概念是指个体在学业情境中形成的对自己

在学业发展方面的比较稳定的认知、体验和评价。中小学生学业自我概念是由语文自我概念、数学自我概念、一般学校自我概念等核心成分组成。

数学自我概念是指学生在学校情境中形成的对自己在数学学业方面的特长、能力和知识形成的比较稳定的认知、体验和评价，它是学生自我意识中的数学自我的知觉和评价，是学生通过对数学活动、自我属性和社会环境的经验体验及对经验理解而形成的[20]。中小学生数学自我概念是一个多维度等级结构，随着中小学生数学学习的不断深入，它的多维度等级结构也发生变化，但也具有阶段稳定性。小学阶段，学生只有语文和数学两科主科，学生把数学作为一个整体。到了初中，数学就分为代数和几何；再到高中，进一步分化，如几何可分为平面几何、立体几何、解析几何等，不同的数学领域就会形成相应领域的数学自我概念，如立体几何自我概念等。针对中小学生整体情况，中小学生数学自我概念是由数学能力自我、数学情感自我等两个核心成分组成，其结构图可用图1－12表示。

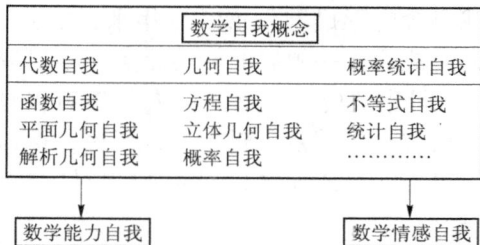

图1－12　中小学生数学自我概念等级层次结构图

语文自我概念是指学生在学校情境中形成的对自己在语文方面的特长、能力和知识形成的比较稳定的认知、体验和评价，它是学生自我意识中的语文自我的知觉和评价。中小学生语文自我概念是一个多维度等级结构，中小学生随着语文学习的不断深入，它的多维度等级结构会发生变化，但也具有阶段稳定性。中小学生语文自我概念由语文能力自我和语文情感自我这两个核心成分组成。

（二）研究问题

本书以广西民族地区农村中小学生为研究对象，采用问卷调查、访谈、实验等方式，同时借鉴自我图式理论，运用社会认知理论的研究思想和方法，探讨广西民族地区农村中小学生（数学、语文）学业自我概念的特征，影响学生（数学、语文）学业自我概念形成和发展的主要因素，学业自我概念对学习的影响，不同学业自我概念学生的内在认知图式、学业自我概念的发展水平与其他心理因素、人格因素之间的关系，并以此为基础探讨中小学生良好学业自我概念的培养策略。

三、研究目标

了解农村中小学生学业自我概念的基本情况。揭示农村中小学生学业自我概念的结构特征、个体差异及其形成和发展的规律，探讨学生学业自我概念形成和发展的影响因素、学业自我概念对学习的影响，以及学业自我概念与其他心理因素、人格因素的关系，进一步建构和丰富学业自我概念的有关理论。探索在教学中如何培养学生良好的学业自我概念，帮助学生树立自我，培养自信。

四、研究内容

（一）农村中小学生学业自我概念的基本情况

由于社会转型发展，民族地区农村的社会文化发生了重大的变化，对学校的教育教学都产生很大的影响。在本研究中，采用问卷调查、访谈等方法，了解农村中小学生语文自我概念、数学自我概念等学业自我概念的基本情况，为进一步分析农村中小学生语文自我概念、数学自我概念的形成和发展规律，为培养学生学业自我概念打好基础，也是本书研究的切入点和出发点。

（二）影响农村中小学生学业自我概念形成和发展的主要因素

随着学业自我概念和学业成绩之间因果关系的确定，越来越多的研究者开始关注学业自我概念的形成与发展。近年来，学业自我概念影响因素的"参照系"及"重要他人"的研究成为这一领域的新的热点。本研究将进一步完善"内外参照模型""大鱼小塘效应""同化效应""重要他人"等有关理论，结合农村中小学生的情况和具体学科（数学、语文）的特点，进行实证研究，探讨农村中小学生学业自我概念的影响因素及其关系。另外，民族地区的社会文化对学生学业自我概念的影响也是本书的重点研究内容之一。

（三）农村中小学生学业自我概念对学习的影响

本书主要探讨农村中小学生的学业自我概念如何对学习的情感和动机、学习的认知过程、学习的行为参与、学习成绩等产生影响。在学业自我概念与学业成绩之间的关系方面，国外学者提出的关系理论模型是否符合我国民族地区农村中小学学生的情况，本书将进一步研究，特别是进行实证研究。学业自我概念与学业成绩的因果关系的研究是学业自我概念研究的关键。解决这个问题的关键又在于在研究方法上的创新，要注意借鉴、引用更科学的方法，才能有效揭示其因果关系。在学业自我概念与学业成绩因果关系的研究中，要在较大的年龄范围内施测，以检验二者之间因果关系的发展状况，要进一步加强二者之间中介过程的研究，如数学自我概念决定的数学学习动机、学业选择行为等。

（四）农村中小学生的学业自我概念与个体心理因素之间的关系

学业自我概念与学习成绩的关系研究是重点、难点和热点的问题。此外，学业自我概念与个体心理因素、人格因素可能也存在千丝万缕的关系，如学业自我概念与学习焦虑的关系、与学习动机的关系、与学习自我效能感的关系、与学生学业坚持性的关系、与学生心理健康的关系，等等。这些关系是否存在相关关系、因果关系，它们之间的相互影响和相互作用机制等都有待去研究，特别是进行实证研究。

（五）农村中小学生良好的学业自我概念的提高培养策略研究

根据对农村中小学生学业自我概念有关的研究结果，探讨民族地区农村中小学生良好的学业自我概念的培养策略。

五、研究思路和研究方法

（一）研究思路

本书首先概述国内外已有的关于数学自我概念、语文自我概念等学业自我概念的相关理论研究，然后进行实证研究。选取若干所典型的民族地区农村中小学的学生作为研究对象，采用问卷调查、访谈等方法了解农村中小学生学业自我概念的基本情况及其形成和发展的规律；采用问卷调查和访谈，同时借鉴自我图式理论，运用社会认知理论的研究思想和方法，研究学业自我概念形成和发展的影响因素、学业自我概念对学习的影响、不同学业自我概念学生的内在认知图式、学业自我概念的发展水平与其他心理因素、人格因素之间的关系等；采用理论分析、实验等方法，研究提高学生学业自我概念的策略。研究路线图如图 1-13 所示。

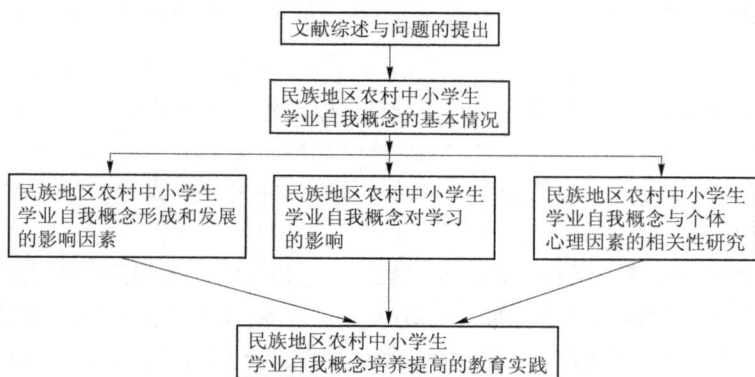

图 1-13 本课题研究的路线图

（二）研究方法

实证性研究与解释性研究相结合、实验研究与思辨性研究相结合、定性分析和定量分析相结合等原则，采用文献研究、问卷调查、深度访谈、实验法、理论分析、统计分析等方法进行研究。

（1）文献分析法

收集和整理、分析和综合自我概念和学业自我概念等相关的文献资料，主要为本研究提供理论基础、思路与方法、测量量表的参考与改编。

（2）量化研究法

主要用于研究学业自我概念的基本特点、学业自我概念的影响因素、学业自我概念对学习的影响、学业自我概念的相关性研究等方面的定量分析，具体包括描述统计、相关分析、假设检验、方差分析、回归分析、结构方程模型方法等。

描述性统计主要包括平均值、标准差、百分比、频数、相关系数，以及相应的统计图表等。

假设检验方面，主要是采用两个独立样本的 t 检验，是推断两个总体的均值是否存在显著差异。如民族地区农村中小学生学业自我概念是否存在性别差异，成绩优秀学生与落后学生在学业自我概念上是否存在显著差异。

方差分析方面，主要采用单因素方差分析，是研究一个控制变量的不同水平是否对观测变量产生了显著影响。如果产生显著影响，那么还要进行两两比较检验，看看两两之间的差异是否也达显著水平。如不同年级民族地区农村中小学生的学业自我概念是否存在差异，不同数学成绩水平农村初中生的数学学习投入是否有差异等。

回归分析是一种应用极为广泛的数量分析方法，它用于分析事物之间的统计关系。侧重考察变量之间的数量变化规律，并通过回归方程的形式描述和反映这种关系，帮助人们准确把握变量受其他一个或多个变量影响的程度，进而为预测提供科学依据。在本研究中，主要用于学业自我概念以及数学自我概念、语文自我概念的影响因素及影响程度的研究分析。

关于效应大小的报告。在各类统计检验中，如果发现在统计学意义上有显著差异，可以报告效应值大小：对于 t 检验，实际效应大小为 $\eta^2 = \dfrac{t^2}{t^2 + df}$，其中 df 为自由度。对于方差分析的 F 检验，实际效应大小为 $\eta^2 = \dfrac{\text{组间平方和}}{\text{总平方和}}$。判断效应大小效果的标准：$\eta^2 < 0.01$，几乎没有效应；$0.01 \leqslant \eta^2 < 0.06$，小效应；$0.06 \leqslant \eta^2 < 0.14$，中等效应；$0.14 \leqslant \eta^2 \leqslant 1$，大效应。例如，在比较男女生数学成绩是否有差异的 t 检验中，如计算得 $\eta^2 = 0.0075 < 0.01$，表示成绩差异中仅有 0.75% 的变异是由性别差异引起的，表示性别差异几乎没有什么效应；如计算得 $\eta^2 = 0.1875 > 0.14$，表示成绩差异中有 18.75% 的变异是由性别差异引起的，表示性别差异效应大[44]。

在量表的信度分析方面，采用克伦巴赫系数 α，它是最常用的刻画量表内容一致性信度的系数。以下是判断量表信度高低的标准：$\alpha \geqslant 0.9$，非常高；$0.8 \leqslant \alpha < 0.9$，比较高；$0.7 \leqslant \alpha < 0.8$，可以接受，如能修订提高信度更好；$0.6 \leqslant \alpha < 0.7$，有些问题，需要修改；$0.5 \leqslant \alpha < 0.6$，比较低，需要大修改；$\alpha < 0.5$，不可接受，不能使用。

在各类量化研究中的统计分析，均采用统计软件 SPSS 进行统计和分析，同时在路径分析方面，也采用结构方程模型软件 AMOS 进行分析。数据的整理还采用了 Excel 电子表格。

（3）结构方程模型方法[45]

结构方程模型方法属于量化研究方法之一，是一种验证性的统计方法。主要用于探索多个因素之间的相互关系，研究学业自我概念的影响因素的路径分析。

（4）质性研究方法

问卷调查法、访谈法、个案研究法，主要对学生学业自我概念的现状进行调查分析，对个别学生的学业自我概念进行个别访谈。其中，个案研究主要用于"大鱼小池效应"方面的研究，研究一名初中学生从普通初级中学转到重点初级中学前后的数学自我概念的变化情况。

（5）教育实验法

对中小学生学业自我概念的培养提高进行教育实验研究，探索培养提高中小学生学业自我概念的教育策略或教育方法。本书中考虑到教学实验是在自然教学环境状态下进行的，因此主要采用不相等实验组对照组前测后测准实验设计。

本章参考文献

[1] 刘化英，罗杰斯．对自我概念的研究及其教育启示 [J]．辽宁师范大学学报，2000（6）：46 – 49.

[2] 刘凤娥，黄希庭．自我概念的多维度多层次模型研究述评 [J]．心理学动态，2001，9（2）：136 – 140.

[3] GREEN J, NELSON G, MARTIN A J, MARSH H. The causal ordering of self-concept and aca demic motivation and its effect on academic achievement [J]. International Education Journal, 2006, 7（4）: 534 – 546.

[4] 朱智贤．心理学大辞典．北京：北京师范大学出版社，1989：993 – 994.

[5] 陈琦，刘儒德．当代教育心理学 [M]．北京：北京师范大学出版社，2007.

［6］于露，宋微涛，潘芳. 儿童自我概念的发展及影响因素研究进展［J］. 中国行为 医学科学，2005，14（3）：278－280.

［7］黄希庭，陈传锋，余华. 老年人自我概念与心理健康的相关研究［J］. 中国临床 心理学杂志，1998，6（4）：222－225.

［8］赵小军. 西北初中生自我概念理表的初步编制［J］. 中国健康心理学杂志，2006， 14（6）：703－707.

［9］陈美吟. 高职生学生休闲参与对自我概念有影响［D］. 台中：台湾朝阳科技大 学，2006.

［10］赵必华. 量表编制与测量等价性检验——基于中学生自我概念量表［M］. 合肥： 安徽师范大学出版社，2013.

［11］金盛华. 社会心理学［M］. 北京：高等教育出版社，2005.

［12］郭永玉，贺金波. 人格心理学［M］. 北京：高等教育出版社，2011.

［13］BYME B M. The general/academic self-concept nomological network：A review of con-struct validation research，Review of Educational Research，1984，54：427－456.

［14］HOUSE，J D. The relationship between academic self-concept，achievement－related expectancies and college attrition. Journal of College Student Development，1992，33：5－10.

［15］GHAZVINI S D，KHAJEHPOUR M. Gender differences in factors affecting academic performance of high school students. Procedia Social and Behavioral Sciences，2011，15：1040－1045.

［16］李叶，田学红. 初中生学业自我概念与学业成就的相关研究［J］. 湖北民族学院 学报（哲学社会科学版），2002，20（3）：76－79.

［17］姚计海，申继亮，张彩云. 中学生偶像崇拜与学业自我概念、学业成绩的关系研 究［J］. 应用心理学，2003，9（1）：18－23.

［18］林崇德，杨治良，黄希庭. 心理学大辞典［M］. 上海：上海教育出版社，2003：1492.

［19］郭成，何晓燕，张大均. 学业自我概念及其与学业成绩关系的研究述评［J］. 心 理科学，2006，29（1）：133－136.

［20］梁好翠. 初中生数学自我概念的调查与分析［J］. 数学教育学报，2010，19（3）：42－45.

［21］SONG I S，HATTIE J A. Home environment，self-concept and achievement：a causal modeling approach［J］. Journal of Educational Psychology，1984. 76：1269－1281.

［22］MARRSH H W，SHAVELSON R J. Self-concept：its multifaceted，hierarchical stru-cure［J］. Educational psychologist，1985，20：108－125.

［23］郭成. 青少年学业自我概念研究［D］. 重庆：西南师范大学，2006.

［24］裴昌根. 初中生数学学科自我概念量表的编制及其应用［D］. 重庆：西南大 学，2009.

［25］洪志成. 学业自我概念与学业成就、重要他人的相关研究回顾［J］. 台东大学教 育学报，1996（2）：100－150.

[26] MARSH H W, CRAVEN R G, DEBUS R. Separation of competency and affect compo-nents of multiple Dimensions of academic self-Concept: A developmental perspective [J]. The Development of Self: New Directions in Theory and Research, 1999, 45 (4): 567 - 601.

[27] 李振兴, 邓欢, 郭成. 学业自我概念的建构: 内/外参照模型研究述评 [J]. 心理科学, 2017, 40 (3): 606 - 611.

[28] 李振兴, 李玉姣, 王欢, 等. 学业自我概念发展中的大鱼小池效应 [J]. 心理科学进展, 2013, 21 (5): 867 - 878.

[29] 周琳. 初中生数学焦虑、数学学业自我概念及其对数学成绩的影响 [D]. 开封: 河南大学, 2008.

[30] 徐富明, 施建农, 刘化明. 中学生的学业自我概念及其与学业成绩的关系 [J]. 中国临床心理学杂志, 2008, 16 (1): 59 - 62.

[31] 冯超. 初中生父母教养方式、学业自我概念与考试焦虑关系的研究 [D]. 上海: 华东师范大学, 2011.

[32] 张滨熠. 教师行为与中学生自我概念发展的相关研究 [J]. 教育探索, 2010 (3): 115 - 116.

[33] 姚计海, 屈智勇, 井卫英. 中学生自我概念的特点及其与学业成绩的关系 [J]. 心理发展与教育, 2001, 17 (4): 57 - 64.

[34] 刘喆. 大学生数学自我效能、自我概念与数学学业成绩关系的研究 [J]. 数学教育学报, 2009, 18 (6): 37 - 41.

[35] CALSYN R, KENNY D. Self-concept of ability and perceived evaluations by others: Cause or effect of academic achievement? Journal of Educational Psychology, 1977, 69: 136 - 145.

[36] HENK W A, Melnick S A. The initial development of a scale tomeasure "perception of self as read" [C]. In: C. K. Kinner& D. J. Leu (Eds.). Literacy research, theory, and practice: Views from manyperspectives. Chicago: National Reading Con-ference, 1992.

[37] CHAPMAN J W, TUNMER W E. A longitudinal study of beginning reading achievement and reading self-concept [J]. British Journal of Educational Psychology, 1997, 67: 279 - 291.

[38] SKAALVIK E M, HAGTVET K A. Academic achievement and self-concept: An analy-sis of causal predominance in a developmental perceptive [J]. Journal of Personality and Social Psychology, 1990, 58: 292 - 307.

[39] HELMKE K, G Van Aken M A G. The causal ordering of academic achievement and self-concept of ability during elementary school: A longitudinal study [J]. Journal of Educational Psychology, 1995, 87: 624 - 637.

[40] MARSH H W. The causal ordering of academic self-concept and aca-demic achievement: A multi-wave, longitudinal panel analysis [J]. Journal of Educational Psychology, 1990, 82: 646 - 656.

［41］MARSH H W，BYRNE B M，YEUNG A S. Causal ordering of academic self-concept and achievement：Reanalysis of a pioneering study and revised recommendations ［J］. Educational Psychologist，1999，34：154 – 157.

［42］FREDERIC G，MARSH H W，MICHEL B. Academic self-concept and academic achievement：Developmental perspectives on their causal ordering ［J］. Journal of Educational Psychology，2003，95：124 – 136.

［43］SKAALVIK E M，VALAS H. Relations among achievement，self-concept，and motivation in mathematics and language arts：A longitudinal study ［J］. The Journal of Experimental Education，1999，67：135 – 149.

［44］李士锜. 数学教育研究方法论 ［M］. 北京：科学出版社，2015.

［45］吴明隆. 结构方程模型——AMOS 的操作与应用 ［M］. 重庆：重庆大学出版社，2010.

第二章

民族地区农村中小学生学业自我概念的现状及其特点

不了解事物的现状，就很难追溯其历史根源，更不可能掌握其发展规律和把握其未来。"没有调查就没有发言权。"在本章中，首先采用问卷调查、访谈等方法，对民族地区中小学学业自我概念的现状和发展特点进行研究，在此基础上深入具体的数学学科和语文学科，进一步研究民族地区农村中小学生数学自我概念、语文自我概念的基本特征。

第一节　民族地区农村中小学生学业自我概念的现状和发展特点

本节以民族地区农村小学四年级到高二的学生作为研究对象，采用问卷调查法，探讨民族地区农村中小学生一般的学业自我概念的现状及其特点[1]。

学业自我概念是指个体在学业情境中形成的对自己在学业发展方面比较稳定的认知、体验和评价[2]，它是个体在学习过程中通过自己与自己的比较、自己与他人的比较，以及学校环境因素影响而形成和发展的。学业自我概念是教育心理学、健康心理学共同关注的领域。中小学生生理的蓬勃成长和急剧变化必然带来学生心理的不稳定、自我意识的觉醒和变化，其中自我概念起着重要的作用。

中小学生学业自我概念的发展特点研究，主要包括个体因素与环境因素两个方面[3]。在个体因素方面，探讨了学业自我概念在年级、性别、民族、地区、成绩等方面的差异性[4-5]，以及学业自我概念与其他心理人格特征的相关性[6-8]，学业自我概念与学业成就的因果关系[9-10]。在环境因素方面，探讨了学生的家庭经济状况、父母教养方式[11-12]、教师期望[13-14]、同伴关系[14]、学校环境和班级气氛[14-15]等因素对学生学业自我概念的影响。

就目前已有的研究而言，研究对象主要集中在城市的中小学生，对民族地区农村中小学生研究并不多，而农村是我国基础教育最为广阔但又最为薄弱的地方。因此，本研究选取民族地区农村小学四年级到高二的学生作为研究对象，通过问卷调查，了解民族地区农村小学四年级到高二学生学业自我概念形成和发展的基本情况，探讨农村小学四年级到高二学生学业自我概念是否存在成绩差异、年龄差异、性别差异、民族差异等。

一、对象与方法

（一）研究对象

选取广西壮族自治区钦州市、河池市、崇左市等地市民族地区 7 所乡镇乡村中小学的小学四年级到高二的学生作为被试，有效被试共 985 人，其中小学四年级 101 人（男 54 人、女 47 人），小学五年级 141 人（男 79 人、女 62 人）、小学六年级 122 人（男 65 人、女 57 人），初一 194 人（男 111 人、女 83 人），初二 106 人（男 49 人、女 57 人），初三 83 人（男 44 人、女 39 人），高一 111 人（男 57 人、女 54 人），高二 127 人（男 33 人、女 94 人）。男女人数分别为 492 人和 493 人。其中，壮族 792 人、汉族 178 人、其他民族 15 人。

（二）研究工具

学业自我概念量表是从由陈国鹏修订马什（1992）的自我描述问卷Ⅱ中选取出与学业自我概念有关的 30 道题目组成的。如："我很想上语文课""我的数学总是很好""我很想上数学课""在大多数的课程学习中，同学们都会来找我帮忙"等，包括语文自我概念、数学自我概念和一般学校情况自我等三个维度（或分量表）。采用五点计分法，供选项有"完全不符合""比较不符合""不确定""比较符合"和"完全符合"等五项。在本书中，三个分量表的克伦巴赫系数分别为 0.743、0.838、0.782，总量表的克伦巴赫系数为 0.872，问卷的信度较高。

（三）研究程序与数据处理

第一，采用随机整群抽样的方法进行问卷调查，时间为 20 分钟。共发放了 1 050 份问卷，收回有效问卷 985 份。其中小学四年级到高二分别为 101、141、122、194、106、83、111、127 份；男女分别为 492、493 份。

第二，由于学业自我概念量表由语文自我概念、数学自我概念、学校一般情况自我概念三个分量表组成，而且语文和数学都是中小学的主干课程，因此，选取语文成绩和数学成绩作为学业成绩，即问卷调查前两周进行的期中考试的语文成绩、数学成绩的平均分作为学业成绩。按学业成绩的高低，分别将各年级总人数的前 25% 的学生作为优生组、中间 50% 的学生作为中等组、后 25% 的学生作为差生组，这样就得到了优生组 241 人、中等组 504 人和差生组 240 人。

二、研究结果与分析

（一）四年级到高二学生学业自我概念的基本情况

从小学四年级到高二各年级学生学业自我概念及其三个分量（即语文自我概念、数学自我概念、学校一般情况自我概念）得分的平均分和标准差如表 2-1 所示。由表 2-1 可知，学业自我概念及其三个分量的得分平均分分别为 97.13、33.70、31.93 和 31.50，由此可见，农村小学四年级到高二学生一般学业自我概念处于中等发展水平。农村小学四年级到高二学生学业自我概念及其三个分量并不是随着年级的增长而上升，从年级的横向发展特点来看，小学四年级到高二呈波浪式发展趋势，大体上呈现出"～"形状态。小学阶段学生学业自我概念相对较高，小学五年级学生的学业自我概念最高；中学阶段学生学业自我概念相对较低，其中高一学生的学业自我概念最低。

表 2 - 1　学业自我概念及其各分量的基本情况表（M ± SD）

年级	人数	学业自我概念	语文自我概念	数学自我概念	学校一般情况自我概念
四年级	101	101.97 ± 14.547	34.22 ± 5.587	34.39 ± 6.617	33.37 ± 5.810
五年级	141	106.43 ± 15.606	33.22 ± 6.427	38.92 ± 6.792	34.28 ± 6.466
六年级	122	102.80 ± 16.307	35.93 ± 6.781	34.32 ± 6.744	32.56 ± 6.606
初一	194	94.40 ± 14.385	33.48 ± 6.358	30.85 ± 7.194	30.06 ± 6.595
初二	106	95.06 ± 18.423	33.92 ± 6.728	30.31 ± 8.461	30.82 ± 7.760
初三	83	94.90 ± 18.702	35.71 ± 6.762	27.96 ± 8.300	31.23 ± 7.887
高一	111	86.80 ± 12.601	31.56 ± 6.373	26.71 ± 6.673	28.53 ± 5.940
高二	127	93.90 ± 14.815	32.35 ± 6.043	30.07 ± 6.768	31.47 ± 6.495
总计	985	97.13 ± 16.588	33.70 ± 6.502	31.93 ± 8.042	31.50 ± 6.877

（二）不同年级学生学业自我概念的差异性

采用单因素方差分析方法对不同年级学生学业自我概念的差异性情况进行统计分析，结果见表 2 - 2。由表 2 - 2 可知，学业自我概念及其三个分量都存在非常显著的年级差异。进一步计算效应大小：学业自我概念，效应大小为 $\eta^2 = 0.1254$，属于中等效应；数学自我概念，效应大小为 $\eta^2 = 0.2117$，属于大效应；语文自我概念，效应大小为 $\eta^2 = 0.0421$，属于小效应；学校一般情况自我概念，效应大小为 $\eta^2 = 0.0648$，属于中等效应。由此可知，除语文自我概念属于小效应之外，其他都是中等效应或大效应。

表 2 - 2　学业自我概念年级差异的单因素方差分析表

因素	差异来源	平方和	自由度	均方	F	显著性
学业自我概念	组间	33 960.072	7	4 851.439	20.015	0.000
	组内	236 811.294	977	242.386		
	总数	270 771.366	984			
数学自我概念	组间	13 470.131	7	1 924.304	37.478	0.000
	组内	50 164.035	977	51.345		
	总数	63 634.166	984			
语文自我概念	组间	1 753.175	7	250.454	6.142	0.000
	组内	39 841.063	977	40.779		
	总数	41 594.238	984			
学校情况一般自我概念	组间	3 015.245	7	430.749	9.669	0.000
	组内	43 522.992	977	44.548		
	总数	46 538.238	984			

为进一步考察各年级之间的学业自我概念的差异情况，对其进行多重比较，多重比较结果和效应大小情况见表 2 - 3。由表 2 - 3 可知，四年级与中学生各年级都存在显著差异（特别是与高中一年级、二年级差异非常显著，但与初中的效应效果差异不大），但与小学五年级、六年级的学生不存在显著差异。五年级与中学各年级都存在非常显著差异，且效应效果达中等效应或大效应，但与小学四年级、六年级不存在显著差异。六年级与中学各年级都存在非常显著

差异，特别是与高中差异更大，效应效果达到中等效应或大效应，但与小学四年级、五年级不存在显著差异。初一、初二、初三分别与小学 4~6 年级、高一存在非常显著差异，但与高二不存在显著差异。高一与小学各年级、初中各年级都存在非常显著差异，与高二存在显著差异，与各年级的效应效果都达到中等效应或大效应。高二与小学各年级存在非常显著差异、与高一存在显著差异，而且效应效果达到中等效应或大效应，但与初中各年级不存在显著差异。

表 2 - 3　学业自我概念年级差异多重比较检验和效应大小表

（*I*）年级	（*J*）年级	平均差（*I－J*）	标准误差	显著性水平	95%置信区间		效应大小	
					下限值	上限值	效应值	效果判断
四年级	五年级	-4.455	2.030	0.355	-10.62	1.71	—	—
	六年级	-0.833	2.094	1.000	-7.19	5.53	—	—
	初一	7.573*	1.910	0.002	1.77	13.38	0.058 7	小效应
	初二	6.914*	2.165	0.031	0.34	13.49	0.041 8	小效应
	初三	7.067*	2.307	0.046	0.06	14.07	0.043 7	小效应
	高一	15.168*	2.141	0.000	8.67	21.67	0.239 5	大效应
	高二	8.073*	2.076	0.003	1.77	14.38	0.069 9	中等效应
五年级	四年级	4.455	2.030	0.355	-1.71	10.62	—	—
	六年级	3.622	1.925	0.564	-2.23	9.47	—	—
	初一	12.029*	1.723	0.000	6.80	17.26	0.137 6	中等效应
	初二	11.369*	2.001	0.000	5.29	17.45	0.100 9	中等效应
	初三	11.522*	2.154	0.000	4.98	18.06	0.099 5	中等效应
	高一	19.624*	1.976	0.000	13.62	25.62	0.316 9	大效应
	高二	12.528*	1.905	0.000	6.74	18.31	0.145 2	大效应
六年级	四年级	0.833	2.094	1.000	-5.53	7.19	—	—
	五年级	-3.622	1.925	0.564	-9.47	2.23	—	—
	初一	8.406*	1.799	0.000	2.94	13.87	0.068 4	中等效应
	初二	7.747*	2.067	0.005	1.47	14.03	0.047 8	小效应
	初三	7.900*	2.215	0.009	1.17	14.63	0.048 2	小效应
	高一	16.001*	2.042	0.000	9.80	22.20	0.230 6	大效应
	高二	8.906*	1.974	0.000	2.91	14.90	0.076 2	中等效应
初一	四年级	-7.573*	1.910	0.002	-13.38	-1.77	0.058 7	小效应
	五年级	-12.029*	1.723	0.000	-17.26	-6.80	0.137 6	中等效应
	六年级	-8.406*	1.799	0.000	-13.87	-2.94	0.068 4	中等效应
	初二	-0.660	1.880	1.000	-6.37	5.05	—	—
	初三	-0.507	2.042	1.000	-6.71	5.70	—	—
	高一	7.595*	1.853	0.001	1.97	13.22	0.066 3	中等效应
	高二	0.499	1.777	1.000	-4.90	5.90		

续表

（I）年级	（J）年级	平均差（I−J）	标准误差	显著性水平	95%置信区间		效应大小	
					下限值	上限值	效应值	效果判断
初二	四年级	−6.914*	2.165	0.031	−13.49	−.34	0.041 7	小效应
	五年级	−11.369*	2.001	0.000	−17.45	−5.29	0.100 9	中等效应
	六年级	−7.747*	2.067	0.005	−14.03	−1.47	0.047 8	小效应
	初一	0.660	1.880	1.000	−5.05	6.37	—	—
	初三	0.153	2.282	1.000	−6.78	7.08	—	—
	高一	8.255*	2.114	0.003	1.83	14.68	0.063 2	中等效应
	高二	1.159	2.048	0.999	−5.06	7.38	—	—
初三	四年级	−7.067*	2.307	0.046	−14.07	−.06	0.043 7	小效应
	五年级	−11.522*	2.154	0.000	−18.06	−4.98	0.099 5	中等效应
	六年级	−7.900*	2.215	0.009	−14.63	−1.17	0.048 2	小效应
	初一	0.507	2.042	1.000	−5.70	6.71	—	—
	初二	−0.153	2.282	1.000	−7.08	6.78	—	—
	高一	8.102*	2.259	0.008	1.24	14.96	0.063 3	中等效应
	高二	1.006	2.197	1.000	−5.67	7.68	—	—
高一	四年级	−15.168*	2.141	0.000	−21.67	−8.67	0.239 5	大效应
	五年级	−19.624*	1.976	0.000	−25.62	−13.62	0.316 9	大效应
	六年级	−16.001*	2.042	0.000	−22.20	−9.80	0.230 6	大效应
	初一	−7.595*	1.853	0.001	−13.22	−1.97	0.066 3	中等效应
	初二	−8.255*	2.114	0.003	−14.68	−1.83	0.063 2	中等效应
	初三	−8.102*	2.259	0.008	−14.96	−1.24	0.063 3	中等效应
	高二	−7.096*	2.023	0.011	−13.24	−0.95	0.062 0	中等效应
高二	四年级	−8.073*	2.076	0.003	−14.38	−1.77	0.069 9	中等效应
	五年级	−12.528*	1.905	0.000	−18.31	−6.74	0.145 2	大效应
	六年级	−8.906*	1.974	0.000	−14.90	−2.91	0.076 2	中等效应
	初一	−0.499	1.777	1.000	−5.90	4.90	—	—
	初二	−1.159	2.048	0.999	−7.38	5.06	—	—
	初三	−1.006	2.197	1.000	−7.68	5.67	—	—
	高一	7.096*	2.023	0.011	0.95	13.24	0.062 0	中等效应

（三）不同学业成绩水平学生学业自我概念的差异性

学习成绩优生组、中等组和差生组的学业自我概念得分的平均值分别是107.33、96.25和88.73，标准差分别是17.436、15.126和12.988。采用单因素方差分析方法，对不同学业成绩水平的学生学业自我概念的差异性情况进行分析，结果见表2−4。由表2−4可知，不同学业成绩水平的学生学业自我概念及其三个分量都存在非常显著的统计学意义（P<

0.01）。进一步计算效应大小：学业自我概念，效应大小为 $\eta^2 = 0.1566$，属于大效应；数学自我概念，效应大小为 $\eta^2 = 0.1354$，属于中等效应；语文自我概念，效应大小为 $\eta^2 = 0.0376$，属于小效应；学校一般情况自我概念，效应大小为 $\eta^2 = 0.1176$，属于中等效应。由此可知，除语文自我概念属于小效应之外，其他都是中等效应或大效应。

表 2 - 4　不同学业成绩水平的学生学业自我概念的方差分析表

项目	差异来源	平方和	自由度	均方	F	显著性
学业自我概念	组间	42 409.529	2	21 204.764	91.185	0.000
	组内	228 361.838	982	232.548		
	总数	270 771.366	984			
数学自我概念	组间	8 615.614	2	4 307.807	76.888	0.000
	组内	55 018.553	982	56.027		
	总数	63 634.166	984			
语文自我概念	组间	1 564.011	2	782.006	19.184	0.000
	组内	40 030.226	982	40.764		
	总数	41 594.238	984			
学校一般情况自我概念	组间	5 473.689	2	2 736.845	65.448	0.000
	组内	41 064.548	982	41.817		
	总数	46 538.238	984			

为进一步考察不同学业成绩水平之间的学业自我概念的差异情况，对其进行多重比较，结果见表 2 - 5。由表 2 - 5 可知，优、中、差三组学生学业自我概念两两之间存在非常显著的差异。学业成绩优秀的学生一般具有良好的学业自我概念，学业成绩中等的学生一般具有中等的学业自我概念，学业成绩差的学生一般具有不良的学业自我概念。进一步计算效应大小，优生组与差等组的效应大小为 $\eta^2 = 0.2687$，属于大效应；优生组与中等组的效应大小为 $\eta^2 = 0.0962$，属于中等效应；中等组与差等组的效应大小为 $\eta^2 = 0.0559$，属于小效应。

表 2 - 5　不同学习成绩水平之间学生学业自我概念的多重比较和效应大小表

（I）成绩水平	（J）成绩水平	（$I-J$）均值差	标准误	显著性	95%置信区间		效应大小	
					下限值	上限值	效应值	效果判断
差生组	中等组	-7.523*	1.196	0.000	-10.33	-4.72	0.055 9	小效应
	优生组	-18.603*	1.391	0.000	-21.87	-15.34	0.268 7	大效应
中等组	差生组	7.523*	1.196	0.000	4.72	10.33	0.055 9	小效应
	优生组	-11.080*	1.194	0.000	-13.88	-8.28	0.096 2	中等效应
优生组	差生组	18.603*	1.391	0.000	15.34	21.87	0.268 7	大效应
	中等组	11.080*	1.194	0.000	8.28	13.88	0.096 2	中等效应

（四）学业自我概念的性别差异

对学生学业自我概念性别差异进行 t 检验，结果见表 2 - 6。由表 2 - 6 可知，男女生的学业自我概念不存在显著差异，但男女生的语文自我概念和数学自我概念都存在非常显著的差异，其中语文自我概念方面，女生显著高于男生；而数学自我概念方面，男生又明显高于女生。另外，学校一般情况自我概念也不存在性别差异。进一步计算效应大小，对语文自我概念来说，其性别差异的效应大小为 $\eta^2 = 0.0166$，属于小效应；对于数学自我概念来说，其性别差异的效应大小为 $\eta^2 = 0.0372$，属于小效应。因此，学业自我概念及其三个分量的性别差异很小。

表 2-6　学业自我概念性别差异的 t 检验表

项目	性别	N	均值	标准差	t 值
学业自我概念	男	492	98.15	15.985	1.931 ($P = 0.054$)
	女	493	96.11	17.125	
语文自我概念	男	492	32.86	6.434	4.077 ($P = 0.000$)
	女	493	34.53	6.467	
数学自我概念	男	492	33.48	7.717	6.163 ($P = 0.000$)
	女	493	30.38	8.069	
学校一般情况自我概念	男	492	31.81	6.660	1.402 ($P = 0.161$)
	女	493	31.20	7.081	

进一步对各年级学生学业自我概念的性别差异进行 t 检验，结果是：学业自我概念方面，五年级（均值：男 102.65，女 111.24，$t = 3.364$，$P < 0.01$）和高一（均值：男 89.88，女 83.56，$t = 2.717$，$P < 0.01$）存在非常显著的性别差异，其他年级不存在显著性别差异。语文自我概念方面，五年级和初一存在非常显著的性别差异（$P < 0.01$），其他年级不存在显著性别差异。数学自我概念方面，小学阶段（4～6 年级）都不存在显著的性别差异，初中和高中阶段都存在显著的性别差异。学校一般情况自我概念方面，五年级存在非常显著的性别差异（均值：男 32.96，女 35.97，$t = 2.806$，$P < 0.01$），其他年级都不存在显著的性别差异。

（五）学业自我概念的民族差异

壮族、汉族、其他民族学生的学业自我概念平均得分分别为 97.56、95.24 和 96.80，标准差分别为 16.686、16.459 和 11.359。为考察学生学业自我概念是否存在民族差异，对学生学业自我概念进行单因素方差分析，结果见表 2-7。由表 2-7 可知，不同民族的农村中小学四年级到高二学生在学业自我概念、语文自我概念、数学自我概念和学校一般情况自我概念等方面都不存在显著的差异。

表 2-7　学业自我概念民族差异的方差分析表

项目	差异来源	平方和	自由度	均方	F	显著性
学业自我概念	组间	783.263	2	391.632	1.424	0.241
	组内	269 988.103	982	274.937		
	总数	270 771.366	984			
语文自我概念	组间	152.526	2	76.263	1.807	0.165
	组内	41 441.712	982	42.201		
	总数	41 594.238	984			

续表

项目	差异来源	平方和	自由度	均方	F	显著性
数学自我概念	组间	155.099	2	77.549	1.200	0.302
	组内	63 479.068	982	64.643		
	总数	63 634.166	984			
学校一般情况自我概念	组间	55.794	2	27.897	0.589	0.555
	组内	46 482.443	982	47.334		
	总数	46 538.238	984			

三、讨论

（一）民族地区农村小学四年级到高二学生学业自我概念的发展特点

民族地区农村小学生四年级到高二学生一般学业自我概念处于中等发展水平。究其原因，首先，这可能与我国教育评价制度有关。由于受到"科举制度"的影响，我国中小学非常注重各种考试，特别是"中考"和"高考"，而且评价学生学业成就一直只看学生的考试成绩。这种以"考试"为唯一的评价方式而开展的"应试教育"，其目标就是升学，从而形成了各种各样以分数论英雄的教育态势，呈现出千军万马过"独木桥"的现象，这种教育态势和现象必然使相当一部分学生不断体验到考试失败带来的痛苦，从而直接影响到学生的学业自我概念。其次，中华人民共和国成立以来由于受到苏联教育的影响，我国中小学教材"繁、难、偏"等问题还没有得到真正的解决，教学方式以"强灌硬注"为主，学习的难度大，课外作业量多，学业负担重，几乎没有享受到学习带来的乐趣。再次，由于我国的社会文化传统，人们都相对内敛，绝大多数人都是崇尚中庸之道和谦虚。所有这些，都在不同程度、直接或间接地影响学生的自我概念、学业自我概念的自我评价，从而造成农村中小学生学业自我概念的水平普遍不高，处于中等发展水平。

农村小学四年级到高二的学生学业自我概念及其各分量并不是随着年级的增长而上升，而是呈现出波浪式发展趋势。小学生的学业自我概念相对较高，中学生学业自我概念相对低一些。同时也进一步验证了许多研究发现的中学生学业自我概念发展所呈现的"U"形曲线，但在本研究中高一学生的学业自我概念最低，而不是初二或初三[4,16]。究其原因，首先，与青少年身心发育和成熟程度有关。小学生身心发育都不成熟，评价中的"虚高"成分较多。在中学阶段，学生的身心发育发生了一个较大转折，同时随着学生身体的逐渐成熟，以及知识和阅历的积累，学生思维能力和水平也逐步得到提高，对事物判断能力、自我感知和知觉能力也逐步增强，从而对自己的评价更为合理和客观，因此评价中"虚高"成分也逐步减少。其次，农村中小学生可能在身心发育和成熟方面要比城市学生晚。再次，学习环境转换的影响。学生从小学到初中、从初中到高中的两次学习环境转换时，学业自我概念水平都出现比较大的下降。因此，农村小学四年级到高二学生的学业自我概念发展呈现出"～"形状态，五年级最高，到高一最低，但随着学生身心的发展和逐步成熟、各种能力的迅速提高、学习生活的适应，学生的学业自我概念又开始回升了。

（二）民族地区农村小学四年级到高二学生学业自我概念的差异性

学业自我概念在小学四年级到高二阶段存在非常显著的年级差异，但在小学阶段（4~6

年级)或初中阶段并不存在显著的年级差异。不同学业成绩水平学生的学业自我概念也存在非常显著差异,这与目前国内几乎所有的研究结果类似[17-19]。在国外,学业自我概念与学业成绩之间因果关系的顺序问题是探讨得最多的、也是最关键的问题之一,到目前为止,已经形成了解释其因果关系的若干种理论模型,如交互影响模型、自我增强模型、发展观等[2]。学业自我概念与学业成绩之间的因果关系也是今后要进一步研究的问题之一。

学业自我概念不存在性别差异,但语文自我概念和数学自我概念都存在非常显著的性别差异,其中女生的语文自我概念显著高于男生,而男生的数学自我概念又明显高于女生。具体说,语文自我概念方面,五年级和初一存在非常显著的性别差异,其他年级不存在显著性别差异;数学自我概念方面,小学阶段都不存在显著的性别差异,初中和高中阶段都存在显著的性别差异。差异效应大小报告中,都是小效应。总之,中小学生学业自我概念的性别差异很小。目前,这方面的研究结果不太一致,如李叶[17]等研究表明,初中生数学自我概念不存在性别差异。而徐富明[19]、姚计海[18]等研究结果是初中生数学自我概念存在显著的性别差异。徐富明的研究中男生的数学自我概念明显高于女生,而姚计海的研究中女生明显高于男生。因此,学业自我概念是否存在性别差异,还有待进一步深入研究。

农村中小学四年级到高二学生学业自我概念、语文自我概念和数学自我概念都不存在显著的民族差异。这与当地的文化教育、环境和民俗等有关。因为,本研究的对象是民族地区农村中小学的学生,汉族学生和壮族学生都在一起生活,一起学习,环境相同,风俗习惯也基本一样,从而造成他们的心理人格特征、自我观念和价值观没有本质的差异。

四、结论

第一,民族地区农村小学四年级到高二学生一般学业自我概念处于中等发展水平。从小学四年级到高二,学生的学业自我概念不是随着年级的增长而自然上升,而是呈波浪式发展趋势,大体上呈现出"~"形状态,小学五年级学生的学业自我概念最高,高一学生的学业自我概念最低。小学4~6年级学生学业自我概念与中学阶段的相比,小学的相对较高,而中学的相对低一些。

第二,民族地区农村小学四年级到高二学生学业自我概念存在非常显著的年级差异($P<0.01$);不同学业成就水平的农村小学四年级到高二学生学业自我概念存在非常显著的差异($P<0.01$);四年级到高二学生学业自我概念不存在性别差异,而语文自我概念和数学自我概念都存在非常显著的性别差异($P<0.01$),但差异效应大小属于小效应;民族地区农村小学四年级到高二学生学业自我概念不存在显著的民族差异。

第二节 初中生数学自我概念的基本特点

由于数学学科、语文学科具有自身的学科特性,因此,数学学科自我概念、语文学科自我概念应该有各自特殊的特点。语文和数学是中小学的重要主干课程,分别是文科、理科课程的代表。从本节开始,深入数学学科和语文学科,分析中小学生数学自我概念和语文自我概念的基本特点。

自我概念(self-concept)是指由个体对自身的观念、情感和态度组成的混合物,是个体对自己的综合看法。学生的自我概念由学业自我概念和非学业自我概念组成,学业自我概念可分语文自我概念、数学自我概念等具体学科自我概念。学业自我概念是指个体在学业情境中形成的对自己在学业发展方面的比较稳定的认知、体验和评价[2]。具体到数学学科上，研究者认为，数学自我概念是指学生在学校情境中形成的对自己在数学学业方面的特长、能力和知识形成的比较稳定的认知、体验和评价，它是学生自我意识中的数学自我的知觉和评价，是学生通过对数学活动、自我属性和社会环境的经验体验及对经验的理解而形成的[4]。

根据不同的划分标准，数学自我概念的构成成分有二维、三维、四维等多种分法。例如，Pietsch，Walker 和 Chapman（2003）认为，数学自我概念由数学能力自我和数学情感自我等两个维度构成。裴昌根（2009）认为[20]，数学学科自我概念由数学学习的自我认知、自我体验、自我调控等三个维度构成，其中数学学习的自我认知是指学生对自己数学学习能力、水平的认识和评价；数学学习的自我体验是指学生在数学学习过程中产生的情感和态度；数学学习的自我调控是指学生对自己数学学习行为的调节和控制。台湾洪志成编制的数学学科自我概念量表主要从数学科自我形象、数学科自信、数学自我接纳、数学科自我行动等四个维度构成。研究者认为，数学能力自我和数学情感自我是数学自我概念的两个核心的结构成分。

学业自我概念是教育心理学研究的热点。综观有关研究，一般的自我概念研究较多，而学业自我概念的研究相对少一些，且主要集中在学业自我概念与学业成绩、学习成就关系的研究，关于数学自我概念的专题研究更少。在《全日制义务教育数学课程标准》中指出："要关注学生数学学习的水平，更要关注他们在数学活动中所表现出来的情感与态度，帮助学生认识自我，建立信心。"因此，在数学教学中要注意提高学生的数学自我概念。然而，初中生的数学自我概念如何呢？它与数学成绩、数学学习动机、数学焦虑、学习策略特别是学业求助行为之间的关系如何呢？它是否存在年级差异、性别差异、区域差异？等等，这些问题都有待研究，特别是进行实证研究。

研究以问卷调查为主，辅以面谈，了解初中生数学自我概念的基本情况，探讨与之有关的一些因素的关系，以及初中生数学自我概念的差异性等。

一、研究方法

（一）被试

选取广西钦州市两所普通中学共 810 名初中生作为被试，有效被试共 801 人。

（二）研究工具

测量工具由以下四个量表组成的数学学习问卷：

第一，数学自我概念量表。本研究采用薛少斌研究的数学学业自我概念量表，该量表分能力和情感两个维度共 10 道选择题组成，如："我的数学总是很好""我很想上数学课"，供选项从"完全不符合"到"完全符合"共五项，采用五点计分法。本研究的克伦巴赫系数为 0.876，具有较高的信度。

第二，数学焦虑量表。参考国内有关数学焦虑量表自编而成，由学习焦虑和考试焦虑 2 部分共 10 道选择题组成，采用 5 点计分法，克伦巴赫系数为 0.753。

第三，数学学习动机量表。根据数学学科特点和初中生的情况，依据成就动机理论，主要考虑成绩目标取向和学习目标取向设计量表。量表由八道选择题组成，采用 5 点计分法，克伦巴赫系数为 0.824。

第四，数学学业求助量表。采用东北师范大学李晓东编制的量表，该量表包括工具性求助（老师）、工具性求助（同学）、执行性求助、回避性求助等4个分量表由18道选择题组成，采用5点记分法。它们的内部一致性系数分别为0.92，0.92，0.84，0.83。本研究中四个分量表的克伦巴赫系数分别为0.84，0.77，0.81，0.79。

（三）研究程序和数据处理

第一，问卷调查在统一的指导语下进行，时间为20分钟。采用随机整群抽样的方法，发放810份问卷，最后收回有效问卷801份。其中初一、初二、初三分别为268、268、265份；城市中学和乡镇中学分别为403、398份；男女分别为399、402份。

第二，数学成绩是以秋季学期数学期终考试成绩作为学生数学学习成绩。将被试的数学学习成绩由高到低排序，按总人数的25%、50%、25%分为优生组（200人）、中等组（401人）和差生组（200人）。

第三，所有的数据采用SPSS10.0 for Windows进行数据处理和统计分析。

二、结果与分析

（一）基本情况

初中各年级学生数学自我概念得分平均分如下：初一男生、女生、总评分别为39.84、39.85、39.85，初二男生、女生、总评分别为37.71、37.73、37.72，初三男生、女生、总评分别为38.91、38.37、38.63。由此可知，初一学生的数学自我概念最高，其次是初三，初二最低。从整体上看，其发展呈现出"V"形状态。

（二）相关性分析

1. 数学自我概念与数学成绩、数学学习动机、学业求助行为的关系

对数学自我概念、数学成绩、数学学习动机、数学焦虑、数学学业求助行为之间进行相关性分析，结果见表2-8。

表2-8 数学自我概念、数学成绩、数学学习动机、数学焦虑、学业求助的相关分析

因素	数学自我	数学成绩	学习动机	数学焦虑	学业求助
数学自我	1.000	0.325**	0.687**	-0.613**	0.631**
数学成绩	0.325**	1.000	0.333**	-0.353**	0.394**
数学学习动机	0.687**	0.333**	1.000	-0.703**	0.854**
数学焦虑	-0.613**	-0.353**	-0.703**	1.000	-0.674**
学业求助	0.631**	0.394**	0.854**	-0.674**	1.000

注：表中的 ** 表示 $P < 0.01$。

由表2-8可知，数学自我概念与数学成绩、数学学习动机、数学学业求助行为都存在非常显著的正相关（$P < 0.01$）。另外，数学自我概念、数学学习动机、学业求助行为、数学成绩之间也存在非常显著的正相关，这说明它们之间存在密切的关系。

2. 数学自我概念与数学焦虑的关系

由表2-8可知，数学自我概念与数学焦虑存在非常显著的负相关（$r = -0.613$，$P < 0.01$），这说明，数学自我概念与数学焦虑存在密切的关系。数学自我概念高的学生，他的数学焦虑就低；反之，数学自我概念低的学生，他的数学焦虑相对高。

（三）差异性分析

1. 不同类别学生数学自我概念的差异

为考察不同类别学生数学自我概念的差异显著性情况，进行多因素方差分析，主要结果见表2-9。由表2-9可知，数学成绩、年级和区域等各自的主效应存在非常显著差异（$P < 0.01$），性别的主效应不存在显著差异；年级和区域、年级与成绩、区域和成绩都存在显著的交互作用（$P < 0.05$），而其他不存在交互作用。

表2-9　不同类别学生数学自我概念的多因素方差分析

来源	平方和	自由度	均方	F	Sig.
年级	587.012	2	293.506	20.057	0.000
性别	20.998	1	20.998	1.435	0.231
区域	1 537.757	1	1 537.757	105.084	0.000
成绩	1 071.251	2	535.626	36.603	0.000
年级 ＊ 性别	4.272	2	2.136	0.146	0.864
年级 ＊ 区域	163.860	2	81.930	5.599	0.004
年级 ＊ 成绩	143.022	4	35.755	2.443	0.045
性别 ＊ 成绩	17.281	2	8.641	0.590	0.554
区域 ＊ 成绩	101.779	2	50.889	3.478	0.031
性别 ＊ 区域	7.648	1	7.648	0.523	0.470
年级 ＊ 性别 ＊ 区域	38.883	2	19.441	1.329	0.265
年级 ＊ 性别 ＊ 成绩	19.737	4	4.934	0.337	0.853
年级 ＊ 区域 ＊ 成绩	89.204	4	22.301	1.524	0.193
性别 ＊ 区域 ＊ 成绩	14.092	2	7.046	0.481	0.618

注：①成绩是指数学成绩水平（优、中、差）；②区域是指城市中学和乡镇中学。

2. 不同年级学生数学自我概念的差异

分别对不同年级初中生的数学自我概念及能力自我和情感自我进行单因素方差分析，主要结果见表2-10和表2-11。由表2-10和表2-11可知，不同年级的初中生数学自我概念及两个维度都存在非常显著的差异。进一步计算效应大小：数学自我概念，效应大小为$\eta^2 = 0.039\,4$，属于小效应；数学能力自我，效应大小为$\eta^2 = 0.125\,6$，属于中等效应；数学情感自我，效应大小为$\eta^2 = 0.064\,1$，属于中等效应。

进一步对其两两检验，差异显著的并计算实际效应大小，结果见表2-12。由表2-12可知：在总体水平上，初一与初二、初三都存在非常显著差异（$P < 0.01$），初一与初二的实际效应效果达中等效应，但初一与初三的实际效应只是小效应；初二与初三存在显著差异（$P < 0.05$），但实际效应非常小，属于几乎没有效应。在能力自我维度上，初一与初二、初三都存在非常显著差异（$P < 0.01$），而且实际效应大小都达到大效应；初二与初三不存在显著差异。在情感自我维度上，初三与初一、初二都存在非常显著差异（$P < 0.01$），而且实际效应大小达到中等效应；初一与初二不存在显著差异。

从总体上看，初一学生的数学自我概念最高，其次是初三，初二最低，其发展呈现出"V"形状态。

表2-10 不同年级学生数学自我概念及其分量得分的描述统计表

因素		N	平均值	标准差	平均值95%置信区间		最小值	最大值
					下限值	上限值		
数学自我概念	初一	268	39.85	3.711	39.40	40.29	29	46
	初二	268	37.72	4.469	37.19	38.26	25	45
	初三	265	38.63	4.691	38.07	39.20	23	48
	总计	801	38.74	4.391	38.43	39.04	23	48
数学能力自我	初一	268	25.41	2.137	25.15	25.67	17	28
	初二	268	23.20	3.092	22.83	23.57	15	29
	初三	265	23.01	3.292	22.61	23.41	13	29
	总计	801	23.88	3.079	23.66	24.09	13	29
数学情感自我	初一	268	14.44	2.143	14.18	14.69	9	19
	初二	268	14.53	2.272	14.25	14.80	9	19
	初三	265	15.62	1.724	15.41	15.83	10	19
	总计	801	14.86	2.128	14.71	15.01	9	19

表2-11 不同年级学生数学自我概念的单因素方差分析

差异来源		平方和	自由度	均方	F	显著性
数学自我概念	组间	608.101	2	304.051	16.372	0.000
	组内	14 819.789	798	18.571		
	总计	15 427.890	800			
数学能力自我	组间	952.429	2	476.214	57.298	0.000
	组内	6 632.335	798	8.311		
	总计	7 584.764	800			
数学情感自我	组间	232.056	2	116.028	27.321	0.000
	组内	3 389.003	798	4.247		
	总计	3 621.059	800			

表2-12 不同年级学生数学自我概念两两检验和效应大小表

因变量	(I)年级	(J)年级	平均差(I-J)	标准误差	显著性水平	95%置信区间		效应大小	
						下限值	上限值	效应值	效应效果
数学自我概念	初一	初二	2.123*	0.372	0.000	1.25	3.00	0.062 8	中等效应
		初三	1.213*	0.373	0.003	0.34	2.09	0.020 3	小效应
	初二	初一	-2.123*	0.372	0.000	-3.00	-1.25	0.062 8	中等效应
		初三	-0.910*	0.373	0.040	-1.79	-0.03	0.009 8	几乎没有效应
	初三	初一	-1.213*	0.373	0.003	-2.09	-0.34	0.020 3	小效应
		初二	0.910*	0.373	0.040	0.03	1.79	0.009 8	几乎没有效应

续表

因变量	(I) 年级	(J) 年级	平均差 (I-J)	标准误差	显著性 水平	95%置信区间		效应大小	
						下限值	上限值	效应值	效应效果
数学能力 自我	初一	初二	2.213*	0.249	0.000	1.63	2.80	0.1482	大效应
		初三	2.399*	0.250	0.000	1.81	2.99	0.1582	大效应
	初二	初一	-2.213*	0.249	0.000	-2.80	-1.63	0.1482	大效应
		初三	0.186	0.250	0.736	-0.40	0.77	—	—
	初三	初一	-2.399*	0.250	0.000	-2.99	-1.81	0.1582	大效应
		初二	-0.186	0.250	0.736	-0.77	0.40	—	—
数学情感 自我	初一	初二	-0.090	0.178	0.870	-0.51	0.33	—	—
		初三	-1.186*	0.179	0.000	-1.61	-0.77	0.0853	中等效应
	初二	初一	0.090	0.178	0.870	-0.33	0.51	—	—
		初三	-1.097*	0.179	0.000	-1.52	-0.68	0.0690	中等效应
	初三	初一	1.186*	0.179	0.000	0.77	1.61	0.0853	中等效应
		初二	1.097*	0.179	0.000	0.68	1.52	0.0690	中等效应

3. 不同数学成绩水平学生数学自我概念的差异

为了考察不同数学学习成绩水平的初中生的数学自我概念的差异显著性情况，分别对不同数学成绩水平的初中生数学自我概念及能力自我和情感自我进行单因素方差分析，主要结果见表 2-13 和表 2-14。由表 2-13 和表 2-14 可知，不同数学成绩水平的初中生数学自我概念及能力、情感维度上都存在非常显著的差异（$P < 0.01$）。进一步计算实际效应大小：数学自我概念，效应大小为 $\eta^2 = 0.0721$，属于中等效应；数学能力自我，效应大小为 $\eta^2 = 0.0652$，属于中等效应；数学情感自我，效应大小为 $\eta^2 = 0.0369$，属于小效应。

进一步对其进行两两检验，差异显著的并计算其实际效应大小，结果见表 2-15。由表 2-15 可知，在数学自我概念和数学能力自我维度上，优生、中等生、差生两两之间的差异都达非常显著水平（$P < 0.01$）。在数学情感自我上，优等生与中等生、差等生存在非常显著差异，但中等生与差等生的差异不显著。从实际效应大小来看，无论是总体水平上，还是数学能力自我、数学情感自我两个维度上，优生与差生差异非常显著，实际效应效果达到中等效应。但是，优生与中等生、中等生与差生之间差异的实际效应并不是很大，如果是存在差异，只是小效应而已。这说明，优生的数学自我概念及其两个维度明显高于差生。

表 2-13　不同数学成绩水平的学生数学自我概念得分描述性统计表

因素		N	平均值	标准差	平均值95%置信区间		最小值	最大值
					下限值	上限值		
数学自我概念	优生组	216	40.30	4.091	39.75	40.85	23	48
	中等组	369	38.78	4.199	38.35	39.21	25	48
	差生组	216	37.09	4.436	36.50	37.69	26	46
	总计	801	38.74	4.391	38.43	39.04	23	48

续表

因素		N	平均值	标准差	平均值95%置信区间		最小值	最大值
					下限值	上限值		
数学能力自我	优生组	216	24.82	2.688	24.46	25.18	13	29
	中等组	369	24.01	2.973	23.70	24.31	15	29
	差生组	216	22.71	3.260	22.27	23.15	15	28
	总计	801	23.88	3.079	23.66	24.09	13	29
数学情感自我	优生组	216	15.48	2.102	15.19	15.76	10	19
	中等组	369	14.78	2.041	14.57	14.98	9	19
	差生组	216	14.38	2.162	14.09	14.67	9	19
	总计	801	14.86	2.128	14.71	15.01	9	19

表2-14　不同数学学习成绩水平学生数学自我概念的单因素方差分析

差异来源		平方和	自由度	均方	F	显著性
数学自我概念	组间	1 113.083	2	556.541	31.025	0.000
	组内	14 314.807	798	17.938		
	总计	15 427.890	800			
数学能力自我	组间	494.835	2	247.418	27.848	0.000
	组内	7 089.929	798	8.885		
	总计	7 584.764	800			
数学情感自我	组间	133.737	2	66.869	15.301	0.000
	组内	3 487.321	798	4.370		
	总计	3 621.059	800			

表2-15　不同成绩水平的学生数学自我概念两两检验和效应大小表

因变量	(I)成绩等级	(J)成绩等级	平均差(I-J)	标准误差	显著性水平	95%置信区间		效应大小	
						下限值	上限值	效应值	效应效果
数学自我概念	优生组	中等组	1.520*	0.363	0.000	0.67	2.37	0.030 3	小效应
		差生组	3.208*	0.408	0.000	2.25	4.17	0.124 4	中等效应
	中等组	优生组	-1.520*	0.363	0.000	-2.37	-0.67	0.030 3	小效应
		差生组	1.688*	0.363	0.000	0.84	2.54	0.035 0	小效应
	差生组	优生组	-3.208*	0.408	0.000	-4.17	-2.25	0.124 4	中等效应
		中等组	-1.688*	0.363	0.000	-2.54	-0.84	0.035 0	小效应
数学能力自我	优生组	中等组	0.819*	0.255	0.004	0.22	1.42	0.018 6	小效应
		差生组	2.116*	0.287	0.000	1.44	2.79	0.111 9	中等效应
	中等组	优生组	-0.819*	0.255	0.004	-1.42	-0.22	0.018 6	小效应
		差生组	1.297*	0.255	0.000	0.70	1.90	0.039 8	小效应
	差生组	优生组	-2.116*	0.287	0.000	-2.79	-1.44	0.111 9	中等效应
		中等组	-1.297*	0.255	0.000	-1.90	-0.70	0.039 8	小效应

续表

因变量	(I) 成绩等级	(J) 成绩等级	平均差 (I−J)	标准误差	显著性 水平	95%置信区间		效应大小	
						下限值	上限值	效应值	效应效果
数学情感 自我	优生组	中等组	0.702*	0.179	0.000	0.28	1.12	0.026 3	小效应
		差生组	1.093*	0.201	0.000	0.62	1.56	0.061 9	中等效应
	中等组	优生组	−0.702*	0.179	0.000	−1.12	−0.28	0.026 3	小效应
		差生组	0.391	0.179	0.075	−0.03	0.81	—	—
	差生组	优生组	−1.093*	0.201	0.000	−1.56	−0.62	0.061 9	中等效应
		中等组	−0.391	0.179	0.075	−0.81	0.03	—	—

4. 男女生数学自我概念的差异

对男女生数学自我概念及能力自我和情感自我的差异显著性进行 t 检验，结果见表 2 – 16。由表 2 – 16 可知，初中生数学自我概念的能力和情感两个维度及总体水平上都不存在性别差异。进一步，分别对各年级的数学自我概念进行性别差异性检验，结果也不存在性别差异。总之，无论是各年级，还是总体情况，数学自我概念都不存在性别差异。

表 2 – 16　数学自我概念的性别差异的 t 检验 （$M \pm SD$）

项目	男生	女生	t 值	显著性水平
数学能力自我	24.00±3.17	23.75±2.99	1.155	0.249
数学情感自我	14.84±1.93	14.87±2.31	0.190	0.850
数学自我概念	38.85±4.30	38.62±4.48	0.718	0.473

5. 城乡学生数学自我概念的差异

对城市中学与乡镇中学学生的数学自我概念及能力自我和情感自我的差异显著性进行 t 检验，结果见表 2 – 17。由表 2 – 17 可知，城市中学与乡镇中学的初中生数学自我概念及能力自我、情感自我维度上都存在非常显著的差异 （$P < 0.01$），其中数学自我概念的实际效应大小达到中等效应、数学能力自我的实际效应大小达到大效应。因此，城市中学学生的数学自我概念及能力自我和情感自我两个维度都明显高于乡镇中学学生，特别是数学能力自我。

表 2 – 17　数学自我概念的区域差异的 t 检验 （$M \pm SD$） 及效应大小

项目	城市中学	乡镇中学	t 值	显著性水平	效应大小	
					效应值	效应效果
数学能力自我	25.06±2.48	22.68±3.17	11.842	0.000	0.149 3	大效应
数学情感自我	15.15±1.82	14.56±2.37	3.978	0.000	0.019 4	小效应
数学自我概念	40.21±3.23	37.24±4.88	10.157	0.000	0.114 4	中等效应

三、讨论

（一）初中生数学自我概念的特点

从整体上看，初中生数学自我概念是较好的，平均值为 38.74。这表明初中生对自己的数学学业的能力、数学情感有较理想的自我认识和自我评价。由于数学自我概念与学生在学习过程中所付出的努力、学习的毅力，以及数学成绩和数学学习动机等都存在较为密切的关系，因此，初中生较好的数学自我概念有助于其个性品质和数学成绩的提高。

研究结果表明，不同年级的初中生的数学自我概念及能力自我和情感自我两个维度都存在非常显著的差异。在总体水平上，初一与初二、初三都存在非常显著差异，初二与初三存在显著差异；在能力自我维度上，初一与初二、初三都存在非常显著差异，但初二与初三不存在显著差异；在情感自我维度上，初一、初二与初三都存在非常显著差异，初一与初二不存在显著差异。从总体上看，初一学生的数学自我概念最高，其次是初三，初二最低，其发展呈现出"V"形状态。这与周琳的研究结果类似[21]。这就说明，初中生数学自我概念的发展，并不是简单的上升或下降；同时可以认为，初二是学生数学自我概念发展的转折点。其原因是多样的，但与数学的学科特征和学生的成熟度有着密切的关系。在能力自我维度方面，学生认为自己的数学能力并不很高，特别是从初二开始产生这种看法；在情感自我维度方面，由于学生逐渐认识到数学的重要性（例如，中考和高考都要考数学、数学对自己今后有帮助等），从而在情感自我维度上呈现出上升的状态。

不同数学成绩水平的初中生数学自我概念及能力、情感维度上都存在非常显著的差异。数学优生、中等生和差生两两之间存在非常显著的差异，优生明显高于中等生，中等生又明显高于差生。数学成绩水平与数学自我概念水平呈现出非常显著的正相关。究其原因，主要是数学成绩与数学自我概念之间存在千丝万缕的关系。

初中生数学自我概念及在数学能力自我和数学情感自我两个维度上都不存在性别差异。在数学能力自我方面，男生略高于女生；而在数学情感自我方面，女生略高于男生；总分上男生略高于女生，但都不存在显著的性别差异。但是，关于初中生的数学自我概念的性别差异问题，出现不同的研究结果[4-6]，这方面还有待进一步深入研究。

初中生的数学自我概念及其数学能力自我和数学情感自我两个维度都存在区域上的差异，即城市中学与乡镇中学的初中生数学自我概念及两个维度的差异达显著水平，特别是数学能力自我维度。这可能与城乡的经济、科技、教育、文化传统、历史等差异有关。因为，我国的区域复杂多样，城乡之间确实存在"发达"程度上的诸多差异，这里的"发达"程度并非只是经济因素，而是含有经济和非经济两方面的因素，后者同样包括地理、自然环境、文化传统与教育价值取向等各种具体因素。

（二）初中生数学自我概念与数学成绩的关系

研究结果表明，初中生数学自我概念与数学成绩之间存在非常显著的正相关，两者之间存在密切的关系，这与已有的研究一致[2]。关于学业自我概念与学业成绩的关系，探讨得最多也是最关键的问题之一就是确立二者之间因果关系的顺序。在过去几十年里，研究者对这个问题进行了广泛的研究，形成了解释其因果关系的几种理论模型，即自我增强模型（self-enhancement model）、技能发展模型（skill-development model）、交互影响模型（reciprocal-effect model）、发展观（development perspective）等。通过访谈了解到，部分学生的数学自我概念既影响数学成绩，同时又受数学成绩的影响，这具有交互影响模型的特点；同时也发现部分学生，先前的数学自我概念影响随后的数学成绩，具有自我增强模型的特点。因此，初中生的数学自我概念与数学成绩因果关系表现为自我增强模型、交互影响模型及发展观，这可能与初中阶段学生的心理成熟度有关。由于此关系的复杂性，其因果关系是很难用一个模型可概括或解释的。

研究结果表明，初中生的数学自我概念、数学成绩、数学学习动机、数学学业求助行为两两之间存在非常显著的正相关。研究者认为，当个体形成一定的数学自我概念后，他就倾向于产生与这一概念相一致的行为方式，数学自我概念实际上起着学生数学学习行为自我调节与定向的作用，影响着学生数学学习的积极性。如：当学生的数学自我概念较高，他的数学学习动机也就较积极，他会积极地采取有利于数学学习的学习策略，如学业求助行为等，努力提高数学学习成绩。

四、结论

第一，初中生数学自我概念与数学成绩、数学学习动机、数学学业求助行为之间存在非常显著的正相关，与数学焦虑存在非常显著的负相关，它们之间存在密切的关系。

第二，初中生数学自我概念存在年级差异，初一与初二、初三差异非常显著，初二与初三的差异显著。初一学生的数学自我概念水平比较高，其次是初三，最低是初二。从整体上看，初中阶段学生数学自我概念的发展呈现出"V"形状态。

第三，不同数学学习水平的初中生的数学自我概念存在非常显著的差异。优生最高，中等生次之，差生最低，且两两之间存在非常显著的差异。

第四，初中生数学自我概念存在区域上的差异，即城市学校的初中生的数学自我概念明显高于乡镇学校，差异达显著水平。这可能与城乡的经济、文化的差距有关。

第五，初中生数学自我概念不存在性别差异，即男女生数学自我概念的差异不显著。

第六，数学成绩、年级和区域等各自的主效应存在非常显著差异，性别的三效应不存在显著差异；区域和成绩、区域和年级、年级与成绩都存在显著的交互作用，而其他交互作用不显著。

第三节　农村 4~6 年级小学生数学自我概念的基本特点

一、问题的提出

学业自我概念是教育心理学研究的热点问题，学业自我概念分为语文自我概念、数学自我概念等具体学科的学业自我概念。数学是中小学重要的主干课程之一，它具有抽象性、严谨性、符号化和结构化等特征，由此导致了学生数学自我概念具有与一般的学业自我概念不同的特性。

我国学者对学生数学自我概念进行了一些研究，例如，对中学生数学自我概念量表进行研究和编制[20]；探讨初中生数学自我概念对数学成就影响的机制[9]；研究和分析了初中生数学自我概念与数学成绩、数学学习动机、数学学业求助行为、数学焦虑、数学自我效能感、数学学业情绪等之间的关系，以及初中生数学自我概念的形成和发展的情况；分析初中生数学自我概念在区域、年级、性别、成绩水平上是否存在显著差异[17-19]；探讨数学教师期望对初中生数学自我概念的影响[13]；对小学生数学自我效能、自我概念与数学成绩关系进行研究[22]；等等。这些研究取得了一定的成果，对进一步促进中小学生数学学业自我概念的深入研究具有积极的意义，同时，对中小学数学教育教学改革具有一定的指导作用。

综观自我概念的有关研究，一般自我概念和一般学业自我概念的研究较多，具体学科自我概念相对较少；研究对象为城市中小学生的比较多，农村中小学生的相对较少。上一节，研究者已对初中生数学自我概念的基本特点进行了研究。本书选取民族地区农村小学的4~6年级学生为研究对象，探讨农村小学生数学自我概念的个体差异问题，分析农村小学生数学自我概念在不同年级、不同数学成绩水平、不同性别、不同民族等方面是否存在差异，为农村小学数学教学特别是培养学生良好的数学自我概念提供参考。

二、研究方法

（一）被试

选取广西壮族自治区钦州市、河池市等地市乡镇乡村小学的学生作为被试，有效被试共364人，其中小学四年级101人（男54人、女47人），小学五年级141人（男79人、女62人）、小学六年级122人（男65人、女57人）。男女人数分别为198人和166人。汉族58人、壮族303人、其他民族3人。

（二）研究工具

数学自我概念量表。本量表是抽取出陈国鹏修订马什（1992）的自我描述问卷Ⅱ中与数学有关的10个题目，结合小学生情况进行适当的表述修改，构成了《小学生数学自我概念量表》，如："在数学考试中我总是做得很糟糕""理解与数学有关的任何问题我都有困难""我讨厌数学"等。小学生数学自我概念量表有两个维度：数学能力自我和数学情感自我。供选项从"完全不符合"到"完全符合"共五项，采用五点计分法，分数范围在10~50分之间。在本研究中，本量表的克伦巴赫系数为0.803。采用AMOS进行验证性因子分析，其主要结构拟合指数为：$\chi^2/df = 2.283$，IFI = 0.965，TLI = 0.952，CFI = 0.971，SRMR = 0.042。可见本量表具有较高的信度和优良的结构效度。

（三）研究程序与数据处理

第一，在期中考试后两周内进行问卷调查，用随机整群抽样，在统一的指导语下进行，时间为20分钟。发放问卷为380份，有效问卷为364份。四年级、五年级、六年级分别为101、141、122份；男女分别为198、166份。

第二，以数学期中考试成绩作为学生的数学成绩。将学生的数学成绩由高到低排序，按各年级总人数的25%、50%、25%分为优生组（87人）、中等组（198人）和差生组（79人）。

第三，所有的数据采用Excel 2010和SPSS 17.0 for Windows进行数据处理和统计分析。

三、结果与分析

（一）不同年级小学生数学自我概念的差异

小学4~6年级各年级学生数学自我概念及其两个维度的得分情况见表2-18。由表2-18

可知，数学自我概念的得分均值分别是34.39、38.92和34.32，标准差分别是6.617、6.792和6.744。由图2-1可知，小学四年级到六年级学生数学自我概念发展呈现出"∩"形状态，五年级学生数学自我概念最高。

表2-18　4~6年级学生数学自我概念的描述性统计表

项目		N	平均值	标准差	平均95%置信区间		最小值	最大值
					下限值	上限值		
数学自我概念	四年级	101	34.39	6.617	33.08	35.69	19	50
	五年级	141	38.92	6.792	37.79	40.05	18	50
	六年级	122	34.32	6.744	33.11	35.53	13	48
	总计	364	36.12	7.070	35.39	36.85	13	50
数学能力自我	四年级	101	19.52	3.974	18.74	20.31	10	30
	五年级	141	21.68	4.628	20.91	22.45	8	30
	六年级	122	18.34	4.658	17.51	19.18	7	30
	总计	364	19.96	4.682	19.48	20.45	7	30
数学情感自我	四年级	101	14.86	3.555	14.16	15.56	4	20
	五年级	141	17.24	3.105	16.72	17.76	4	20
	六年级	122	15.98	3.135	15.41	16.54	6	20
	总计	364	16.16	3.378	15.81	16.50	4	20

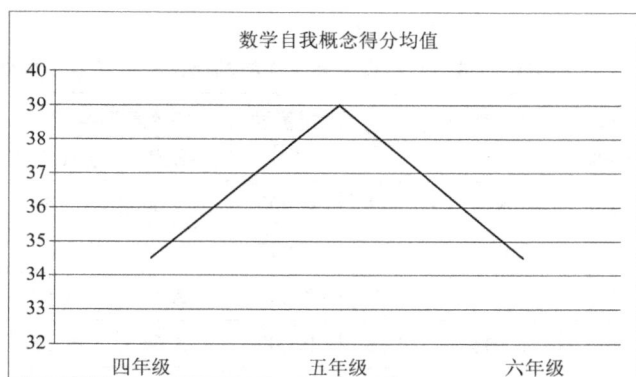

图2-1　小学4~6年级学生数学自我概念发展曲线图

为考察小学4~6年级不同年级的学生数学自我概念的差异情况，对其进行单因素方差分析，结果见表2-19。由表2-19可知，不同年级小学生的数学自我概念及其两个维度即数学能力自我和数学情感自我都存在非常显著的差异（$P < 0.01$）。进一步计算差异的实际效应大小，在数学自我概念方面，效应大小为0.0995，效应效果为中等效应；在数学能力自我方面，效应大小为0.0949，效应效果为中等效应；在数学情感自我方面，效应大小为0.0819，效应效果为中等效应。可见，不同年级的小学生数学自我概念及其两个分量存在非常显著的差异，都达到中等效应程度。

表 2 – 19　4 ~ 6 年级不同年级小学生数学自我概念的方差分析

差异来源		平方和	自由度	均方	F	显著性
数学自我概念	组间	1 806.066	2	903.033	19.952	0.000
	组内	16 338.615	361	45.259		
	总数	18 144.681	363			
数学能力自我	组间	755.168	2	377.584	18.923	0.000
	组内	7 203.367	361	19.954		
	总数	7 958.536	363			
数学情感自我	组间	339.287	2	169.644	16.104	0.000
	组内	3 802.787	361	10.534		
	总数	4 142.074	363			

　　进一步比较它们两两是否存在差异，对其进行多重检验，结果见表 2 – 20。由表 2 – 20可知，数学自我概念方面，五年级与四年级、六年级都存在非常显著的差异（$P < 0.01$），而且差异的效应大小达到中等效应，但四年级与六年级不存在显著差异。在数学能力自我方面，五年级与四年级、六年级都存在非常显著的差异（$P < 0.01$），五年级与六年级差异的效应大小达到中等效应，但五年级与四年级差异实际效应大小不大，只是小效应而已；四年级与六年级不存在显著差异。在数学情感自我方面，五年级与四年级、六年级都存在非常显著的差异（$P < 0.01$），四年级与六年级存在显著差异（$P < 0.05$），但只有四年级与五年级差异的实际效应大小达到中等效应，其他的都是小效应而已。

表 2 – 20　不同年级学生数学自我概念差异的两两检验和效应大小表

因变量	（I）年级	（J）年级	平均差（I - J）	标准差	显著性水平	95% 置信区间		效应大小	
						下限值	上限值	效应值	效应效果
数学自我概念	4	5	-4.536*	0.877	0.000	-6.60	-2.47	0.100 5	中等效应
		6	0.066	0.905	0.997	-2.06	2.20	—	—
	5	4	4.536*	0.877	0.000	2.47	6.60	0.100 5	中等效应
		6	4.602*	0.832	0.000	2.64	6.56	0.103 8	中等效应
	6	4	-0.066	0.905	0.997	-2.20	2.06	—	—
		5	-4.602*	0.832	0.000	-6.56	-2.64	0.103 8	中等效应
数学能力自我	4	5	-2.156*	0.582	0.001	-3.53	-0.79	0.056 4	小效应
		6	1.180	0.601	0.123	-0.23	2.59	—	—
	5	4	2.156*	0.582	0.001	0.79	3.53	0.056 4	小效应
		6	3.337*	0.552	0.000	2.04	4.64	0.114 6	中等效应
	6	4	-1.180	0.601	0.123	-2.59	0.23	—	—
		5	-3.337*	0.552	0.000	-4.64	-2.04	0.114 6	中等效应

续表

因变量	(I)年级	(J)年级	平均差(I-J)	标准差	显著性水平	95%置信区间		效应大小	
						下限值	上限值	效应值	效应效果
数学情感自我	4	5	-2.380*	0.423	0.000	-3.38	-1.38	0.108 7	中等效应
		6	-1.114*	0.437	0.030	-2.14	-0.09	0.026 7	小效应
	5	4	2.380*	0.423	0.000	1.38	3.38	0.108 7	中等效应
		6	1.266*	0.401	0.005	0.32	2.21	0.039 6	小效应
	6	4	1.114*	0.437	0.030	0.09	2.14	0.026 6	小效应
		5	-1.266*	0.401	0.005	-2.21	-0.32	0.039 6	小效应

（二）不同数学成绩水平小学生数学自我概念的差异

数学成绩优生组、中等组和差生组的数学自我概念及其两个分量得分见表2-21。由表2-21可知，优中差三组学生数学自我概念得分的均值分别为41.47、36.16和31.18，标准差分别为5.907、6.227和6.292。显然，差生组的数学自我概念处于中等发展水平。

表2-21　不同数学成绩水平的小学生数学自我概念得分描述性统计表

项目		N	平均值	标准差	平均值95%置信区间		最小值	最大值
					下限值	上限值		
数学自我概念	差生组	87	31.18	6.292	29.84	32.52	13	47
	中等组	198	36.16	6.227	35.28	37.03	22	50
	优生组	79	41.47	5.907	40.15	42.79	21	50
	总计	364	36.12	7.070	35.39	36.85	13	50
数学能力自我	差生组	87	17.01	3.721	16.22	17.80	7	27
	中等组	198	19.63	4.187	19.04	20.21	8	30
	优生组	79	24.06	3.930	23.18	24.94	13	30
	总计	364	19.96	4.682	19.48	20.45	7	30
数学情感自我	差生组	87	14.17	3.874	13.35	15.00	4	20
	中等组	198	16.53	3.009	16.11	16.95	8	20
	优生组	79	17.41	2.715	16.80	18.01	8	20
	总计	364	16.16	3.378	15.81	16.50	4	20

为考察不同数学成绩水平的小学生数学自我概念是否存在差异，对其进行单因素方差分析，结果见表2-22。由表2-22可知，不同数学成绩水平4~6年级小学生的数学自我概念、数学能力自我、数学情感自我都存在非常显著的差异（$P < 0.01$）。进一步计算效应大小，在数学自我概念方面，实际效应大小量为0.2 414，效应效果为大效应；在数学能力自我方面，实际效应大小量为0.2 650，效应效果为大效应；在数学情感自我方面，实际效应大小量为0.1 191，效应效果为中等效应。因此，不同数学成绩水平4~6年级小学生的数学自我概念及其两个分量都存在非常显著的差异，都是大效应或中等效应。

进一步对其进行多重检验，结果见表2-23。由表2-23可知，在数学自我概念和数学能力自我方面，优中差两两之间存在非常显著的差异（$P < 0.01$）；而且实际效应大小都是大效应或中等效应，特别是数学能力自我方面，中等生与差等生的差异属于中等效应，优等生与中等生、差等生的差异都是属于大效应。可见，优等生的数学能力自我非常显著高于中等生和差等生。在数学情感自我方面，差生组与优生组、中等组存在非常显著差异（$P < 0.01$），而且实际效应大小都是大效应或中等效应，但优生组与中等组不存在显著差异。

表 2 - 22　不同数学成绩水平的 4～6 年级小学生数学自我概念的方差分析

差异来源		平方和	自由度	均方	F	显著性
数学自我概念	组间 组内 总数	4 379.806 13 764.875 18 144.681	2 361 363	2 189.903 38.130	57.433	0.000
数学能力自我	组间 组内 总数	2 108.520 5 850.015 7 958.536	2 361 363	1 054.260 16.205	65.058	0.000
数学情感自我	组间 组内 总数	493.304 3 648.770 4 142.074	2 361 363	246.652 10.107	24.403	0.000

表 2 - 23　不同数学成绩水平的学生数学自我概念两两多重检验表

因变量	(I) 成绩等级	(J) 成绩等级	平均差 (I - J)	显著性	95%置信区间		效应大小	
					下限值	上限值	效应值	效应效果
数学自我概念	差生组	中等组	-4.973*	0.000	-6.84	-3.10	0.119 2	中等效应
		优生组	-10.284*	0.000	-12.54	-8.03	0.416 8	大效应
	中等组	差生组	4.973*	0.000	3.10	6.84	0.119 2	中等效应
		优生组	-5.312*	0.000	-7.25	-3.38	0.133 3	中等效应
	优生组	差生组	10.284*	0.000	8.03	12.54	0.416 8	大效应
		中等组	5.312*	0.000	3.38	7.25	0.133 3	中等效应
数学能力自我	差生组	中等组	-2.615*	0.000	-3.83	-1.40	0.081 7	中等效应
		优生组	-7.052*	0.000	-8.52	-5.58	0.462 2	大效应
	中等组	差生组	2.615*	0.000	1.40	3.83	0.081 7	中等效应
		优生组	-4.437*	0.000	-5.70	-3.18	0.192 7	大效应
	优生组	差生组	7.052*	0.000	5.58	8.52	0.462 2	大效应
		中等组	4.437*	0.000	3.18	5.70	0.192 7	大效应
数学情感自我	差生组	中等组	-2.358*	0.000	-3.32	-1.40	0.098 5	中等效应
		优生组	-3.233*	0.000	-4.40	-2.07	0.188 3	大效应
	中等组	差生组	2.358*	0.000	1.40	3.32	0.098 5	中等效应
		优生组	-0.875	0.098	-1.87	0.12	—	—
	优生组	差生组	3.233*	0.000	2.07	4.40	0.188 3	大效应
		中等组	0.875	0.098	-0.12	1.87	—	—

（三）男女生数学自我概念的差异

为考察数学自我概念是否存在性别差异，对其进行 t 检验，结果见表2-24。由表2-24可知，小学4~6年级学生的数学自我概念及数学情感自我都不存在显著的性别差异，但数学能力自我存在显著的性别差异（$P<0.05$）。进一步计算数学能力自我的性别差异的效应大小，其值为 $\eta^2=0.0162$，属于小效应。因此，可以认为小学生数学自我概念基本上不存在显著的性别差异。

表2-24　男女生数学自我概念差异的 t 检验（$M\pm SD$）

性别	人数	数学自我概念	数学能力自我	数学情感自我
男	198	36.73±6.879	20.51±4.527	16.22±3.381
女	166	35.40±7.245	19.31±4.794	16.08±3.383
t 值		1.793	2.446	0.373
P 值		0.074	0.015	0.709

（四）不同民族小学生数学自我概念的差异

由于其他民族只有3人，这里只考察汉族和壮族小学生的数学自我概念是否存在差异，对其进行 t 检验，结果如表2-25。由表2-25可知，汉族与壮族4~6年级小学生的数学自我概念、数学能力自我和数学情感自我都不存在显著差异。

表2-25　汉族和壮族4~6年级小学生数学自我概念差异的 t 检验（$M\pm SD$）

民族	人数	数学自我概念	数学能力自我	数学情感自我
汉族	58	36.40±6.212	19.95±4.136	16.45±3.004
壮族	303	36.07±7.248	19.97±4.804	16.11±3.451
t 值		0.319	-0.028	0.707
P 值		0.750	0.978	0.480

四、讨论

研究结果表明，小学4~6年级各年级学生数学自我概念平均得分分别是34.39、38.92和34.32，数学成绩优中差三组学生的数学自我概念平均得分分别为41.47、36.16和31.18，由此可见，农村小学生数学自我概念处于中等或优良水平。

农村小学4~6年级不同年级的学生数学自我概念及其两个维度都存在非常显著的差异。在数学自我概念及数学能力自我方面，五年级与四年级、六年级都存在非常显著的差异，但四年级与六年级不存在显著差异。在数学情感自我方面，五年级与四年级、六年级都存在非常显著的差异，四年级与六年级存在显著差异。究其原因，这可能与学生的身心发展和心理成熟度有关，也与数学学科的特点有关。

不同数学成绩水平4~6年级小学生的数学自我概念、数学能力自我概念、数学情感自我概念都存在非常显著的差异（$P<0.01$）。一般地，具有优等数学成绩水平的小学生倾向于具有良好的数学自我概念，具有中等数学成绩水平的小学生倾向于具有一般的数学自我概念，具有差等数学成绩水平的小学生倾向于具有不良的数学自我概念。这与目前几乎所有的

研究结果相同。事实上，不管是小学，还是中学，学业自我概念与学业成绩之间存在非常密切的关系。就数学而言，由于数学学科的特点，更是如此。在国外，探讨得最多也是最关键的问题之一就是确立学业自我概念与学业成绩之间因果关系的顺序，到目前为止已形成了解释其因果关系的几种理论模型[2]，即自我增强模型、技能发展模型、交互影响模型、发展观等。在国内也对其关系进行了不少的研究，其结果也相当一致。再深入一步探索，研究者尝试探讨了初中生数学自我概念对数学成绩影响中存在的中介变量，进一步揭示数学自我概念与数学成绩的因果关系及其影响机制，得到了很好的结果[2]，但研究对象只限于初中生，小学生和高中生的情况还没有开展研究，这方面还有待加强。

农村4～6年级小学生数学自我概念及其数学情感自我概念都不存在显著的性别差异，但数学能力自我概念存在显著的性别差异。"性别与数学教育"是国际数学教育大会的系列研究主题之一，专门讨论数学与数学教育中的妇女地位、性别差异问题。在我国，对数学教育的性别差异也进行了一些研究，但结果不太一致。就数学自我概念而言，李叶[17]研究表明，初中生数学自我概念不存在性别差异，虽然总体上男生在数学自我概念的得分略高于女生，但差异不显著。徐富明[18]的研究中男生的数学自我概念明显高于女生，而姚计海[18]的研究中女生明显高于男生。另外，关于小学生数学自我概念性别差异方面的研究报道很少。因此，农村小学生的数学自我概念是否存在性别差异，还需进一步深入探讨，特别是进行实证研究。

汉族与壮族农村4～6年级小学生的数学自我概念不存在显著差异。这可能与当地农村的文化教育、环境、民俗及数学学科特点等因素有关，也与当地汉族和壮族的民俗风俗、观念等逐渐融合一体化有关。

五、结论

第一，农村小学4～6年级各年级学生数学自我概念平均得分分别是34.39、38.92和34.32，呈现出"∩"形状态。数学成绩优、中、差三组学生的数学自我概念平均得分分别为41.47、36.16和31.18。农村小学生数学自我概念处于中等或优良水平。

第二，农村小学4～6年级不同年级的学生数学自我概念及其两个维度即数学能力自我和数学情感自我都存在非常显著的差异。

第三，农村小学4～6年级不同数学成绩水平小学生的数学自我概念及其两个维度都存在非常显著的差异。

第四，农村小学4～6年级学生数学自我概念及数学情感自我均不存在显著的性别差异，数学能力自我存在显著的性别差异，但差异属小效应。

第五，农村小学4～6年级汉族与壮族小学生的数学自我概念不存在显著差异。

第四节　农村中小学生语文自我概念的基本特点

一、问题的提出

2018年6月28日，在中国知网上以篇名包含有"语文自我概念"或"语文学业自我概念"的文献只有1篇[23]。其他关于语文自我概念的研究则散见于其他论文之中。因此，研究中学生语文自我概念，可以进一步填补中学生语文自我概念研究的空白，揭示中学生语文自我概念的基本特点。

一般认为，学业自我概念是指个体在学业情境中形成的对自己在学业发展方面的比较稳定的认知、体验和评价。具体到语文学科上，李磊（2010）认为[23]，语文学业自我是从语文这个具体学科角度来考察学生的语文学习状况，是指学生在学业学习过程中形成的对自己语文学业各方面比较稳定的认识、体验和评价，包括语文学习能力、语文学习成就、语文学习情感和语文学习行为等方面的认识、体验和评价。研究者认为，语文自我概念是指学生在学校情境中形成的对自己在语文各方面的特长、能力和知识形成的比较稳定的认知、体验和评价，它是学生自我意识中的语文自我的知觉和评价。

关于语文自我概念的维度，李磊（2010）认为[23]，语文学业自我是一个多维度等级结构，结构的最高层为语文学业自我，其次为语文特殊领域学业自我和语文一般学业自我。在语文特殊领域学业自我方面，李磊从《语文课程标准》的内容出发，将语文特殊领域学业自我划分为阅读自我、写作自我和口语交际自我，语文一般学业自我可划分为一般语文学习能力自我、一般语文学习情感自我、一般语文学习成绩自我和一般语文学习行为自我。研究者从一般性的层面去考虑，语文自我概念分为语文能力自我和语文情感自我两个核心维度。

有关研究表明，语文自我概念与语文学习成绩之间存在正相关[23-24]，语文成绩越好，对自己在语文学业上的认知评价与情感体验也就越积极，语文自我概念对语文成绩具有较强的预测力。中学生语文自我概念及其各维度在学校类型上均存在显著差异，且重点学校的中学生语文自我概念水平要高于一般学校的中学生；中学生语文自我概念存在显著的性别差异[23]。

研究目的是了解民族地区农村小学四年级到高二语文自我概念发展的基本情况，分析不同年级、不同成绩水平、不同性别、不同民族的中小学生语文自我概念及语文能力自我、语文情感自我的差异性情况，进一步深入地揭示中小学生学业自我概念的基本特点。

二、对象与方法

（一）研究对象

与第一节相同。即选取广西壮族自治区钦州市、河池市、崇左市等地市民族地区 7 所乡镇乡村中小学的小学四年级到高二的学生作为被试，有效被试共 985 人，其中小学四年级 101 人（男 54 人、女 47 人），小学五年级 141 人（男 79 人、女 62 人）、小学六年级 122 人（男 65 人、女 57 人），初一 194 人（男 111 人、女 83 人），初二 106 人（男 49 人、女 57 人），初三 83 人（男 44 人、女 39 人），高一 111 人（男 57 人、女 54 人），高二 127 人（男 33 人、女 94 人）。男女人数分别为 492 人和 493 人。其中，壮族 792 人、汉族 178 人、其他民族 15 人。

（二）研究工具

与第一节相同。其中，语文自我概念可分为语文能力自我和语文情感自我两个维度。采用五点计分法，语文自我概念共 10 道题，满分 50 分，语文能力自我共八道题，满分 40 分，语文情感自我共两题，满分 10 分。

（三）研究程序与数据处理

第一，抽样及调查与第一节相同。即采用随机整群抽样的方法进行问卷调查，时间为

20 分钟。共发放了 1 050 份问卷，收回有效问卷 985 份。其中小学四年级到高二分别为 101、141、122、194、106、83、111、127 份；男女分别为 492、493 份。

第二，取问卷调查前两周进行的语文期中考试成绩为语文成绩。按语文成绩的高低，分别将各年级总人数的前约 25% 的学生作为优生组、中间约 50% 的学生作为中等组、后约 25% 的学生作为差生组，这样就得到了优生组 220 人、中等组 532 人和差生组 233 人（由于分界点出现成绩相同，故按"靠近原则"确定分界点）。

三、研究结果与分析

（一）四年级到高二学生语文自我概念的基本情况

从小学四年级到高二各年级学生语文自我概念及其两个维度得分的平均分和标准差见表 2 - 26。由表 2 - 26 可知，语文自我概念及其两个维度得分平均分分别为 33.70、26.14 和 7.55，由此可见，农村小学四年级到高二学生语文自我概念处于中等发展水平。农村小学四年级到高二学生语文自我概念及其两个分量并不是随着年级的增长而上升，从年级的横向发展特点来看，小学四年级到高二呈波浪式发展趋势，大体上呈现出" ~ "形状态。这与总的学业自我概念发展类似，但语文情感自我基本上是保持稳定的状态。

表 2 - 26   学业自我概念及其各分量的基本情况表 （$M \pm SD$）

年级	人数	语文自我概念	语文能力自我	语文情感自我
四年级	101	34.22 ± 5.587	26.51 ± 4.715	7.70 ± 1.653
五年级	141	33.22 ± 6.427	25.62 ± 50.311	7.60 ± 1.855
六年级	122	35.93 ± 6.781	27.80 ± 5.832	8.12 ± 1.821
初一	194	33.48 ± 6.358	26.14 ± 5.431	7.35 ± 1.733
初二	106	33.92 ± 6.728	26.56 ± 5.627	7.37 ± 1.874
初三	83	35.71 ± 6.762	28.11 ± 5.439	7.60 ± 1.821
高一	111	31.56 ± 6.373	24.37 ± 5.460	7.19 ± 1.587
高二	127	32.35 ± 6.043	24.76 ± 5.231	7.60 ± 1.774
总计	985	33.70 ± 6.502	26.14 ± 5.501	7.55 ± 1.780

（二）不同年级学生语文自我概念的差异性

分别对不同年级学生的语文自我概念及语文能力自我和语文情感自我进行单因素方差分析，主要结果见表 2 - 27。由表 2 - 27 可知，不同年级的中小学生语文自我概念及两个维度都存在非常显著的差异。进一步计算实际效应大小，在语文自我概念方面，效应大小的值为 $\eta^2 = 0.042\,1$，属于小效应；在语文情感自我方面，效应大小的值为 $\eta^2 = 0.022\,2$，属于小效应；在语文能力自我方面，效应大小的值为 $\eta^2 = 0.044\,4$，属于小效应。可见，不同年级的中小学生语文自我概念及两个维度都存在非常显著的差异，但差异的效应大小均为小效应。

进一步对其进行多重检验，主要结果见表 2 - 28（只列出显著性水平小于 0.05 的项）。由表 2 - 28 可知，语文自我概念：六年级与五年级、初一、高一、高二都存在显著差异，初三与高一、高二都存在显著差异；效应大小显示：六年级与高一、高二都是中等效应，初三与高一、高二也是中等效应；其他年级之间不存在显著差异。

在语文能力自我维度上，六年级与五年级、高一、高二都存在显著差异，初三与五年级、高一、高二都存在显著差异；效应大小显示，除五与六年级、初三为小效应之外，其他都是中等效应；其他年级之间不存在显著差异。

　　在语文情感自我维度上，六年级与初一、初二、高一都存在显著差异；效应大小显示，除了六年级与高一为中等效应外，其他都是小效应；其他年级之间不存在显著差异。

表 2 – 27　不同年级学生语文自我概念的方差分析表

项目		平方和	自由度	平均值平方	F	P 值
语文自我概念	组间	1 753.175	7	250.454	6.142	0.000
	组内	39 841.063	977	40.779		
	总数	41 594.238	984			
语文情感自我	组间	69.402	7	9.915	3.176	0.003
	组内	3 049.942	977	3.122		
	总数	3 119.344	984			
语文能力自我	组间	1 321.560	7	188.794	6.481	0.000
	组内	28 458.541	977	29.128		
	总数	29 780.102	984			

表 2 – 28　不同年级学生语文自我概念两两检验表（只列出显著性水平小于 0.05 部分）

因变量	（I）年级	（J）年级	平均差（I−J）	显著性水平	95%置信区间 下限值	95%置信区间 上限值	效应大小 效应值	效应大小 效应判断
语文自我概念	五年级	六年级	−2.706*	0.015	−5.10	−0.31	0.040 5	小效应
	六年级	五年级	2.706*	0.015	0.31	5.10	0.040 5	小效应
		初一	2.442*	0.022	0.20	4.68	0.032 3	小效应
		高一	4.368*	0.000	1.82	6.91	0.099 5	中等效应
		高二	3.572*	0.000	1.11	6.03	0.072 4	中等效应
	初一	六年级	−2.442*	0.022	−4.68	−0.20	0.032 3	小效应
	初三	高一	4.152*	0.000	1.34	6.97	0.090 6	中等效应
		高二	3.357*	0.005	0.62	6.09	0.063 4	中等效应
	高一	六年级	−4.368*	0.000	−6.91	−1.82	0.099 5	中等效应
		初三	−4.152*	0.000	−6.97	−1.34	0.090 6	中等效应
	高二	六年级	−3.572*	0.000	−6.03	−1.11	0.072 4	中等效应
		初三	−3.357*	0.005	−6.09	−0.62	0.063 4	中等效应
语文情感自我	六年级	初一	0.778*	0.004	0.16	1.40	0.044 1	小效应
		初二	0.755*	0.029	0.04	1.47	0.040 3	小效应
		高一	0.934*	0.002	0.23	1.64	0.069 5	中等效应
	初一	六年级	−0.778*	0.004	−1.40	−0.16	0.044 1	小效应
	初二	六年级	−0.755*	0.029	−1.47	−0.04	0.040 3	小效应
	高一	六年级	−0.934*	0.002	−1.64	−0.23	0.069 5	中等效应

因变量	（*I*）年级	（*J*）年级	平均差（*I*－*J*）	显著性水平	95%置信区间		效应大小	
					下限值	上限值	效应值	效应判断
语文能力自我	五年级	初三	−2.491*	0.020	−4.76	−0.22	0.048 4	小效应
	六年级	五年级	2.186*	0.024	0.16	4.21	0.037 3	小效应
		高一	3.434*	0.000	1.28	5.58	0.084 8	中等效应
		高二	3.047*	0.000	0.97	5.13	0.071 0	中等效应
	初三	五年级	2.491*	0.020	0.22	4.76	0.048 4	小效应
		高一	3.739*	0.000	1.36	6.12	0.104 3	中等效应
		高二	3.353*	0.000	1.04	5.67	0.087 6	中等效应
	高一	六年级	−3.434*	0.000	−5.58	−1.28	0.084 8	中等效应
		初三	−3.739*	0.000	−6.12	−1.36	0.104 3	中等效应
	高二	六年级	−3.047*	0.000	−5.13	−0.97	0.071 0	中等效应
		初三	−3.353*	0.000	−5.67	−1.04	0.087 6	中等效应

（三）不同语文成绩水平的学生语文自我概念的差异性

分别对不同语文成绩水平的学生语文自我概念及语文能力自我和语文情感自我进行单因素方差分析，结果见表2－29和表2－30。由表2－30可知，不同语文成绩水平的学生语文自我概念及其两个维度都存在非常显著的差异。进一步计算实际效应大小，在语文自我概念方面，效应大小的值为 $\eta^2 = 0.086\ 7$，属于中等效应；在语文情感自我方面，效应大小的值为 $\eta^2 = 0.028\ 3$，属于小效应；在语文能力自我方面，效应大小的值为 $\eta^2 = 0.087\ 3$，属于中等效应。

进一步对其进行两两多重检验，结果见表2－31。由表2－31可知，不同语文成绩水平的学生语文自我概念及其两个维度的两两之间存在非常显著差异，即优生组非常显著高于中等组和差生组，中等组非常显著高于差生组。进一步计算效应大小发现：在语文自我概念和语文能力自我方面，优生组与差生组差异的效应达到大效应，而其他两两之间差异的效应大小都属于小效应。在语文情感自我方面都是小效应。由此可见，优生组和差生组在语文自我概念和语文能力自我方面存在非常显著的差异。

表2－29　不同语文成绩水平的学生语文自我概念基本情况

项目		*N*	均值	标准差	最小值	最大值
语文自我概念	差生组	233	30.97	5.928	10	47
	中等组	532	33.68	6.040	14	49
	优生组	220	36.62	6.913	16	50
	合计	985	33.70	6.502	10	50

续表

项目		N	均值	标准差	最小值	最大值
语文情感自我	差生组	233	7.06	1.816	2	10
	中等组	532	7.62	1.728	2	10
	优生组	220	7.92	1.763	3	10
	合计	985	7.55	1.780	2	10
语文能力自我	差生组	233	23.91	5.096	8	37
	中等组	532	26.06	5.106	11	39
	优生组	220	28.70	5.778	11	40
	合计	985	26.14	5.501	8	40

表 2-30　不同语文成绩水平的学生语文自我概念的方差分析表

项目		平方和	自由度	均方	F	显著性
语文自我概念	组间	3 604.788	2	1 802.394	46.591	0.000
	组内	37 989.449	982	38.686		
	总数	41 594.238	984			
语文情感自我	组间	88.357	2	44.179	14.313	0.000
	组内	3 030.987	982	3.087		
	总数	3 119.344	984			
语文能力自我	组间	2 599.543	2	1 299.772	46.959	0.000
	组内	27 180.558	982	27.679		
	总数	29 780.102	984			

表 2-31　不同语文成绩水平的学生语文自我概念多重检验表

因变量	(I) 成绩等级	(J) 成绩等级	平均差 (I-J)	显著性	95%置信区间 下限值	95%置信区间 上限值	效应大小 效应值	效应大小 效应判断
语文自我概念	差生组	中等组	-2.706*	0.000	-3.85	-1.56	0.041 3	小效应
		优生组	-5.644*	0.000	-7.02	-4.27	0.162 2	大效应
	中等组	差生组	2.706*	0.000	1.56	3.85	0.041 3	小效应
		优生组	-2.938*	0.000	-4.11	-1.77	0.043 1	小效应
	优生组	差生组	5.644*	0.000	4.27	7.02	0.162 2	大效应
		中等组	2.938*	0.000	1.77	4.11	0.043 1	小效应
语文情感自我	差生组	中等组	-0.560*	0.000	-0.88	-0.24	0.021 2	小效应
		优生组	-0.858*	0.000	-1.25	-0.47	0.054 5	小效应
	中等组	差生组	0.560*	0.000	0.24	0.88	0.021 2	小效应
		优生组	-0.298	0.087	-0.63	0.03	—	—
	优生组	差生组	0.858*	0.000	0.47	1.25	0.054 5	小效应
		中等组	0.298	0.087	-0.03	0.63	—	—

续表

因变量	(I) 成绩等级	(J) 成绩等级	平均差 (I-J)	显著性	95%置信区间		效应大小	
					下限值	上限值	效应值	效应判断
语文能力 自我	差生组	中等组	-2.146*	0.000	-3.12	-1.18	0.036 2	小效应
		优生组	-4.786*	0.000	-5.95	-3.62	0.162 8	大效应
	中等组	差生组	2.146*	0.000	1.18	3.12	0.036 2	小效应
		优生组	-2.640*	0.000	-3.63	-1.65	0.048 8	小效应
	优生组	差生组	4.786*	0.000	3.62	5.95	0.162 8	大效应
		中等组	2.640*	0.000	1.65	3.63	0.048 8	小效应

（四）男女生语文自我概念的差异性

为考察语文自我概念是否存在性别差异，对其进行 t 检验，结果见表 2-32。由表 2-32 可知，小学四年级到高二学生的语文自我概念及其两个维度都存在非常显著的性别差异（$P < 0.01$）。进一步计算实际效应大小，在语文自我概念方面，效应大小的值为 $\eta^2 = 0.016\ 6$，属于小效应；语文情感自我方面，效应大小的值为 $\eta^2 = 0.024\ 7$，属于小效应；语文能力自我方面，效应大小的值为 $\eta^2 = 0.010\ 3$，属于小效应。由此可见，尽管女生语文自我概念明显高于男生，但从效应大小来看，这种差异的效应很小，属于小效应。

表 2-32 男女生语文自我概念差异的 t 检验（$M \pm SD$）

性别	人数	语文自我概念	语文能力自我	语文情感自我
男	492	32.86 ± 6.434	25.58 ± 5.383	7.27 ± 1.803
女	493	34.53 ± 6.467	26.70 ± 5.566	7.83 ± 1.715
t 值		4.077	3.200	4.989
P 值		0.000	0.001	0.000

（五）不同民族学生语文自我概念的差异

分别对不同民族的学生语文自我概念及语文能力自我和语文情感自我进行单因素方差分析，结果见表 2-33。由表 2-33 可知，不同民族的中小学生语文自我概念及其两个维度都不存在显著差异。

表 2-33 不同民族学生语文自我概念的单因素方差分析表（$M \pm SD$）

项目	汉族	壮族	其他民族	F	P 值
语文自我概念	33.06 ± 6.565	33.88 ± 6.504	31.80 ± 5.003	2.435	0.088
语文能力自我	25.40 ± 5.599	26.33 ± 5.494	24.93 ± 3.826	1.807	0.165
语文情感自我	7.65 ± 1.731	7.55 ± 1.791	6.87 ± 1.767	1.396	0.248

四、讨论

根据上述的研究结果，在一定程度上了解中小学生语文自我概念的发展特点和变化趋势。

第一，从总体上看，民族地区农村中小学生语文自我概念处于中等水平。语文自我概念及其两个维度得分平均分分别为 33.70、26.14 和 7.55，由此可见，民族地区农村中小学生语文自我概念并不是很积极。中小学生语文自我概念的发展大体上呈现出"～"形状态，但语文情感自我基本上是保持稳定的状态。因此，主要是语文能力自我出现波动状态。这可能与语文学科的地位和性质有关，语文和数学是小学的两大主干课程，在中学，语文和数学也是重要的主干课程。无论是教师，还是家长，都希望学生学好语文和数学。但是，目前中小学的教学都是为了升学率，考试成绩是学生学习水平和教师教学质量评价的唯一标准。考试成绩排名榜公布在教室讲台上面，成绩名次靠前的学生总是少数，大多数学生在考试成绩的相对比较中都会有挫败感，因此，大部分学生认为自己的语文能力自我不高。

第二，不同语文成绩水平的学生语文自我概念及语文能力自我、语文情感自我都存在非常显著的差异。优生组非常显著高于中等组和差生组，中等组非常显著高于差生组。这与国内外的研究结论是一致的。这点可以用学业自我概念与学习成绩的关系模型去解释。但是，它们之间的相互关系和影响机制问题还有待进一步深入研究。

第三，民族地区农村中小学生语文自我概念及其两个维度都存在显著的性别差异，女生明显高于男生。这与国内外已有的研究基本一致[23-24]。一般认为：在文科方面，女生的学习成绩会比男生好，从而女生的文科学科的学业自我概念高于男生；在理科方面，男生的学习成绩会比女生好，从而男生的理科学科的学业自我概念高于女生。但也并非总是如此，有些研究证实这一观点，也有一些研究的结果刚好相反。总之，学业自我概念的性别差异还有待进一步研究，特别是实证研究。

五、结论

第一，民族地区农村小学四年级到高二学生语文自我概念处于中等发展水平。农村小学四年级到高二学生语文自我概念及其两个分量并不是随着年级的增长而上升，从年级的横向发展特点来看，小学四年级到高二呈波浪式发展趋势，大体上呈现出"～"形状态。这与总的学业自我概念发展类似，但语文情感自我基本上是保持稳定的状态。

第二，不同年级的中小学生语文自我概念及语文能力自我、语文情感自我都存在非常显著的差异。

第三，不同语文成绩水平的学生语文自我概念及语文能力自我、语文情感自我都存在非常显著的差异。优生组非常显著高于中等组和差生组，中等组非常显著高于差生组。

第四，小学四年级到高二学生的语文自我概念及语文能力自我、语文情感自我都存在非常显著的性别差异。

第五，不同民族的中小学生语文自我概念及语文能力自我、语文情感自我都不存在显著差异。

第五节　本章总结与反思

一、民族地区农村中小学生学业自我概念现状和发展的整体特征

民族地区农村小学生四年级到高二学生一般学业自我概念、数学自我概念、语文自我概

念都是处于中等发展水平。农村小学四年级到高二的学生学业自我概念、数学自我概念、语文自我概念、学校一般情况自我概念并不是随着年级的增长而上升，而是呈现出波浪式发展趋势。

二、民族地区农村中小学生学业自我概念的性别差异情况

在第一项研究中，民族地区农村小学生四年级到高二学生一般学业自我概念不存在性别差异，但语文自我概念和数学自我概念都存在非常显著的性别差异，其中女生的语文自我概念显著高于男生，而男生的数学自我概念又明显高于女生，但差异属于小效应。而在第二项研究中，初中生数学自我概念不存在性别差异。因此，学业自我概念的性别差异问题还得进一步研究，特别是分类别、大范围的实证研究。与之相关的是"数学中的性别差异问题"，在欧美国家将其当作一个重要主题来研究，"性别与数学教育"是国际数学教育委员会设立的系列研究课题之一。

三、民族地区农村中小学生学业自我概念与学业成绩的关系

民族地区农村小学生四年级到高二学生一般学业自我概念、数学自我概念、语文自我概念分别是学习成绩、数学成绩、语文成绩都存在非常显著的正相关。这与国内外的研究结论是一致的。这点可以用学业自我概念与学习成绩的关系模型去解释。但是，它们之间的相互关系和影响机制问题还有待进一步深入研究。

四、具体学科自我概念具有自身的特殊性

各学科的学业自我概念的确有自己的特征，与一般的学业自我概念不同。各学科的学业自我概念除了具有一般学业自我概念的性质之外，应该还具有其特殊的性质和规律，值得进一步深入研究。一方面，从一般层面上整体上研究学业自我概念；另一方面，从具体学科和特殊学科领域上研究学业自我概念。

上述民族地区农村中小学生学业自我概念的现状和基本特点，可以作为制定学业自我概念的教育干预措施的现实依据，也可以作为选择教育方式和教育教学改革的依据和基础。

本章参考文献

[1] 梁好翠，黄乃佳，刘阳，等. 民族地区农村中小学生学业自我概念的发展特点 [J]. 钦州学院学报，2018，33（1）：28 – 34.

[2] 郭成，何晓燕，张大均. 学业自我概念及其与学业成绩关系的研究述评 [J]. 心理科学，2006，29（1）：133 – 136.

[3] 周海霞，郭成. 青少年学业自我的发展特点及研究展望 [J]. 比较教育研究，2011，33（9）：77 – 80.

[4] 梁好翠. 初中生数学自我概念的调查与分析 [J]. 数学教育学报，2010，19（3）：42 – 45.

[5] 李振兴，郭成，连晓荷，等. 流动初中生学业自我概念的发展轨迹：一项潜变量增长模型分析 [J]. 中国特别教育，2017（1）：73 – 79.

[6] 朱丽芳. 大学生学业自我概念、成就目标定向与学习坚持性的关系研究 [J]. 中

国临床心理学杂志，2006，14（2）：192－193.

[7] 张潮，渠玉红. 高中生自尊、学业自我概念及考试焦虑的关系［J］. 中国健康心理学杂志，2010，18（1）：65－67.

[8] 侯晓娟，杨遇林，郝学敏，等. 某高中学生学业情绪特点及其与自我概念的关系［J］. 中国社会医学杂志，2016，33（4）：345－347.

[9] 梁好翠. 初中生数学自我概念对数学成就影响机制的研究［J］. 数学教育学报，2013，22（1）：51－54.

[10] 陈晓惠，石文典. 中小学生学业自我概念与学业成绩的交叉滞后分析：符合交互影响模型，还是发展观？［J］. 心理发展与教育，2016，32（1）：81－88.

[11] 冯超. 初中生父母教养方式——学业自我概念与考试焦虑关系的研究［D］. 上海：华东师范大学，2011.

[12] 罗云，陈爱红，王振宏. 父母教养方式与中学生学业倦怠的关系：自我概念的中介作用［J］. 心理发展与教育，2016，32（1）：65－72.

[13] 梁好翠. 教师期望对学生数学自我概念影响的定量分析［J］. 初中数学教与学（人大复印报刊资料），2014（12）：40－43.

[14] 梁好翠，黄岳俊. 初中生数学自我概念影响因素的定量分析——基于"学生个体"和"数学教室文化"等因素的考察［J］. 数学教育学报，2016，25（4）：25－29.

[15] 陈维，刘国艳. 农村留守中职生学业自我概念与应对方式的关系：学业韧性的中介作用［J］. 中国特殊教育，2016（5）：23－27.

[16] 吴素梅，施玉滨，唐月芬. 初中生自我概念发展的特点及培养对策［J］. 哈尔滨学院学报，2002（4）：56－59.

[17] 李叶，田学红. 初中生学业自我概念与学业成就的相关研究［J］. 湖北民族学院学报（哲学社会科学版），2002，20（3）：76－79.

[18] 姚计海，屈智勇，井卫英. 中学生自我概念的特点及其与学业成绩的关系［J］. 心理发展与教育，2001，17（4）：57－64.

[19] 徐富明，施建农，刘化明. 中学生的学业自我概念及其与学业成绩的关系［J］. 中国临床心理学杂志，2008，16（1）：59－62.

[20] 裴昌根. 初中生数学学科自我概念量表的编制及其应用［D］. 重庆：西南大学，2009.

[21] 周琳. 初中生数学焦虑、数学学业自我概念及其对数学成绩的影响［D］. 开封：河南大学，2008.

[22] 何先友. 小学生数学自我效能、自我概念与数学成绩关系的研究［J］. 心理发展与教育，1998（1）：45－48.

[23] 李磊. 中学生语文学业自我及其与语文成绩的关系研究［D］. 重庆：西南大学，2010.

[24] 郭成. 青少年学业自我概念研究［D］. 重庆：西南师范大学，2006.

第三章

民族地区农村中小学生学业自我概念
形成和发展的影响因素

中小学生学业自我概念形成和发展的主要理论有参照系效应和自我动机，其中参照系效应包括"I/E 参照模型""大鱼小池效应"和"同化效应"等[1]。讨论和研究这些理论模型，其核心基础就是影响因素的讨论和研究。本章首先分析中小学生学业自我概念的影响因素，然后给出学业自我概念形成和发展影响因素的三项实证研究、一项关于"大鱼小池效应"的个案研究。

第一节 中小学生学业自我概念的影响因素

影响学业自我概念的因素是学业自我概念研究中的热点。研究者认为，学业自我概念的影响因素有学生个体内部因素和外部因素，其中学生个体内部因素包括学生的年龄、性别、学业成绩、归因方式、学习兴趣、学习焦虑等，外部因素包括家庭、学校和社会文化等。

一、个体内部因素

（一）年龄

随着年龄的增长，学生在身心发展变化的同时，社会经验和学习经验也在逐渐积累，他们的学业自我概念也会随之发生变化，但是这种变化不是随着年龄的增长而提高。李叶等人（2002）研究表明[2]，初一、初二年级间学业自我概念无显著差异，初一与初三、初二与初三年级间学业自我概念各方面差异非常显著，初一、初二年级普遍高于初三年级，体现不同的年级特点。梁好翠（2010）研究表明，不同年级的初中生的数学自我概念存在非常显著的差异，初一与初二、初三存在非常显著差异，初二与初三的差异显著。初中生数学自我概念的发展呈现出"V"形状态，即初一最高，其次是初三，初二最低。初中生数学自我概念的发展，并不是简单的上升或下降。这可能与学生的身心发展、学生数学学业自我概念的累积效应、数学的学科特点等有着密切的关系。

（二）性别

一般认为，学业自我概念受性别的影响而产生差异，认为男生的数学自我概念高于女生。在小学阶段，数学成绩和数学自我概念的性别差异不大，但在初、高中阶段均呈下降趋势，而且女生下降幅度更大。研究表明，在初中阶段，学生数学自我概念是否存在性别差异，研究结论并不一致。例如，梁好翠（2010）研究表明，初中生学生数学自我概念不存在性别差异，虽然总体上男生在数学自我概念的得分略高于女生，但差异不显著；而徐富明等人（2008）研究表明[3]，男生的数学自我概念明显高于女生；姚计海的研究表明，女生明显高于男生。因此，初中生的数学自我概念是否存在性别差异，还有待进一步深入研究。

（三）学业成绩

几乎所有的研究表明，学业成绩对学生的学业自我概念产生重要的影响。在国外，探讨得最多也是最关键的问题之一就是确立学业自我概念与学业成绩之间因果关系的顺序，到目前为止，已形成了解释其因果关系的几种理论模型，即自我增强模型（self-enhancement model）、技能发展模型（skill-development model）、交互影响模型（reciprocal-effect model）、发展观（development perspective）等。其中，自我增强模型认为学业自我概念影响着学生的学业成绩；技能发展模型认为先前的学业成绩影响随后的学业自我概念；交互影响模型是认为学业自我概念既影响学业成绩，同时又受学业成绩的影响；发展观认为，随着学生年龄的增长其因果关系顺序发生着变化，年幼儿童主要表现为技能发展模型，年长儿童和青少年主要表现为自我增强模型和交互影响模型。例如，李叶等人（2002）认为，初中生学业自我概念与学业成就之间存在显著相关，它们是相互影响的；初中学业优秀组与学业不良组学生之间学业自我概念差异非常显著，可以通过改变学生消极的学业自我概念来改变学生的学业成就。

（四）学习动机

学习动机影响着学生学业自我概念，其中归因方式是影响学业自我概念形成和发展的重要因素。归因理论认为，能力、努力、任务难度、运气是人们解释成败时知觉到的四种主要原因，并将四种原因分成控制点、稳定性、可控性三个维度。因此，从不同的角度可把归因分为内部归因和外部归因、稳定归因和不稳定归因、可控性归因和不可控性归因等类型。不同的归因方式对学业自我概念的影响程度不同。例如，当学生把学业上的成功归于内因时，会形成积极的学业自我概念；而当他将成功归因于外部因素时，对学业自我概念影响不大。如果一个人将成功归因于运气比较好，他的学业自我概念不会有所变化；如果把成功归因于能力强，则会形成积极的学业自我概念。

（五）学习焦虑

学习焦虑影响着学生学业自我概念。学习焦虑是指个体由于不能达到目标或不能克服障碍的威胁，致使自尊心和自信心受挫，或使失败感和内疚感增加，形成紧张不安、带有恐惧色彩的情绪状态。对于不同的学科，学生的学习焦虑也不同。一般地，对于学生而言，学科内容越抽象越难学习，该学科的学习焦虑越突出。不同的学科，学生的学习焦虑程度也不同。学习焦虑越高，其自尊心和自信心降低或失败感和内疚感增强，从而其学业自我概念就低。学习焦虑对学业自我概念的影响是负向的。

（六）其他个体因素

除学习动机、学习焦虑之外，其他非智力因素，如学习兴趣、学习热情、学习责任心、学习毅力、注意稳定性、情绪稳定性等都有可能对学业自我概念产生影响。还有智力因素，如观察力、记忆力、想象力、思维力、注意力以及认知风格等也有可能对学生学业自我概念产生影响。

二、外部因素

米德认为，影响自我的他人有两类：一类是概化他人，即社会文化整体。社会文化整体通过家庭、学校、司法等机构，以及规范、语言文字，使人将社会文化、道德规范内化为个人的"自我"。另一类是重要他人，即影响个人生活和人格成长的中心人物，如父母、老师、导师等。重要他人对个人态度、观念的影响具有特殊意义，并对个人的发展发挥着重要影响。来自重要他人的态度和评价，会逐渐形成个人自我的重要成分。影响学生学业自我概念的"他人"也是如此，包括学校因素、家庭因素和社会因素。

（一）学校因素

随着儿童进入学龄期，学生的自我概念会受到学校各方面的影响，包括学校制度、学校管理、学校环境、学校的社会影响力、班级管理、班级风气、班级环境、同学关系、教师风格和教学水平等，尤以教师的影响最为深远，学生学业自我概念也是如此。有研究表明，数学教师期望与学生数学自我概念之间存在非常显著的正相关，数学教师期望对初中学生数学自我概念有着非常重要的影响，数学教师期望对学生数学自我概念具有很好的预测性。在我国，教师在教学过程中处于中心地位，直接以"文化权威"的身份出现，教师的各种沟通方式、性格特征、教学态度、教学行为、认知偏差都影响着学生的自尊和自信，影响着学生的学习兴趣、学习动机、学习自我效能感，从而影响着学生数学学业自我概念。目前，我国中小学校都分为 A、B、C 之类的等级。以前学校分为重点学校、普通学校，现在又分为示范性学校和普通学校。不管如何分法，重点学校或示范性学校在办学条件、师资水平、文化环境等方面都优于一般学校。考进重点学校或示范性学校读书的学生，具有一种荣誉感和自豪感。

（二）家庭因素

家庭环境对学生的学业自我概念产生重要的影响，特别是父母的婚姻状况、父母关系、言行举止、教养态度、期望和评价，以及家庭环境、家庭结构等都直接或间接地影响着学生学业自我概念的发展。在教养方式上，方平等人研究指出：权威型方式有利于子女追求掌握目标，有利于他们学业自我概念的发展，对其学业成就产生促进作用；专制型和放任型方式都不利于子女掌握目标，且不利于学业成就的进步。在评价方式上，雷雳指出，如果父母以消极的方式评价自己的孩子，那么他们的这种评价和态度就会反映到他们对待孩子的一言一行中去，就会对学生的学业发展以及学业自我概念产生消极影响。

（三）社会文化因素

人是在一定的社会文化历史条件下生存和发展的，不同的文化类型以及相应的价值观念影响着青少年的自我概念，当然也影响着学生学业自我概念。有研究表明，初中生数学自我概念存在区域上的差异，即城市中学学生的数学自我概念明显高于乡镇中学学生。但也有研究表明，处于文化不发达地区的学生其学业自我概念比处于文化发达地区的学生好，即市中心的学生虽然有良好的文化刺激、社会环境与社会经济背景，但是由此所带来的竞争压力与冲突反而使得个体对自我的肯定变得消极。事实上，在不同的社会文化背景下，人们会用不同方式去感知作为一个人的意义，会关注不同的人类经验，会采用不同的方式去解决一些人类的困境。可以说，不同文化背景下形成的自我概念会用各种具有文化特异性的方式来看待和解决问题，自我概念深受文化的影响，具有文化差异。

Markus 和 kitayama（1991）从自我观的角度看待自我概念的文化差异，提出了独立自我观和相依自我观。独立自我观认为，个体的自我是独立的、独特的、有边界的，强调个体的整体性和独特性，强调个体稳定的内在品质。相依自我观认为，个体的自我不是独立存在的，而是与他人相联系的，强调个体是整体社会关系的一部分，强调个体和他人的关系。不同文化下自我概念的这种不同观点会影响个体的认知、情绪和动机。Triandis（1997）从价值观视角看待自我概念的文化差异，认为最重要的一个维度是个体主义–集体主义。个体主义强调个体和独立，而集体主义强调集体和人际。Spencer-Rodgers 等人（2009）从民间理论的视角看待自我概念的文化差异，提出了辩证自我概念，其思想核心是变化、矛盾和整体论。因此，社会文化对自我概念产生重要的影响，对学生学业自我概念的影响也是如此。

总之，学业自我概念形成与发展的影响因素可能有很多，它们之间的关系也比较复杂，可能是单个因素影响，也可能是多个因素交互作用；可能是直接影响，也可能是通过中介变量间接地影响。有的影响大一些，有的影响可能很小。对于不同类别的学生群体，各因素的影响情况和影响大小程度也可能不同，影响机制也可能不一样。但是，不管情况如何复杂多样，其中会存在一些规律，有待进一步深入去研究、去探索、去发现，特别是进行实证研究。

第二节　学业自我概念形成和发展影响因素的实证研究

由第一节可知，影响学业自我概念因素比较复杂多样。本书针对具体学科（数学、语文）开展研究，第一项是以数学学科为例，基于"学生个体"和"数学教室文化"角度考察初中生数学自我概念影响的因素；第二项和第三项研究是分别专门针对数学教师和语文教师这一"重要他人"进行实证研究。

一、实证研究之一：初中生数学自我概念影响因素的专题研究

（一）问题的提出

近年来，对学业自我概念影响因素的研究成为自我概念研究领域的一个新的热点。国外研究表明，学业自我概念形成和影响的主要理论有参照系效应和自我动机，其中参照系效应包括"I/E 参照模型""大鱼小塘效应"和同化效应等。在国内，学业自我概念的研究主要有学业自我概念与某些因素如学业成绩、学习动机、学习焦虑、教师期望等之间的关系，讨论年龄、性别、父母教养方式、教师期望、学业成绩等因素对学业自我概念的影响[2-5]。具体到数学学科方面，数学自我概念的研究也取得不少的成绩，如：初中生数学自我概念与数学成绩、数学学习动机、数学学业求助行为之间存在非常显著的正相关，与数学焦虑存在非常显著的负相关；初中生数学自我概念的发展呈现出"V"形状态；初中生数学自我概念在区域、年级上存在显著差异；不同数学学习水平的初中生的数学自我概念存在非常显著的差异；初中生数学自我概念不存在性别差异[6-8]。初中生数学自我概念与数学成绩之间的影响具有双向性和动态性，其因果关系主要表现为自我增强模型、交互影响模型及发展观等[9]。数学教师期望对初中学生数学自我概念产生非常重要的影响[10]。

对学生数学自我概念影响因素的研究，基本上是对单个因素的影响进行分析，如：学生

年龄、数学成绩[11]、数学教师期望等，没有从整体上去分析和研究其影响因素。研究者认为，数学自我概念影响因素有学生个体内部因素和外部因素，其中学生个体内部因素包括学生的年龄、性别、数学成绩、归因方式、数学焦虑等，外部因素包括家庭、学校和社会文化等。在个体的非智力因素中，数学学习动机、数学焦虑对数学学习影响较大[12]，与数学自我概念也存在着非常密切的关系。在外部因素中，学校对学生的影响比较大，课堂教学又是实施素质教育的主渠道，因此，"数学教室文化"可以作为考察影响学生数学自我概念的重要的学校因素。所谓"数学教室文化"，就是"以数学教师和学生作为直接的考察对象"[13]，是数学教师教学信念、教学态度、教学行为和学生数学认识信念、学生行为，以及师生、生生相互作用而形成的一种特定的文化。

　　研究以初中生为研究对象，采用问卷调查方法对初中生数学自我概念的影响因素进行研究。针对初中生的情况，从"学生个体"和"数学教室文化"角度选取了数学成绩、数学学习动机、数学焦虑等个体内部因素和数学教师期望（包括数学教师态度和教学行为两个维度）、同学评价等数学教室文化外部因素，探讨这些因素对初中生数学自我概念是否存在显著性影响，以及它们的影响程度，在这些因素中哪个因素是核心和关键的因素。

　　（二）几个重要变量或概念的界定

1. 数学自我概念

　　数学自我概念是指学生在学校情境中形成的对自己在数学学业方面的特长、能力和知识的比较稳定的认知、体验和评价，它是学生自我意识中的数学自我的知觉和评价，是学生通过对数学活动、自我属性和社会环境的经验体验及对经验的理解而形成的。根据不同的划分标准，数学自我概念有许多不同的结构维度。研究者认为，数学能力自我和数学情感自我是数学自我概念的两个核心的结构成分。

2. 数学教室文化

　　"数学教室文化"是指以数学教师和学生作为直接的考察对象，由数学教师教学信念、教学态度、教学行为和学生数学认识信念、学生行为，以及师生、生生相互作用而形成的一种特定的文化。其中，数学教师的教学观更为重要。数学教师的教学观由数学观、认知观和教学观三个部分组成，其中数学观和认知观是支撑这个结构的基础，教学观是主体，三者共同形成数学教学观。

　　教师的数学观在很大程度上决定了他的数学教学观，但这种决定不是唯一的因素，也就是说，教师所具有的数学观在很大程度上决定了他是以什么样的方式从事数学活动的。英国学者 P. Ernest 认为，教师所具有的数学观可大致分为三类：①动态的、易谬主义的数学观。这是指把数学看成人类的一种创造性活动，从而数学主要就是一种探索的活动，并一定包含有错误、尝试与改进的过程，更必然地处于不断的发展和变化之中。②静态的、绝对主义的数学观。这是指把数学看成无可怀疑的真理的集合，是一个高度统一且十分严密的逻辑体系。③工具主义的数学观。这是指把数学看成适用于各种不同场合的事实性结论、方法和技巧的汇集，数学不能被看成一个高度统一的整体。如果一个数学教师所具有的是"静态的、绝对主义的数学观"，那么，他就会倾向于把数学知识看成是一种可以由教师传统给学生的纯客观的东西，从而，数学学习就不应是一种探索性的活动，任何问题都必有唯一正确的答案和唯一合理的解题途径，且这种正确性和合理性完全取决于教师的判决。如果一个数学教师所具有的是"动态的、易谬主义的数学观"，那么，他就会大力提倡学生学习的主动性和积极性，提倡学生参与活动，包括解决问题、合作学习、批判性讨论等，教师对学生在学习过程中产生的错误也采取较为容忍的态度，并通过师生的共同努力去消除错误。由于形成"数学教室文化"的两个核心因素是数学教师和学生，因此，在本研究中，选取数学教师期望和同学评价这两个核心变量作为"数学教室文化"外部因素的变量。

3. 数学教师期望

关于教师期望的界定，目前还没有公认的定义。王蕾（1999）认为：教师期望是指教师在对学生知觉感受的基础上产生的对学生的行为结果的某种预测性认知。Cantor Jean，Kester Don 和 Miller（2000）认为，教师期望是教师在对学生认识的基础上，对学生的未来行为或学业成就所做的判断。范丽恒（2009）认为，教师期望是指教师在对学生有所了解之后，对学生各方面的表现所持的相对稳定的看法及由此引发的态度定向。一般地，教师期望是指教师在了解学生的基础上对学生的行为结果的某种预测性认知。数学教师期望是指数学教师在对学生了解基础上产生的对学生的行为未来或数学学业成就的某种预测性认知。教师期望效应就是指由教师的期望引起的对学生的学习效果的影响。教师期望效应并不能使学生自动产生自我实现的愿望。只有当教师用行为表达出来且被学生知觉到之后，教师期望效应才能产生。教师期望对学生的影响主要有：学生对学校的满意度、学生的同伴接纳、学生的学业成绩、学生的自我价值感、学生的人格。在本研究中，数学教师期望主要包括学生感知到数学教师的态度和行为，即数学教师态度和数学教师行为。

4. 同学评价

同学评价作为"数学教室文化"外部因素的变量之一，这里主要是指同班同学对某个同学进行数学学习方面的看法或评价，包括同学态度看法和同学行为表现等方面。诸如"同学们认为我的数学成绩很差，对我学好数学没有信心"这样的态度看法；"当我回答数学问题时，同学经常耐心倾听、点头赞同"等同学行为表现等。有的是肯定、鼓励、支持、友好、帮助等方面的看法或评价，有的是否定、指责、不友好等看法或评价，还有的是中性的评价。

5. 数学学习动机

动机是对数学学习影响较大的非智力因素之一。所谓动机，就是激发和维持个体活动，并导致该活动朝向某一目标的心理倾向或动力。数学学习中的动机因素主要有[12]：

第一，期望－价值因素。将期望和诱因看作是动机的决定因素，这种观点的发展就引出了期望－价值理论。后来期望－价值理论又发展成为成就动机理论和社会学习理论。成就动机是指一种相对稳定的倾向或者说是一种追求成功的持久倾向，是个人对自己认为重要或有价值的工作或任务，不但愿意去做，而且能够达到完美地步的一种内在推动力量，即由成就需要转化而来的动机。社会学习理论，其实上是人们对具有最高奖赏的目标抱着最高的期待进行活动的，即由追求最高奖赏而转化来的动机。

第二，成败归因因素。在成就领域内，归因理论认为在确定成功与失败的原因时，人们会进行因果寻求。归因的动机作用与三个原因有关，它们是控制点、稳定性和可控性。控制点指原因是由行为者内部而不是外部控制，它决定着一个人的自豪感和自尊是否会随着成功或失败发生改变。有研究表明，低自尊的人收到有关其行为表现的消极反馈时，会变得泄气并失去前进的动力；但是，高自尊的人当收到考试成绩不好或发现自己在完成挑战性任务时不能做得很好时，与低自尊的反应却是相当不同的。稳定性指一个原因不随时间而变动时的特性，它影响人对成功的主观期待。如果将成功归因于一个稳定的原因，如天赋，那么人们就会对未来的成功抱以期待。按相似的方式，如果将失败归因于稳定的原因，人们就会推断将来不可能成功；相反，如果将失败归因于努力不够或运气不好等不稳定的因素，那么他会努力坚持着，且努力和坚持程度也会提高。可控性指原因随主观意志而变化的程度，它与许多具有动机意义的情感有关，包括愤怒、内疚、怜悯和羞耻感。如果一个人的成功受阻于其他人控制的因素，他就会产生愤怒；当一个人的内在可控原因失败或违背契约时就会产生内疚感。教师对学生成功与失败的解释影响着教师与学生间的互动，影响着学生发展，教师与学生互动的核心是教师归因中的可控性维度。

第三，能力自我知觉因素。在自我知觉理论中，自我价值和自我效能感是核心的概念。自我价值理论认为，了解自己胜任力的需要是人的基本动因，认为由于社会将高价值赋予人的获得能力，所以任何年龄的学生都会不遗余力地保护自己的能力感。自我价值理论强调个人高自尊的维护和保持。自我效能感是人们对自己实现特定领域行为目标所需能力的信心或信念。自我效能感影响着学生的目标定向、期望水平和归因方式，对学生的学习有直接或间接的影响。

第四，学习目标因素。在目标理论中，成就目标表示个体为了获得或达到有价值的结果或目的而参与成就活动的原因。成就目标是学生对于学业成就、成功意义或目的的知觉。德威克认为，在成就情境中，儿童主要追求的成就目标可分为学习目标与成绩目标。

在本书中，针对中学生而言，主要考虑成就动机，特别是成绩取向的成就动机和学习目标取向的成就动机。

6. 数学焦虑

焦虑是指个人预料会有某种不良后果或模糊性威胁将出现时产生的一种不愉快的情绪状态。其具体表现通常是紧张不安、忧虑、烦恼、害怕或恐惧，可能伴随出汗、颤抖、心跳加快等生理反应。学习焦虑是焦虑的一种特殊表现形式，泛指学生在学习过程中产生的最为普遍的消极情绪反应。

数学焦虑是对数学学习影响较大的非智力因素之一。罗新兵等（2008）认为，数学焦虑是由数学而产生的认知性的消极情绪，是某些学生在碰到数学问题时所产生的恐慌失措、沮丧无助、紧张害怕、思维混乱等不良情绪反应，有时伴有掌心出汗、拳头紧握、口干舌燥、脸色苍白、直冒冷汗等生理反应。关于数学焦虑的结构成分，目前还没有一致的、公认的观点，Richardson 和 Suinn 设计的数学焦虑等级量表（MARS）包括数字焦虑和数学考试焦虑两个维度，普莱克和派克对 MARS 进行简化得到数学焦虑量表 R－MARS，包括数学学习焦虑和数学评估焦虑两个维度。在国内，一些学者在此基础上结合国内学生情况制定一些量表，如叶蓓蓓等制定的数学焦虑量表，包括考试焦虑、数学课堂焦虑、作业焦虑、解题焦虑、被观察焦虑、抽象焦虑、数学知识应用焦虑等。在本书中，对于中学生而言，数学焦虑主要包括数学考试焦虑和数学学习焦虑两个核心的成分。

（三）利用结构方程模型方法的适切性

通过第一节的分析，影响数学自我概念的因素很多，包括个体内部因素和外部因素，其中学生个体内部因素包括学生的年龄、性别、学业成绩、归因方式、学习兴趣、学习焦虑等，外部因素包括家庭、学校和社会文化等，这些因素之下还包括许多子因素。这些因素之间的关系可能不是简单的因素关系，也有一些互为因素的循环链接，而且心理学变量的特性事实上是复杂得多，如果对一些关系做了限制或只取其中的一段做因果分析难以反映事物的真正本质和内在的联系。

在研究变量之间的关系时，相关分析、回归分析、因素分析等都是常用的统计方法。但传统的统计方法存在许多不足。如，探索性因素分析就有如下限制：测验的个别项目只能分配给一个共同因素，并只有一个因素负荷量，如果一个测验题项与两个或两个以上因素构念之间有关，因素分析就无法处理；共同因素与共同因素的关系必须是全有（多因素斜交）或全无（多因素直交），即共同因素间不是完全没有关系就是完全相关；因素分析假设测验题项与测验题项之间的误差是没有相关的，但事实上，在教育领域中的许多测验的题项与题项之间的误差来源是相似的，也就是测验题项之间的误差间具有共变关系。再如，回归分析在数学上假设每个变量测量时没有测量误差存在，但这一点在教育学和心理学领域上是很难做到的；回归分析可以同时考虑多个变量，但与两个变量之间相关一样，变量之间没有明确的时间顺序时做因果解释也是危险的[14]。

结构方程模型方法正是为解决上述统计分析方法的不足而提出的。结构方程模型（Structural Equation Modeling，简称 SEM）是当代行为与社会领域量化研究的重要统计方法，它融合了传统多变量统计分析中的"因素分析"与"线性模型之回归分析"的统计技术，对于各种因果模型可以进行模型辨识、估计与验证。相对于传统因素分析所存在的问题，结构方程模型具有不少的优点，如[14]：①可检验个别测验题项的测量误差，并且将测量误差从题项的变异量中抽离出来，使得因素负何量具有较高的精确度；②研究者可根据相关理论文献或经验法则，预先决定个别题项是属于哪个共同因素，或置于哪几个共同因素中，即测量表中的每个题项可以同时分属于不同的共因素，并可设定一个固定的因素负何量，或将数个题项的因素负何量设定为相等；③研究者可根据相关理论文献或经验法则，设定某些共同因素之间是具有相关，还是不具有相关存在，甚至交这些共同因素间的相关设定为相等关系；④可对整体共同因素的模型进行进行统计上的评估，以了解理论所建构的共同因素模型与研究者实际取样搜集的数据间是否契合，即可以进行整个假设模型适配度的检验。

结构方程模型有时也称为共变结构模型，它具有如下的特征[14]：

（1）SEM 具有理论先验性

SEM 分析的一个特征，就是其假设因果关系模型必须建立在一定的理论上，SEM 是一种用以验证某一理论模型或假设模型适切性与否的统计技术，因而是一种验证性而非是探索性的统计方法。

（2）SEM 可同时处理测量与分析问题

相对于统计的统计方法，SEM 是一种可以将测量与分析整合为一的计量研究技术，它可以同时估计模型中的测量指标、潜在变量，不仅可以估计测量过程中指标变量的测量误差，也可以评估测量的信度和效度。SEM 分析主要用于社会科学中分析观察变量之间彼此的复杂关系。

（3）SEM 关注协方差的运用

SEM 分析的核心概念是变量的协方差。在 SEM 分析中，与协方差有关的有两个功能：一是描述性功能，即利用变量间的协方差矩阵，观察出多个连续变量间的关联情形；二是验证性功能，即反映出理论模型所导出的协方差与实际搜集数据的协方差间的差异。

（4）SEM 适用于大样本的统计分析

协方差分析与相关分析类似，如果样本数较少，则估计的结果的稳定性就差。SEM 适用于大样本的分析。一般而言，大于 200 以上的样本，才可以称上是一个中型样本，若要追求稳定的 SEM 分析结果，样本数最好在 200 以上。

（5）SEM 包括了许多不同的统计技术

SEM 分析是以变量的共变关系为主要内容，检验观察变量与潜在变量之间的假设关系，它融合了因素分析和路径分析两种统计技术。SEM 可以同时考虑许多内在变量、外在变量与内在变量的测量误差，以及潜在变量的指标变量，可以评估变量的信度、效度与误差值，整体模型的干扰因素等。

因此，近些年来，在量化研究取向之多变量统计分析方法中，SEM 受到越来越多研究者的青睐，越来越多研究者使用 SEM 分析统计方法，使用 SEM 对各种测量模型或假设模型图进行验证。

结构方程模型的基本思路是：首先，根据已有的理论知识，经过分析和推理，形成一个变量之间的关系模型假设；其次，通过对样本进行测量，获得一组观测变量（外显变量）的数据和基于此数据而形成的协方差矩阵；再次，将前面提出的关系模型假设与样本矩阵进行拟合性检验，如果假设的关系模型能拟合客观的样本数据，说明假设关系模型成立，否则就要修正假设模型，如果修正之后仍不符合拟合指标的要求，就要否定假设模型。

目前，能用计算机实现结构方程模型分析的软件有 LISREL 和 AMOS 等，本研究采用 AMOS17.0进行数据处理和统计分析。

（四）研究假设与关系模型假设

第一，数学学习动机、数学焦虑、数学成绩、数学教师期望、同学评价、数学自我概念之间存在显著的相关性，其中数学焦虑与其他各因素存在显著的负相关性。

第二，数学学习动机、数学焦虑、数学成绩、数学教师期望、同学评价等各因素对数学自我概念的影响显著，部分因素间还存在交互作用。

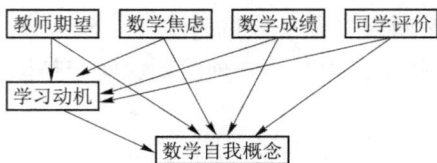

图 3 - 1　教师期望、学习动机、数学成绩、数学焦虑和数学自我概念关系路径假设模型

第三，关系模型假设如下：数学学习动机、数学成绩、数学教师期望、同学评价等因素各自都对数学自我概念产生显著的正面影响，数学焦虑对数学自我概念产生显著的负面影响；同时，数学成绩、数学焦虑、数学教师期望、同学评价等因素分别通过数学学习动机的中介作用间接影响数学自我概念。关系路径假设模型如图 3 - 1 所示。

（五）研究对象与方法

1. 被试

选取广西壮族自治区钦州市某普通中学的初中生作为被试，有效被试共 764 人，其中初一 256 人、初二 257 人、初三 251 人；男 383 人、女 381 人。

2. 研究工具

（1）数学自我概念量表

采用马什（1992）的自我描述问卷Ⅱ。自我描述问卷Ⅱ的适用范围是 7～10 年级的中学生。该量表共有 11 个分量表，102 道测试题组成。其中包括 3 个学业自我概念（言语、数学和一般学校情况）和 7 个非学业自我概念和 1 个一般自我概念。陈国鹏对此量表进行修订，各分量表的内在稳定性系数在 0.83～0.91 之间。各分量表的重测信度在 0.72～0.88 之间。11 个分量表的相关系数大多在 0.40 以下，彼此之间相关不高，说明各分量表可以独立使用。从中抽取出与数学有关的 10 个题目构成数学自我概念量表，如："我的数学总是很好""我很想上数学课"等。这 10 个题目将数学自我概念划分为两个维度：能力维度和情感维度。供选项从"完全不符合"到"完全符合"共 5 项，采用五点计分法。经研究，本量表的克伦巴赫系数为 0.876，具有较高的信度。验证性因子分析结果表明其主要结构拟合指数良好（$\chi^2/df = 2.352$，IFI = 0.943，TLI = 0.936，CFI = 0.941，SRMR = 0.045）。

（2）数学学习动机量表

根据数学学科特点和初中生的情况，以及成就动机理论，量表包括成绩目标取向和学习目标取向 2 个维度，由 8 道选择题组成，如："数学学习中，只要我做出努力，就会取得好成绩""做数学题目的就是为了得出正确的答案"。供选项从"从不这样"到"总是这样"共 5 项，采用五点计分法。经研究，本量表的克伦巴赫系数为 0.824。验证性因子分析结果表明其主要结构拟合指数良好（$\chi^2/df = 2.672$，IFI = 0.921，TLI = 0.922，CFI = 0.901，SRMR = 0.051）。

（3）数学焦虑量表

本量表参考国内有关数学焦虑量表自编而成，包括学习焦虑和考试焦虑两个维度，由 10 道选择题组成，如："我常因在数学课上听不懂而感到难过""我会因为明天要考数学而睡不着"。供选项从"完全不同意"到"完全同意"共 5 项，采用五点计分法。经研究，本量表的克伦巴赫系数为 0.753。验证性因子分析结果表明其主要结构拟合指数可以接受（$\chi^2/df = 3.212$，IFI = 0.897，TLI = 0.869，CFI = 0.876，SRMR = 0.058）。

（4）数学教师期望量表

本量表参考郑海燕教师期望量表修订而成[15]，共有 11 题，包括数学教师态度和数学教师行为两个维度。其中，数学教师态度是指学生知觉到的对数学教师的一种情感的评价性反应，包括四道题目，如："我觉得数学老师对我的成绩感到很失望，对我没有信心"；数学教师行为是指学生知觉到的数学教师活动方式，包括 7 道题目，如"当我回答问题时，数学老师经常耐心倾听、点头赞同"。供选项从"完全不符合"到"完全符合"共 5 项，采用五点计分法。经研究，本量表的内部一致性系数（Cronbach α）为：教师态度 0.792，教师行为 0.821，总量表 0.820，量表具有较高的信度。验证性因子分析结果表明其主要结构拟合指数良好（$\chi^2/df = 2.546$，IFI = 0.917，TLI = 0.928，CFI = 0.923，SRMR = 0.048）。

（5）同学评价量表

根据初中生的特点，同学评价主要包括同学态度看法和同学行为表现等两个维度。量表由八道选择题组成，其中同学态度看法有四道题，如："同学们对我的态度不好，经常指责我数学成绩差""同学们认为我的数学成绩很差，对我学好数学没有信心"；同学行为表现有4道题，如："当我回答数学问题时，同学经常耐心倾听、点头赞同""同学们经常用微笑、点头、手势、目光等方式赞赏我在数学方面的表现"等。供选项从"完全不符合"到"完全符合"共5项，采用五点计分法。经研究，本量表的克伦巴赫系数为0.736，量表具有较高的信度。验证性因子分析结果表明其主要结构拟合指数可以接受（$\chi^2/df = 2.936$，IFI = 0.911，TLI = 0.898，CFI = 0.910，SRMR = 0.056）。

3. 研究程序和数据处理

（1）问卷调查在统一的指导语下进行，时间为15分钟

采用随机整群抽样的方法，发放771份问卷，最后收回有效问卷764份。其中初一、初二、初三分别为256、257、251份；男女分别为383、381份。

（2）数学成绩是以平时成绩占10%、期中考试成绩占30%、期终考试成绩占60%加权平均值作为学生数学学习成绩。将被试的数学学习成绩由高到低排序，分别按各年级总人数的27%、46%、27%分为优生组（213人）、中等组（342人）和差生组（209人）。

（3）按"平均值 M ± 标准差 SD"区分办法，将数学焦虑、数学学习动机、数学教师期望、同学评价等因素分为高中低三种水平，各因素各水平的人数分别是：数学焦虑：高157人、中439人、低166人，数学学习动机：高157人、中439人、低166人，数学教师期望：高130人、中505人、低129人，同学评价：高144人、中496人、低124人。

（4）所有的数据采用 Excel 2003、SPSS17.0 for Windows 和 AMOS17.0 进行数据处理和统计分析。

（六）结果与分析

1. 各因素测量得分的分布情况

数学自我概念、数学焦虑、数学学习动机、同学评价、数学成绩、数学教师期望等6个变量测量得分的分布特征见表3-1。

表3-1　各个因素测量得分的分布特征表

因素	最小值	最大值	平均数	标准差
数学自我概念	23	48	38.69	4.411
数学焦虑	22	40	31.52	3.368
数学学习动机	23	38	30.94	3.078
同学评价	18	38	27.50	4.118
数学成绩	41	98	84.45	7.505
数学教师期望	32	48	41.15	2.583

2. 数学自我概念与五因素的相关性分析

对数学自我概念、数学焦虑、数学学习动机、数学成绩、数学教师期望、同学评价进行相关分析，结果见表3-2。由表3-2可知，数学自我概念与数学学习动机、数学成绩、数学教师期望、同学评价等因素存在非常显著的正相关（$P < 0.01$），与数学焦虑存在非常显著的负相关（$P < 0.01$）。这说明，数学自我概念与数学焦虑、数学学习动机、数学成绩、数学教师期望、同学评价之间存在密切的关系。

表 3-2　数学自我概念、数学焦虑、数学学习动机、数学成绩、教师期望、同学评价的相关性分析

因素	自我概念	数学焦虑	学习动机	数学成绩	教师期望	同学评价
自我概念	1.000	-0.612*	0.689**	0.341**	0.782**	0.607**
数学焦虑	-0.612**	1.000	-0.703**	-0.373**	-0.461**	-0.651**
学习动机	0.689**	-0.703**	1.000	0.353**	0.561**	0.833**
数学成绩	0.341**	-0.373**	0.353**	1.000	0.068	0.398**
教师期望	0.782**	-0.461**	0.561**	0.068	1.000	0.471**
同学评价	0.607**	-0.651**	0.833**	0.398**	0.471**	1.000

注：* 表示 $P<0.05$，** 表示 $P<0.01$，以下同。

3. 对数学自我概念影响的多因素方差分析

为探讨各因素对数学自我概念的影响和交互作用情况，以数学成绩、数学学习动机、数学焦虑、数学教师期望、同学评价为自变量，数学自我概念为因变量进行五因素（$3\times3\times3\times3\times3$）方差分析，主要结果（Sig. <0.300）见表 3-3。

表 3-3　各因素对学生数学自我概念影响的多因素方差分析

因素	平方和	自由度	均方	F 值	Sig.
教师期望	2 701.668	2	1 350.834	211.568	0.000
同学评价	103.879	2	51.940	8.135	0.000
数学成绩	405.891	2	202.945	31.785	0.000
数学学习动机	110.146	2	55.073	8.626	0.000
数学焦虑	336.492	2	168.246	26.351	0.000
教师期望 * 数学学习动机	120.374	3	40.125	6.284	0.000
教师期望 * 数学焦虑	50.821	4	12.705	1.990	0.094
同学评价 * 数学成绩	38.238	4	9.560	1.497	0.201
同学评价 * 数学学习动机	28.828	2	14.414	2.258	0.105
同学评价 * 数学焦虑	32.071	3	10.690	1.674	0.171
数学成绩 * 数学学习动机	57.461	4	14.365	2.263	0.056
数学成绩 * 数学焦虑	32.019	4	8.005	1.254	0.287
教师期望 * 同学评价 * 数学学习动机	36.662	2	18.331	2.871	0.057
教师期望 * 数学学习动机 * 数学焦虑	84.220	2	22.610	4.722	0.027

由表 3-3 可知，各因素的主效应都达到非常显著水平（$P<0.01$）；数学教师期望与数学学习动机两因素产生非常显著的交互作用（$P<0.01$）；数学教师期望、数学学习动机、数学焦虑三因素产生显著的交互作用（$P<0.05$），其他因素没有显著的交互作用。

4. 各因素对学生数学自我概念影响的结构方程模型分析

为验证前面提出的关系路径假设模型，采用结构方程软件 AMOS 进行路径分析[14]，结果发现，从同学评价到数学自我概念的路径系数不显著（$P=0.517$），其他的路径系数均达

非常显著水平（$P < 0.001$）。另外，从 AMOS 提供的修正指标中发现，在 Covariances：Group number 1-Default model 报表中数学焦虑与教师期望、数学成绩的 M. I. 值都较大，这表示问卷中数学焦虑与教师期望之间某些题所测的特质有某程度的相似，也与数学成绩有一定的关联，因为，在本研究中数学焦虑分为学习焦虑和考试焦虑两个维度。因此，修正原关系路径假设模型：删除路径系数不显著的路径，将"数学焦虑"与"教师期望""数学焦虑"与"数学成绩"设定有共变关系。这样得到了如图 3 - 2 所示的关系模型。

为了进一步验证修正的关系模型，即数学教师期望、数学学习动机、数学成绩、数学焦虑对学生数学自我概念的影响模式，采用结构方程模型进行分析和验证，得到数学教师期望、数学学习动机、数学成绩、数学焦虑对学生数学自我概念的影响模型的各项主要的拟合指标有：卡方 $\chi^2 = 3.554$（$P = 0.59$），自由度 $df = 1$，$\chi^2/df = 3.554$，GFI = 0.998，AGFI = 0.972，IFI = 0.999，NFI = 0.998，TLI = 0.987，CFI = 0.999，RMSEA = 0.058，RMR = 0.043。模型的路径关系如图 3 - 3 所示。

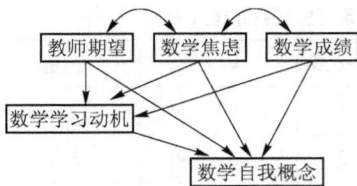

图 3 - 2　教师期望、学习动机、数学成绩、数学焦虑和数学自我概念关系模型

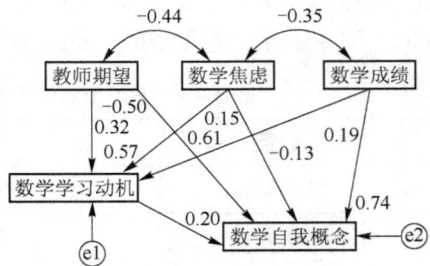

图 3 - 3　教师期望、学习动机、数学成绩、数学焦虑对数学自我概念影响模型图

由检验结果可知，$\chi^2 = 3.554$，$P = 0.59 > 0.05$，表明关系路径模型与实际数据较适配[14]；GFI、AGFI、IFI、NFI、TLI、CFI 等指标在模型中的取值均大于 0.9，RMSEA 指标的取值小于 0.08，RMR 指标的取值小于 0.05。因此，模型的拟合程度可以接受，即数据不排斥建立的模型。

由图 3 - 3 可知，数学学习动机对数学自我概念影响的直接效应是 0.20；数学教师期望对学生数学自我概念影响的直接效应是 0.61，而通过数学学习动机的间接效应是 0.064，数学教师期望对数学自我概念影响的总效应是 0.674；数学成绩对数学自我概念影响的直接效应是 0.19，而通过数学学习动机的间接效应是 0.03，数学成绩对数学自我概念影响的总效应是 0.22；数学焦虑对数学自我概念影响的直接效应是 - 0.13，而通过数学学习动机的间接效应是 - 0.10，数学焦虑对数学自我概念影响的总效应是 - 0.23。7 条路径系数的显著性检验均达 0.01 的显著水平。

（七）总结

（1）数学成绩、数学学习动机、数学焦虑等个体内部因素和数学教师期望等数学教室文化因素对学生数学自我概念产生显著的影响

一般来说，数学优生的数学自我概念明显高于中等生，中等生又明显高于差生；具有积极的数学学习动机的学生倾向于具有良好的数学自我概念，具有消极的数学学习动机的学生倾向于具有不良的数学自我概念；具有高数学焦虑的学生倾向于具有不良的数学自我概念，

具有低数学焦虑的学生倾向于具有良好的数学自我概念；高教师期望组学生的数学自我概念远远高于低教师期望组的学生。在这些影响因素中，数学教师期望、数学学习动机、数学成绩和数学焦虑对数学自我概念影响的直接效应分别是 0.61、0.20、0.19 和 −0.13；数学教师期望、数学成绩、数学焦虑分别通过数学学习动机间接地影响数学自我概念，对数学自我概念影响的总效应分别是 0.674、0.22 和 −0.23。同学评价对数学自我概念的影响没有达到显著水平，对数学自我概念的影响不大。因此，对初中生而言，在"外部因素"中，数学教师期望对学生数学自我概念影响最大，数学教师是影响学生数学自我概念的"重要他人"。这就进一步印证了社会上所说的"择校就是选择教师，择名校就是选择名师"的观点。在"学生个体"因素中，数学学习动机的影响最大。

（2）数学教师期望与数学学习动机两因素产生非常显著的交互作用，数学教师期望、数学学习动机、数学焦虑三因素产生显著的交互作用

也就是说，不同水平的数学教师期望与不同水平的数学学习动机相互搭配后对学生数学自我概念产生非常显著的影响，不同水平数学教师期望、不同水平数学学习动机和数学焦虑三者相互搭配后对学生数学自我概念也产生显著的影响。显然，这正是人们通常所说"因材施教"的原因之一，也进一步说明了"因材施教"的重要性。

二、实证研究之二：数学教师期望对学生数学自我概念的影响

（一）问题的提出

近年来，随着学业自我概念和学业成绩之间因果关系的确立，对学业自我概念影响因素的研究成为自我概念研究领域的一个新的热点。国外已有研究表明，学业自我概念影响因素的主要观点有"内外参照模型""大鱼小塘效应和同化效应""重要他人"等[1]。

第一项研究已说明，教师是"重要他人"之一，而学生知觉到的教师期望是教师这一"重要他人"的核心要素之一。在此基础上进一步深入地探讨教师期望对学生数学自我概念影响。

教师期望，是指教师在了解学生的基础上对学生的行为结果的某种预测性认知。数学教师期望，是指数学教师在对学生了解基础上产生的对学生的行为未来或数学学业成就的某种预测性认知。教师期望效应就是指由教师的期望引起的对学生的学习效果的影响[15]。教师期望效应并不能使学生自动产生自我实现的愿望。只有当教师用行为表达出来且被学生知觉到，教师期望效应才能产生。教师期望对学生的行为、学习动机和学业成绩等产生重要的影响。例如，教师期望比性别差异、种族差异对学生学习成绩的提高影响更大。在某种情况下，教师抱有高期待或者低期待，会使同一水平上的学生的成绩出现一个标准差的浮动[16]。教师期望通过影响学生的学习能力感和学业成就动机，影响学生的学业成绩[17]。中小学教师对学生智力的评价与学生智力水平的相关性显著[18]。教师期望对学生数学学习中习得性无助感产生重要的影响[19]。当教师在情感支持、机会和负性反馈等行为上明显区别对待不同学生时，教师期望对学生发展的影响较为明显[20]。

关于教师期望对学生学业自我概念影响的专题研究不多，特别是针对数学教师期望对学生的数学自我概念影响的研究更少，许多问题有待进一步研究。例如，数学教师期望与学生数学自我概念是否存在显著的相关性；数学教师期望对学生数学自我概念是否产生重要的影响，影响的程度如何，等等。这些亟待解决的问题，制约着教师期望技能的有效运用和学生

数学自我概念的培养。因此，本研究以初中生为研究对象，采用问卷调查为主，辅以面谈，探讨初中生知觉到的数学教师期望（以下简称"数学教师期望"）与学生数学自我概念之间的关系，分析初中生知觉到的数学教师期望对学生数学自我概念的影响及影响程度，为培养初中生良好的数学自我概念提供参考。

（二）研究方法

1. 被试

选取广西钦州市普通中学的初中生作为被试，有效被试共 764 人，其中初一 256 人、初二 257 人、初三 251 人；男 383 人、女 381 人。

2. 研究工具

（1）数学自我概念量表

本量表采用马什（1992）的自我描述问卷Ⅱ。自我描述问卷Ⅱ的适用范围是 7～10 年级的中学生。该量表共有 11 个分量表，由 102 道测试题组成。其中包括 3 个学业自我概念（言语、数学和一般学校情况）和 7 个非学业自我概念和 1 个一般自我概念。陈国鹏对此量表进行修订，各分量表的内在稳定性系数在 0.83～0.91。各分量表的重测信度在 0.72～0.88。11 个分量表的相关系数大多在 0.40 以下，彼此之间相关不高，说明各分量表可以独立使用。从中抽取出与数学有关的 10 个题目构成数学自我概念量表，如："我的数学总是很好""我很想上数学课"等。这 10 个题目将数学自我概念划分为两个维度：能力维度和情感维度。供选项从"完全不符合"到"完全符合"共五项，采用五点计分法。经研究，本量表的克伦巴赫系数为 0.876，具有较高的信度。

（2）数学教师期望量表

本量表参考郑海燕的教师期望量表修订而成[15]，共有 11 题，包括数学教师态度和数学教师行为两个维度。其中，数学教师态度是指学生知觉到的对数学教师的一种情感的评价性反应，包括 4 道题目，如"我觉得数学老师对我的成绩感到很失望，对我没有信心"；数学教师行为是指学生知觉到的数学教师活动方式，包括 7 道题目，如"当我回答问题时，数学老师经常耐心倾听、点头赞同"。供选项从"完全不符合"到"完全符合"共 5 项，采用五点计分法。在本研究中，本量表的内部一致性系数（Cronbach α）为：教师态度 0.792，教师行为 0.821，总量表 0.820，量表具有较高的信度。

3. 研究程序和数据处理

问卷调查在统一的指导语下进行，时间为 15 分钟。采用随机整群抽样的方法，发放 771 份问卷，最后收回有效问卷 764 份。其中初一、初二、初三分别为 256、257、251 份；男女分别为 383、381 份。所有的数据采用 Excel 2003 和 SPSS17.0 for Windows 进行数据处理和统计分析。

（三）结果与分析

1. 不同类别学生知觉到的数学教师期望的差异性

为考察不同类别学生知觉到的数学教师期望的差异性情况，进行 3 * 2 * 3（年级 * 性别 * 数学成绩）多因素方差分析，其中数学成绩是取数学总评成绩（平时成绩占 10%，期中考试占 30%，期终考试占 60%），由高到低排序，按总人数的 27%、46%、27% 分为优生组、中等组和差生组。方差分析结果见表 3 – 4。由表 3 – 4 可知，年级和数学成绩等各自的主效应存在非常显著差异（$P < 0.01$），性别的主效应不存在显著差异，成绩、年级和性

别都不存在显著的交互作用。

表3-4　不同类别学生知觉到的数学教师期望的多因素方差分析表

来源	平方和	自由度	均方	F	显著性
年级	86.566	2	43.283	6.820	0.001
性别	24.174	1	24.174	3.809	0.051
成绩	153.139	2	76.570	12.066	0.000
年级 * 性别	10.361	2	5.180	0.816	0.442
年级 * 成绩	55.291	4	13.823	2.178	0.070
性别 * 成绩	10.869	2	5.435	0.856	0.425
年级 * 性别 * 成绩	13.493	4	3.373	0.532	0.713

2. 数学教师期望与初中生数学自我概念的相关分析

对取样初中学生在数学教师期望量表与数学自我概念量表上的得分进行了相关分析，结果见表3-5。由表3-5可知，数学教师期望及其维度与学生数学自我概念及各维度之间的相关系数为0.210~0.898，均为正相关，且都在0.01水平上显著，说明学生的数学教师期望与数学自我概念存在非常密切的关系。

表3-5　数学教师期望与学生数学自我概念的相关性分析

因素	自我概念	能力自我	情感自我	教师期望	教师态度	教师行为
自我概念	1.000	0.898**	0.769**	0.782**	0.484**	0.718**
能力自我	0.898**	1.000	0.408**	0.666**	0.293**	0.715**
情感自我	0.769**	0.408**	1.000	0.654**	0.577**	0.451**
教师期望	0.782**	0.666**	0.654**	1.000	0.740**	0.812**
教师态度	0.484**	0.293**	0.577**	0.740**	1.000	0.210**
教师行为	0.718**	0.715**	0.451**	0.812**	0.210**	1.000

注：** 表示 $P < 0.01$，以下同。

3. 学生知觉到的教师期望对数学自我概念的回归模型

为了探讨数学教师期望与学生数学自我概念的因果关系，以数学教师期望为预测变量，以数学自我概念为因变量进行一元回归分析，结果见表3-6。由表3-6可知，标准回归系数为0.782，决定系数 R^2 为0.612，这说明数学教师期望可以解释学生数学自我概念61.2%的变异。

表3-6　数学教师期望对学生数学自我概念的回归分析

预测变量	β	R	R^2	F 值	t 值
教师期望	0.782	0.782	0.612	1 201.642**	34.665**

以数学教师期望的教师态度、教师行为两个维度为预测变量，以数学自我概念为因变量进行多元逐步筛选回归分析，回归系数显著性 F 检验的相伴概率值小于0.05的自变量引入了回归方程，大于0.1的自变量剔除出了回归方程。自变量进入回归方程的次序是：首先，教师行为进入，形成模型1；然后，在模型1的基础之上引入第二个自变量教师态度，形成

模型 2。回归分析的主要结果见表 3 – 7、表 3 – 8 和表 3 – 9。

表 3 – 7　引入或剔除变量形成模型的情况

模型	R	R^2	调整 R^2	误差估计
模型 1	0.718	0.516	0.515	3.070
模型 2	0.795	0.632	0.631	2.679

表 3 – 8　回归分析的 F 检验

模型		平方和	自由度	均方	F 值	P 值
模型 1	回归	7 659.792	1	7 659.792	812.589	0.000
	残差	7 182.924	762	9.426		
	总和	14 842.716	763			
模型 2	回归	9 382.450	2	4 691.225	653.818	0.000
	残差	5 460.266	761	7.175		
	总和	14 842.716	763			

表 3 – 9　标准回归系数

自变量	标准回归系数 β	t 值	P 值
教师行为	0.645	28.697	0.000
教师态度	0.348	15.495	0.000

由表 3 – 8 可知，随着自变量的引入，均方误差在不断减小，说明教师行为和教师态度的确为解释数学自我概念做出了贡献，也从另一个角度说明了表 3 – 7 中调整量 R^2 不断升高的原因。另外，这两个模型的 F 检验表明：教师行为和教师态度的回归系数非常显著，教师行为、教师态度与数学自我概念之间确实存在线性关系，可以使用线性模型，模型 2 就是最终的线性回归模型。因此，教师行为和教师态度都对数学自我概念产生非常重要的影响。由表 3 – 9 可知，教师行为的标准回归系数为 0.645，教师态度的标准回归系数为 0.348，因此，教师行为比教师态度对学生数学自我概念的影响要大。

4. 学生知觉到的教师期望对数学自我概念影响的路径模型

为考察数学教师期望对数学自我概念各维度影响的可能性和影响度的大小，以数学教师期望的教师行为、教师态度作为预测变量，分别以数学能力自我、数学情感自我为因变量进行多元回归分析，主要结果见表 3 – 10。

表 3 – 10　教师行为、教师态度分别对数学能力自我、情感自我的回归分析

因变量	R	R^2	F 值	教师行为 β	教师态度 β
能力自我	0.730	0.532	433.151 **	0.683 **	0.149 **
情感自我	0.668	0.447	307.285 **	0.345 **	0.505 **

根据多元回归分析的结果所得到的标准回归系数即路径系数 β 和决定系数 $R^2 = \beta \times r$，其中 r 为相关系数，建立影响路径模型，结果如图 3 – 4 所示（括号内的数字为决定系数）。研究发现，学生知觉到的教师行为和教师态度两个因素共解释学生数学能力自我 53.2% 的

变异，共解释学生数学情感自我 44.7% 的变异。由此可见，学生知觉到的教师行为和教师态度分别对数学能力自我、数学情感自我均有非常显著的回归效应。

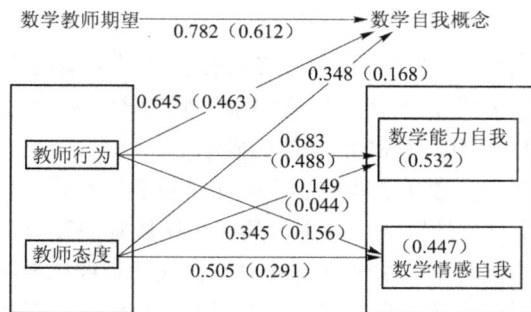

图 3 - 4　数学教师期望对学生数学自我概念影响的路径模型

（四）讨论

数学教师期望是指数学教师在对学生了解基础上产生的对学生行为的未来或数学学业成就的某种预测性认知，包括教师行为和教师态度两个维度。数学自我概念是指学生在学校情境中形成的对自己在数学学业方面的特长、能力和知识形成的比较稳定的认知、体验和评价，包括数学能力自我和数学情感自我两个维度。

1. 数学教师期望与学生数学自我概念的相关性

研究表明，数学自我概念、数学能力自我、数学情感自我、数学教师期望、数学教师态度、数学教师行为之间存在非常显著的正相关，说明它们之间存在非常密切的关系。究其原因，首先，有研究表明，学生对教师的喜爱与对该教师所教的学科喜爱程度存在密切的相关性，教师的期望对学生的学习积极性有显著影响。数学学习动机与数学自我概念存在非常显著的正相关[7]。从而，数学教师期望与学生数学自我概念之间存在密切的关系。其次，学生知觉到的数学教师期望和学生数学自我概念都与学生的数学态度、数学行为、数学活动、数学经验体验、数学成绩等有着密切的联系，两者都是学生在对数学及其有关活动的经验体验、知觉感受基础上产生的或形成的看法和观念。

2. 数学教师期望对学生数学自我概念的影响

研究表明，初中生知觉到的数学教师期望对学生数学自我概念产生非常重要的影响，数学教师期望对学生数学自我概念具有很好的预测性。一般来说，学生知觉到的数学教师期望越高的学生倾向于具有良好的数学自我概念；学生知觉到的数学教师期望越低的学生倾向于具有不良的数学自我概念。究其原因，首先，我国的教师在教学中是处于中心地位，直接以文化权威的身份出现，有形或无形地影响着学生。其次，教师言语的和非言语的沟通方式影响着学生的自尊和自信，师生间的日常接触也对学生的自尊产生很大的影响。因此，教师对学生的支持、关心、鼓励、期望和帮助等都有利于学生自尊或自信的发展，自尊和自信都是自我概念的重要成分[21-22]。再次，当教师在教学中既重视学生技能的发展，又重视学生情感状态时，教学就会更有效，从而促进学生数学自我概念的形成和发展。最后，教师在对学生进行评价时一般采用"社会参照体系"和"个体参照体系"，基于"个体参照体系"的教师评价对学生学业自我概念产生正向影响[11]。因此，教师的关爱、期望及其态度与行为方式既影响学生的知识学习，也影响学生个性品质的发展。由此可见，学生知觉到的数学教师期望、教师行为、教师态度直接影响学生的数学学习动机和数学学习能力感，从而影响着学生数学自我概念。

（五）结论

第一，数学教师期望与学生数学自我概念之间存在非常显著的正相关，它们之间存在非常密切的关系。一般来说，数学教师期望越高的学生倾向于具有良好的数学自我概念；数学教师期望越低的学生倾向于具有不良的数学自我概念。

第二，数学教师期望对学生数学自我概念产生非常重要的影响，数学教师行为和教师态度都对学生数学自我概念产生重要的影响，其中教师行为比教师态度对学生数学自我概念（或数学能力自我）的影响要大。但对于数学情感自我而言，教师态度比教师行为的影响要大一些。

第三，数学教师期望对学生数学自我概念具有很好的预测性，可以解释学生数学自我概念61.2%的变异。教师行为和教师态度对学生数学能力自我和数学情感自我都具有很好的预测性，两因素可以共同解释学生数学能力自我53.2%的变异和数学情感自我44.7%的变异。

三、实证研究之三：语文教师期望对学生语文自我概念的影响

（一）问题提出与研究目的

到目前为止，关于语文自我概念的专题研究很少，相关的研究主要是散见于各类一般学业自我概念的研究之中。还没有见到我国关于语文教师期望与学生语文自我概念关系的研究报道。因此，研究语文教师期望对学生语文自我概念的影响，是很有意义的课题。

上一项研究是针对数学教师期望对学生数学自我概念的影响，本研究是针对语文教师的，主要研究目的是考察语文教师期望对学生语文自我概念是否产生重要的影响，影响情况如何，进一步考察学科教师期望对学科学业自我概念的影响。

（二）研究对象与方法

1. 被试

选取广西钦州市乡镇3所中学的初中生作为被试，有效被试共372人，其中初一117人、初二111人、初三107人；男175人、女160人。

2. 研究工具

（1）语文自我概念量表

本量表采用马什（1992）的自我描述问卷Ⅱ。自我描述问卷Ⅱ的适用范围是7~10年级的中学生。该量表共有11个分量表，由102道测试题组成。其中包括3个学业自我概念（言语、数学和一般学校情况）和7个非学业自我概念和1个一般自我概念。陈国鹏对此量表进行了修订，各分量表的内在稳定性系数在0.83~0.91。各分量表的重测信度在0.72~0.88。11个分量表的相关系数大多在0.40以下，彼此之间相关不高，说明各分量表可以独立使用。从中抽取出与语文有关的10个题目构成语文自我概念量表，如："在需要阅读能力的测验中我总是考不好""我很想上语文课"等。这10个题目将语文自我概念划分为两个维度：能力维度和情感维度。供选项从"完全不符合"到"完全符合"共5项，采用五点计分法。经研究，本量表的克伦巴赫系数为0.771，属可以接受的信度。

（2）语文教师期望问卷

在上一项研究中，将数学教师期望量表中的"数学教师"改为"语文教师"，以及其他

相关的修改得到了《语文教师期望问卷》，本问卷共有 11 题，包括语文教师态度和语文教师行为两个维度。其中，语文教师态度包括 4 道题目，如："我觉得语文老师对我的成绩感到很失望，对我没有信心"；语文教师行为包括 7 道题目，如："当我回答问题时，语文老师经常耐心倾听、点头赞同"。供选项从"完全不符合"到"完全符合"共 5 项，采用五点计分法。经研究，本量表的克伦巴赫系数为 0.703，属可以接受的信度。

3. 研究程序和数据处理

（1）问卷调查在统一的指导语下进行，时间为 15 分钟。采用随机整群抽样的方法，发放 390 份问卷，最后收回有效问卷 372 份。其中初一、初二、初三分别为 117、111 和 107 份；男女分别为 175 和 160 份。

（2）所有的数据采用 Excel 2003 和 SPSS17.0 for Windows 进行数据处理和统计分析。

（三）结果与分析

1. 语文教师期望与学生语文自我概念的相关性分析

对初中生的语文教师期望、语文自我概念得分进行相关分析，结果见表 3 – 11。由表 3 – 11可知，语文教师期望与语文自我概念存在显著的正相关。再深入进行考察发现，除语文态度与语文能力自我相关性没有达到统计学意义，其他因素两两之间存在非常显著的正相关（$P < 0.01$）。这说明了语文教师期望与语文自我概念存在密切的关系。

表 3 – 11　语文教师期望与语文自我概念的相关性分析

因素	语文自我概念	语文情感自我	语文能力自我	教师期望	教师态度	教师行为
语文自我概念	1.000	0.688**	0.972**	0.278**	0.126*	0.281**
语文情感自我	0.688**		0.496**	0.297**	0.182**	0.272**
语文能力自我	0.972**	0.496**	1.000	0.236**	0.092	0.247**
教师期望	0.278**	0.297**	0.236**	1.000	0.647**	0.896**
教师态度	0.126*	0.182**	0.092	0.647**	1.000	0.242**
教师行为	0.281**	0.272**	0.247**	0.896**	0.242**	1.000

2. 语文教师期望对学生语文自我概念的回归分析

（1）以语文教师期望为自变量，语文自我概念作为因变量进行回归分析，结果见表 3 – 12 ~ 表 3 – 14。由表 3 – 13 可知，$F = 27.969$、显著性 $P = 0.000$，回归效果非常显著。由表 3 – 14 得，语文教师期望的标准回归系数 β 为 0.278，具有非常显著的统计学意义（显著性 $P = 0.000$）。因此，语文教师期望对学生语文自我概念产生重要的影响。

表 3 – 12　回归模型摘要表

模型	R	R^2	调整后的 R^2	标准估算的错误
1	0.278	0.077	0.075	6.384

表 3 – 13　回归模型的 F 检验表

项目	平方和	自由度	均方	F	显著性
回归	1 139.952	1	1 139.952		
残差	13 572.269	333	40.758	27.969	0.000
总计	14 712.221	334			

表 3 – 14　回归模型的系数表

项目	非标准回归系数		标准回归系数	t 值	显著性
	B	标准错误			
常量	25.078	1.747		14.355	0.000
语文教师期望	0.270	0.051	0.278	5.289	0.000

（2）以语文教师态度、语文教师行为作为自变量，语文自我概念作为因变量进行回归分析（采用逐步进入方式），结果见表 3 – 15 ~ 表 3 – 17。由表 3 – 15 知，语文教师行为进入回归模型，而语文教师态度没有进入回归模型。由表 3 – 16 得，所形成的回归模型的 F 检验达非常显著水平，即回归效果非常显著。由表 3 – 17 可知，语文教师行为的标准回归系数 β 为 0.281，具有非常显著的统计学意义（显著性 $P = 0.000$）。因此，语文教师行为对学生语文自我概念产生重要的影响，而语文教师态度对学生语文自我概念的影响不大。

表 3 – 15　回归模型摘要表

模型	R	R^2	调整后的 R^2	标准估算的错误
1	0.281	0.079	0.076	6.379

表 3 – 16　回归模型的 F 检验表

项目	平方和	自由度	均方	F	显著性
回归	1 159.853	1	1 159.853		
残差	13 552.368	333	40.698	28.499	0.000
总计	14 712.221	334			

表 3 – 17　回归分析的系数表

项目	非标准回归系数		标准回归系数	t 值	显著性
	B	标准错误			
常量	26.796	1.418		18.904	0.000
语文教师行为	0.347	0.065	0.281	5.338	0.000

（3）以语文教师态度、语文教师行为作为自变量，语文能力自我作为因变量进行回归分析（采用逐步进入方式），结果是语文教师行为进入回归模型，而语文教师态度没有进入回归模型。回归分析结果的主要参数有：$R = 0.247$，$R^2 = 0.061$，调整后的 $R^2 = 0.058$；模型的 F 检验结果达非常显著水平（$F = 21.619$，显著性 $P = 0.000$）；标准回归系数为 $\beta = 0.247$（t 值 = 4.650，显著性 $P = 0.000$）。因此，语文教师行为对学生语文能力自我产生显著的影响，而语文教师态度对学生语文能力自我的影响不大。

（4）以语文教师态度、语文教师行为作为自变量，语文情感自我作为因变量进行回归分析（采用逐步进入方式），结果见表 3 – 18 ~ 表 3 – 21。由表 3 – 18 可知，语文教师行为第一个进入，形成回归模型 1；语文教师态度第二个进入，形成回归模型 2。由表 3 – 19 和表 3 – 20 可知，R（或 R^2）逐步上升，模型 1 和模型 2 的 F 检验均达非常显著水平（显著性 $P = 0.000$），因此，最终回归模型是模型 2。由表 3 – 21 可知，语文教师行为的标准回归系

数 β 为 0.243（具有非常显著的统计学意义，显著性 $P = 0.000$），语文教师态度的标准回归系数 β 为 0.123（具有显著的统计学意义，显著性 $P = 0.023$）。因此，语文教师行为和语文教师态度都对学生语文情感自我都产生重要的影响，其中语文教师行为比语文教师态度的影响要大一些。

表 3 - 18　自变量逐步进行情况表

模型	已输入变量	方法
模型 1	语文教师行为	步进（准则：F-to-enter 的概率 <= 0.050，F-to-remove 的概率 >= 0.100）
模型 2	语文教师态度	步进（准则：F-to-enter 的概率 <= 0.050，F-to-remove 的概率 >= 0.100）

表 3 - 19　形成两个回归模型的摘要表

模型	R	R^2	调整后的 R^2	标准估算的错误
1	0.272	0.074	0.071	1.744
2	0.298	0.089	0.083	1.733

表 3 - 20　两个回归模型的 F 检验表

模型		平方和	自由度	均方	F	显著性
模型 1	回归	81.177	1	81.177		
	残差	1 012.316	333	3.040	26.703	0.000
	总计	1 093.493	334			
模型 2	回归	96.851	2	48.425		
	残差	996.642	332	3.002	16.131	0.000
	总计	1 093.493	334			

表 3 - 21　两个回归模型的系数表

模型		非标准回归系数		标准回归系数	t 值	显著性
		B	标准错误			
模型 1	（常量）	5.477	0.387		14.138	0.000
	语文教师行为	0.092	0.018	0.272	5.167	0.000
模型 2	（常量）	4.807	0.484		9.931	0.000
	语文教师行为	0.082	0.018	0.243	4.493	0.000
	语文教师态度	0.071	0.031	0.123	2.285	0.023

3. 语文教师期望对学生语文自我概念影响的路径分析

根据回归分析的结果所得到的标准回归系数即路径系数 β 和决定系数 $R^2 = \beta \times r$，其中 r 为相关系数，建立影响路径模型，结果如图 3 - 5 所示（括号内的数字为决定系数）。

由图 3 - 5 可知，语文教师期望可以解释语文自我概念的 7.73% 的变异，语文教师期望对语文自我概念具有非常显著的回归效应。语文教师行为可以解释语文能力自我 6.10% 的变异，语文教师行为对语文能力自我具有非常显著的回归效应。语文教师行为和语文教师态度两因素共解释学生语文情感自我 8.55% 的变异，语文教师行为和语文教师态度对语文情感自我都有非常显著的回归效应。

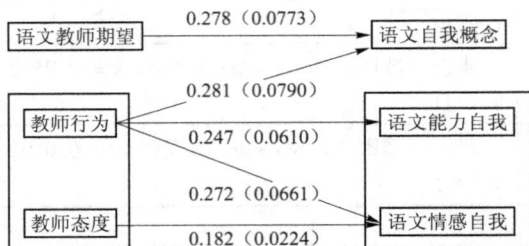

图 3 - 5   语文教师期望对语文自我概念影响的路径模型

（四）讨论

1. 语文教师期望与学生语文自我概念的相关性

研究结果表明，初中生语文教师期望与学生语文自我概念存在显著的正相关。这与一般的教师期望与学业自我概念关系的研究结果是类似的，但目前还没有见到我国关于语文教师期望与语文自我概念关系的研究报道。另外，这一结果与数学学科自我概念、英语学科自我概念的相应研究结果也是类似的。

2. 语文教师期望与学生语文自我概念的影响

研究结果也表明，语文教师期望对学生语文自我概念产生重要的影响。这与一般的教师期望对学业自我概念影响的研究结果是类似的。再进一步深入研究发现，语文教师行为对学生语文能力自我、语文情感自我都产生重要的影响，都具有非常显著的回归效应；语文教师态度对语文情感自我产生重要的影响，具有显著的回归效应，但对语文能力自我的影响不大。目前，还没有见到我国关于语文教师期望对语文自我概念影响的研究报道，本研究算是填补这一方面的空白。

另外，本研究又从语文学科角度给出了"教师是重要他人"的一个实证。

（五）结论

第一，初中生语文教师期望与语文自我概念存在显著的正相关。

第二，初中生语文教师期望对语文自我概念产生重要的影响。语文教师行为对语文能力自我、语文情感自我都产生重要的影响；语文教师态度对语文情感自我产生重要的影响，但对语文能力自我的影响不大。

第三节   一项关于"大鱼小池效应"的个案研究

一、现实背景和研究目的

目前，各个城市都存在这样一种非常普遍的现实：绝大部分县级以上的城市都设有若干所初级中学（或者中学），其中只有少数几所（如 1～2 所）重点学校无论是校园环境、师资条件、设施条件等都比其他学校好，这些重点初级中学的学生大部分能考上重点高中或示范性高中。由于"望子成龙"的中国传统观念，有条件的父母都希望将自己的小孩送到重点学校读书，而且想方设法去实现这一愿望（如到重点学校的学区购买房子）。小孩到了重点学校（或示范性学校）之后，还希望小孩能安排到重点班级。

2015 年春夏之际，某小孩（下称"学生 W"）从普通初级中学转到重点初级中学就读初二。研究者抓住这一机会，开展一项大鱼小池效应的个案研究。主要研究目的是了解一位初中生从普通初中学校转到重点初中学校，该学生学业自我概念特别是数学自我概念的发展变化情况。同时，进一步验证"大鱼小池效应"和"同化效应"这两种表现形式存在性及效应的大小。

二、研究过程与方法

（一）研究对象

学生 W（化名），男，2002 年出生，壮族，父母常住在城里打工，W 读的小学是在城里某小学。根据初一招生的"就近入学"原则，2014 年 8 月，W 被他所在学区的普通初中学校录取就读初中一年级。W 学习很用功，各科成绩都不错，获得学校的表彰。读完初一后，通过"找关系"，W 于 2015 年 8 月进入了该市公认最好的初级中学就读初二和初三。W 初中毕业后，于 2017 年 7 月考上该市一所示范性高中。

（二）研究方法

主要是采用谈话法和测量法。通过测量，掌握其学业自我概念特别是数学自我概念的水平情况；通过谈话，了解学生相关的想法，从中判断其学业自我概念情况。

（三）研究过程

整个研究过程主要是三次测量和访谈，测量之后访谈。时间分别是 2015 年 7 月（转入重点学校之前）、2016 年 5 月（在期中考试公布成绩之后）、2017 年 5 月（在期中考试公布成绩之后）。

其间，W 及其家长都不知道正在开展个案研究。当然，研究者都是与小孩进行正常的谈论学习问题特别数学学习问题，不涉及其他事情。

三、研究的结果与分析

（一）三次数学自我概念测量的基本情况

三次对 W 进行数学自我概念测量，具体作答情况见表 3-22。由表 3-22 可知，得分从初一的 35 分，到初二的 32 分，再到初三的 34 分。整体上与一般规律的"V"形类似。再深入各小题，容易发现：只有第一题"数学是我学得最好的学科之一"、第四题"理解与数学有关的任何问题我都有困难"、第六题"在数学考试中我总是做得很糟糕"的作答发生变化。而这三道题均为"数学能力自我"方面的问题。按理说，从一般学校到重点学校之后，由于教学水平提高了，W 的数学能力也应该有所提高（至少保持原能力水平），但 W 却认为自己的数学能力降低了。可能是 W 与其他同学的数学成绩相比而得到的结果，也可能是 W 把数学成绩与自己的其他科目的成绩相比而得到的结果。

表 3－22　W 三次数学自我概念测量作答情况表

序号	项目	2015 年 7 月测量作答	2016 年 5 月测量作答	2017 年 5 月测量作答	备注
1	数学是我学得最好的学科之一	③不确定	②比较不符合	③不确定	有变化
2	在学习数学中我经常需要帮忙	③不确定	③不确定	③不确定	
3	我很想上数学课	③不确定	③不确定	③不确定	
4	理解与数学有关的任何问题我都有困难	②比较不符合	③不确定	②比较不符合	有变化
5	我喜欢数学	④比较符合	④比较符合	④比较符合	
6	在数学考试中我总是做得很糟糕	②比较不符合	③不确定	③不确定	有变化
7	我的数学成绩很好	③不确定	③不确定	③不确定	
8	我永远不想再上数学课	②比较不符合	②比较不符合	②比较不符合	
9	我的数学总是很好	③不确定	③不确定	③不确定	
10	我讨厌数学	②比较不符合	②比较不符合	②比较不符合	
	测量总得分	35	32	34	

（二）访谈的情况

（1）2015 年 7 月，研究者和 W 进行一次谈话活动，谈话的主要内容包括 W 在读初一时的学习、学校生活等问题，谈话结果与测量结果是一致的。谈话的主要内容整理摘录如下：

研究者：你喜欢数学吗？为什么？

W：还可以吧，比较喜欢。基于什么喜欢呢，可能数学是重要课程吧，以后有用，另外，学习数学也是有趣的。

研究者：你的学习成绩如何？

W：还不错吧，一般都排在班上前面几名。

研究者：平时你数学考试得多少分？

W：如果平时测验，100 分的一般考 80 多分吧，有时也过 90 分。

研究者：你感觉数学难不难学啊？

W：应该不难吧，一般一般。

研究者：上数学课，你都听得懂吗？

W：一般都听得懂，但有时不一定听课。

研究者：为什么不听课呢？

W：不是不听课，只是偶尔，偶尔开小差罢了。

研究者：在家里做作业时，你先做语文作业还是做数学作业？

W：想做什么就做什么，说不准。

研究者：你喜欢做数学题吗？

W：还行吧。

研究者：你认为你的数学能力如何？为什么？

W：不错吧，除了学霸之外，我的数学能力还可能吧，不会比其他人差，从数学考试成绩可以看出来啊。

研究者：你认为如何才能学好数学？

W：上课认真听课，认真做练习，课后复习，做好作业，多看书，多解题，注意总结解题思路。

研究者：你觉得数学老师对你有信心吗？你如何看得出来？

W：老师对我应该有信心吧，我的数学成绩还不错，我经常得到数学老师的表扬。

研究者：好，很好，你是不错的。你到 XX 学校后，应该努力学习，争取考上 YY 中学

W：那还用说吗，如果不学习就不去 XX 学校了。

（研究者注：XX 为 W 转去的重点初级中学，YY 为市里最好的重点高中，以下同。）

（2）2016 年 5 月，研究者与 W 进行一次谈话，谈话的主要内容包括 W 在校的学习情况，谈话结果与测量结果也是一致的。个别提问问题与初一时一样，但回答时却不一样了，特别是数学能力自我方面。现举例如下：

研究者：初二的数学难学还是初一的数学难学？

W：初二相对要难一点吧，也差不多吧。

研究者：你的学习成绩如何？

W：一般一般，XX 学校高手很多。

研究者：你认为你的数学能力如何？

W：一般吧，有些难题不好做。

研究者：你看看下面这些题，你会做吗？（研究者注：分别先后给出 4 道题目，采用"出声思维"的方式进行。另外，W 已掌握"出声思维"的方法）

卡片上的题目内容	W 回答用时情况
分解因式：（你先想想，不用写出解题过程，你怎么想就怎么说，最后说出"会"或"不会"） （1）$a^2 + 2a + 1$	用 2 分钟
分解因式：（你先想想，不用写出解题过程，你怎么想就怎么说，最后说出"会"或"不会"） （2）$15a^3 + 10a^2$	用 1 分钟 26 秒
分解因式：（你先想想，不用写出解题过程，你怎么想就怎么说，最后说出"会"或"不会"） （3）$25x^2 + 16y^2$	用 2 分钟 10 秒
分解因式：（你先想想，不用写出解题过程，你怎么想就怎么说，最后说出"会"或"不会"） （4）$a^2 - 4ab + 4b^2$	用 3 分钟

W：这是上学期学的内容了，有点忘记了，容我想想。第一题（读题，说出思考过程）……会，第二题……会，第三题……会，第四题……会。

（3）2017 年 5 月，研究者与 W 进行一次一般性的谈话，除了了解数学自我概念情况之外，更多的是了解学校的其他信息。有一件有趣的事，W 觉得很得意地共说了好几次："一次期中考试，全市初中统一试题。W 的物理考得 75 分，心中觉得不快。物理老师在讲评课时说：'我们学校都是考得这样了，其他学校就不用说了，都是一片白卷。'"

研究者追问："为什么这样说呢?"

W 回答说："我们学校水平高,其他学校水平低啊。尽管我们考的分数不高,但我们还是好的。他们都是很差的,一片白卷吧。"

四、小结

第一,W 从普通学校到重点学校之后,数学自我概念会有所降低,特别是数学能力自我方面。但是,从"分解因式"的简单测试情况来看,W 对这四道分解因式题都"会"做,"想解题思路"所用的时间也不是很长,而且内容属于上一个学期学习的。这至少说明 W 关于"分解因式"的内容掌握情况还是很好的,分解因式的数学能力还是很好的。但是 W 就觉得自己的数学能力非常一般,即数学能力自我不高。显然,这可能是一种"大鱼小池效应",因为 W 与其他数学成绩好的同学相比,W 的数学成绩可能是一般的。另外,从 2017 年 5 月的谈话来看,W 也为自己所在学校是重点学校感到荣誉感和自豪感,具有一定的"同化效应"。

第二,进入重点学校之后,W 的"大鱼小池效应"大还是"同化效应"大呢? 本研究中没有很好设计实验方案,但从与 W 三次集中访谈和平时少量的交流中可推测到:对于 W 而言,"大鱼小池效应"要比"同化效应"大一些,但对 W 的学习自信心应该没有很大的影响。相比之下,研究者另有一位朋友的小孩 F,在初中时成绩不算很好,由于某种人为的因素,F 进入本校(示范性高中)高中部重点班就读高一。就在 F 读高一第二学期时,F 说:"为什么要我进入重点班,影响我们班的排名。"后来经过了解,F 的学习成绩不理想,学业自我概念水平较低。可见,F 的"大鱼小池效应"要比"同化效应"大得多,而且已经严重影响到 F 的学习自信心,严重影响到 F 的学业自我概念。

第三,"大鱼小池效应"大小和"同化效应"大小,与学校环境有关,也与学生个体心理素质有关,与学生的学业成绩有关。重点学校的教师应当关注学习成绩不是很好的学生,有计划、有步骤地做好学生学业自我概念的培养和提高工作,正如 W 的物理老师一样,努力促使"同化效应"正能量的最大化。

第四节 本章总结与反思

一、学业自我概念影响因素和影响机理的复杂性

学业自我概念的影响因素有个体内部因素,也有外部因素,协同地产生影响。由于学业自我概念影响因素之间的复杂性,必须创新研究方法,才能得到更合理的结论。本章的实证研究之一,采用结构方程模型等现代定量分析方法进行研究,这是方法上的创新或尝试。正如习近平总书记在哲学社会科学工作座谈会上的讲话中指出:"对现代社会科学积累的有益知识体系,运用的模型推演、数量分析等有效手段,我们也可以用,而且应该好好用。"

二、教师是影响学生学业自我概念的"重要他人"

教师是影响学生学业自我概念的"重要他人"。语文教师期望对学生语文自我概念产生重要的影响。语文教师行为对学生语文能力自我、语文情感自我都产生重要的影响;语文教师态度对学生语文情感自我也产生重要的影响,但对语文能力自我的影响不大。数学教师期望对学

生数学自我概念产生非常重要的影响，本章进一步实证了"数学教师是影响学生数学自我概念的重要他人"，这也就进一步印证了社会上所说的"择校就是选择教师，择名校就是选择名师"的观点。同时也说明了"因材施教"的重要性。两项实证研究都表明，教师的行为对学生学业自我概念会产生重要的影响。

三、学业自我概念形成和发展的机制及其理论模型有待进一步深入研究

学业自我概念的研究起源于国外，本研究尝试推进学业自我概念"本土化"的研究，丰富和发展我国教育心理学的理论。"I/E 参照模型"和"大鱼小池效应"等理论是外国的理论模型，由于文化的差异性，这些理论有待进一步证实和改进。本章的一项"个案研究"只是做了初步的探讨，实证了"大鱼小池效应"和"同化效应"的存在性。

本章参考文献

［1］郭成，何晓燕，张大均. 学业自我概念及其与学业成绩关系的研究述评［J］. 心理科学，2006，29（1）：133－136.

［2］李叶，田学红. 初中生学业自我概念与学业成就的相关研究［J］. 湖北民族学院学报（哲学社会科学版），2002，20（3）：76－79.

［3］徐富明，施建农，刘化明. 中学生的学业自我概念及其与学业成绩的关系［J］. 中国临床心理学杂志，2008，16（1）：59－62.

［4］李悦. 农村大学生学业自我概念的影响因素研究［J］. 河南工业大学学报（社会科学版），2013，9（1）：178－180.

［5］谈文娟. 父母教养方式与大学生自我概念的关系［J］. 南通大学学报，2009，25（1）：57－61.

［6］周琳. 初中生数学焦虑、数学学业自我概念及其对数学成绩的影响［D］. 开封：河南大学，2008.

［7］梁好翠. 初中生数学自我概念的调查与分析［J］. 数学教育学报，2010，19（3）：42－45.

［8］梁好翠. 初中生数学自我概念的个体差异研究［J］. 钦州学院学报，2013，28（2）：72－75.

［9］梁好翠. 初中生数学自我概念对数学成就影响机制的研究［J］. 数学教育学报，2013，22（1）：51－54.

［10］梁好翠. 教师期望对学生数学自我概念影响的定量分析［J］. 初中数学教与学（人大复印报刊资料），2014，（12）：40－43.

［11］马冬梅. 西方学业自我概念影响因素的研究进展［J］. 内蒙古民族大学学报，2008（4）：119－121.

［12］喻平. 数学教育心理学［M］. 南宁：广西教育出版社，2004.

［13］郑毓信."（数学）教室文化"：数学教育的微观文化研究［J］. 数学教育学报，2000，9（1）：11－15.

［14］吴明隆. 结构方程模型——AMOS 的操作与应用［M］. 重庆：重庆大学出版社，2010.

[15] 郑海燕. 初二学生知觉到的教师期望与自我价值感及成就目标的关系及干预研究 [D]. 长春：东北师范大学，2003.

[16] 王蕾. 教师期望效应最优化的策略 [J]. 宁波大学学报（教育科学版），1999，21 (4)：12 – 16.

[17] 刘丽红，姚清如. 教师期望对学生学业成绩的影响 [J]. 心理科学，1996，19 (6)：348 – 350.

[18] 宋广文，于新军. 影响中小学教师评估学生智力水平的因素研究 [J]. 心理发展与教育，1995，11 (3)：43 – 47.

[19] 皮磊，闫振荣. 教师期望对数学学习中习得性无助感的影响 [J]. 数学教育学报，2010，19 (1)：44 – 47.

[20] 范丽恒. 教师差别行为在教师期望效应中的调节作用 [J]. 心理研究，2010，3 (6)：88 – 92.

[21] 张文新. 初中生自尊特点的初步研究 [J]. 心理科学，1997，20 (6)：504 – 507.

[22] 陈琦，刘儒德. 当代教育心理学 [M]. 北京：北京师范大学出版社，2007.

[23] 梁好翠. 初中生数学自我概念影响因素的定量分析——基于"学生个体"和"数学教室文化"等因素的考察 [J]. 数学教育学报，2016，25 (4)：23 – 29.

第四章

民族地区农村中小学生学业自我概念对学习的影响

本章首先分析学业自我概念对学习的影响，然后给出四项实证研究，第一项是中学生学业自我概念对学习投入的影响；第二项和第三项是针对数学学科，分别引入数学学习动机、数学学习投入作为中介变量，探讨中学生数学自我概念对数学成绩的影响；第四项是中小学生语文自我概念对语文成绩的影响。

第一节　学业自我概念对学习影响的分析

学业自我概念对学习的影响，主要表现在对学习的情感和动机的影响、对学习行为参与的影响、对学习的认知参与的影响、对学习成绩的影响。

一、对学习的情感和动机的影响

学生学业自我概念影响着学生对学习的情感体验和动机投入。积极的学业自我概念促进学生学习投入内在动机，产生积极情感，体验学习的成就感、愉悦感。消极的学业自我概念会产生消极的内在动机，容易产生消极情感，甚至产生焦虑和厌倦。

曹飞等人（2018）研究表明[1]，初中生的学业自我与幸福感有较强的相关关系。他用前一年级的幸福感和学业自我两个自变量，都做对第二年的幸福感和学业自我的回归分析（Enter法）。数据表明，7年级幸福感和7年级学业自我对8年级幸福感的回归分析中，7年级学业自我的标准化回归系数为0.03，不显著。相反，7年级幸福感和7年级学业自我对8年级学业自我的回归分析中，7年级幸福感的标准化回归系数为0.16，达非常显著的水平。可以说，7年级的幸福感和8年级的学业自我的因果关系更强。同理，8年级的学业自我和9年级的幸福感的因果关系更强。结果表明，7到8年级，幸福感能显著预测学业自我；8到9年级正相反，学业自我能显著预测幸福感。而学生的学习幸福感是学习情感的主要指标。因此，学业自我概念对学习的情感产生重要的影响。目前，教师最关心的是学业自我概念是如何影响学生的学习动机，进而影响学习成绩的。

二、对学习行为的影响

学生学业自我概念显著地影响学生在学习活动中的行为参与。自我概念具有自我一致性维持的功能，通过内在一致的机制，自我概念实际上起着引导个人行为的作用。因此，积极的学业自我概念通常自觉或不自觉地影响学生学习活动的行为参与，但不良的学业自我概念对学生学习活动的行为参与产生了极大的消极影响，不利于学生面对新的学习任务和挑战性问题时采用多种视角度去思考并坚持到底。

李山等人（2002）研究表明[2]，初中生自我概念、自我监控学习行为、学习策略及学习成绩间存在极显著的正相关。自我监控学习行为对学业自我概念构成显著的正回归效应；自我监控学习行为对学习策略构成显著的正回归效应；学业自我概念、学习策略对自我监控学习行为构成显著的正回归效应；学业自我概念、学习策略对学习成绩构成显著的正回归效应。由此可见，学业自我概念对自我监控学习行为产生重要的影响。事实上，中学生的自我意识、认知能力及情绪情感等都进入了一个发展的关键、崭新的阶段，而这种发展无疑会对他们的各种活动特别是学习活动，起到巨大的推动作用。学业自我概念水平高的学生对自己的学习能力充满信心，在确立学习目标时往往选取适合自己能力水平而又富有挑战性的任务，认为自己能力较强，认定成功来自自己的能力和努力，从而会积极主动地投入学习活动。因此，学业自我概念水平的提高可促进学生学习行为特别是策略性学习行为的发展。同时，学业自我概念水平高的学生，其成就动机水平较高，从而促进学生学习行为的投入，以提高其学习成绩。

三、对学习认知投入的影响

学生学业自我概念直接或间接地影响了学生学习过程中的认知投入，在学习过程中需要学生对知识的理解、问题的解决、知识的迁移以及认知策略的选择等。如果学生具有积极的学业自我概念，那么他就会积极去面对问题、去选择和思考，表现出积极的认知投入。相反，如果学生具有不良的学业自我概念，那么学生面对新问题或新任务时，表现出自信心不足，选择回避或放弃，这样就妨碍学生的认知过程。

柴晓运等人（2015）研究表明[3]，感知到的数学教师支持显著地影响中学生的数学自我概念，数学自我概念在感知到的数学教师支持与数学学习投入关系中起部分中介作用。也就说，作为环境变量的中学数学教师提供的支持，如数学教师在教学过程中对学生的关心、爱、鼓励、友好的交流，给予学生独立思考的机会、灵活的学习策略和合适的学习任务等，既可以直接影响学生的数学学习投入，也可以通过影响学生数学自我概念来间接影响数学学习投入。由此可见，数学自我概念对于中学生保持较高的学业兴趣和高质量的数学学习投入有显著的正向影响。

四、对学习成绩的影响

学业自我概念对学习成绩的影响，是学业自我概念与学习成绩的关系问题，是大家最关心的事。目前，已有研究表明，学业自我概念与学习成绩存在非常显著的正相关。这是非常一致的结论。事实上，在学业自我概念与学业成绩之间的关系方面，国外探讨得最多也是最关键的问题之一就是确立学业自我概念与学业成绩之间因果关系的顺序，目前，已形成了解释其因果关系的几种理论模型，即自我增强模型、技能发展模型、交互影响模型、发展观等。自我增强模型认为，学业自我概念是学业成绩的决定因素，即先前的学业自我概念影响随后的学业成绩。技能发展模型认为，学业自我概念是学业成绩的结果，即先前的学业成绩影响随后的学业自我概念。交互影响模型认为，学业自我概念既影响学业成绩，同时又受学业成绩的影响。发展观认为，随着学生年龄的增长，其因果关系顺序也发生着变化，对于年幼儿童来讲，二者关系主要表现为技能发展模型，而对于年长儿童和青少年来讲，二者关系主要表现为自我增强模型和交互影响模型。但是，由于社会文化差异，国外的理论模型是否符合我国的实际情况、是否符合各学科的情况，以及各具体学科（数学学科、语文学科等）的学业自我概念与学业成绩的相互影响和作用机制等许多问题有待研究，特别是进行实证研究。

第二节　农村中学生学业自我概念对学习投入的影响

一、问题的提出

学业自我概念和学习投入都是教育心理学、健康心理学共同研究的重要领域，良好的学业自我概念和积极的学习投入会对学生的学习成就、身心发展具有积极的作用。

Schaufeli 认为[4]，学习投入是一种与学习相关的积极、充实的精神状态，包括活力（vigor）、奉献（dedication）和专注（absorption）等三个维度。Kuh 等认为[5]，学习投入是学生在学习过程中所付出的努力、时间和精力。张娜认为[6]，学习投入是学生在学习过程中进行各种思考，并有挑战、挫折和情感体验，它包括认知投入、行为投入和情感投入等三个维度。研究者认为，学习投入是学生在学习活动过程中所付出的时间、精力、努力和操作的状态，包括认知、情感和意志的过程，体现在精力和韧性、热情和挑战、感受和体验、思考和操作等方面。在中国的教育文化传统中，人们都认为"学习总比不学好，多学总比少学强"，认为"积极的学习投入对学习成绩产生重要的影响"。

我国学者对学生学习投入的影响因素做了许多的研究，取得了丰硕的成果。例如，父母教育期望对学习投入的影响[7]、班级和家庭心理气氛及家庭学习支持对学习投入的影响[8-10]、教师期望和教学投入对学生学习投入的影响[11-12]、学生的自我效能感和自我和谐对学习投入的影响[13-14]等。研究者认为，影响学生学习投入的因素包括个体内部因素和外部因素，其中个体内部因素包括学生的理想目标、学业成就、学习动机、学习兴趣、学习焦虑、学业自我等，外部因素包括学校因素、家庭因素、社会文化因素等。

学业自我概念与学习焦虑、学习动机、学习坚持性、父母教养方式、学业求助行为、教师期望等因素存在非常显著的关系[15-17]；良好的学业自我概念、良好的心理（诸如学习能力感、自信等）、积极的学习行为和学生学校投入等因素存在密切的关系[18-20]；数学自我概念可以很好地预测数学学业成绩[21]，英语自我概念也能预测学生的英语学业成绩[22]。因此，学业自我概念是影响学生学习投入的一个重要的变量，对学生的学习投入应该存在一定的预测作用。

综观已有研究，对学生学习投入影响因素的研究存在许多不足，从研究影响因素来看，从外部影响因素去研究的比较多，主要有班级层面因素（如教师因素、同伴因素和班级环境因素等）、学校因素（如学习氛围、教室文化、课业负担、师生关系、学校归属感等）和家庭因素（如父母教养方式等），但从学生个体内部层面因素的研究并不多；从研究对象来看，城市中小学的学生多，而民族地区农村中小学的学生少。因此，本研究选取农村中学的学生作为研究对象，探讨农村中学生学业自我概念对学习投入的影响，为如何提高学生学习投入提供参考。

二、研究方法

(一) 被试

选取广西壮族自治区钦州市、河池市等地市农村乡镇中学的学生作为被试，有效被试共621 人，其中初一 194 人（男 111 人、女 83 人），初二 106 人（男 49 人、女 57 人），初三83 人（男 44 人、女 39 人），高一 111 人（男 57 人、女 54 人），高二 127 人（男 33 人、女94 人）；男 294 人、女 327 人。壮族 234 人、汉族 380 人、其他民族 7 人。

(二) 研究工具

1. 学业自我概念量表

本研究从陈国鹏修订的马什（1992）的自我描述问卷Ⅱ中选取出与学业自我概念有关的 30 个题目，如：“我很想上语文课”“我的数学总是很好”“我很笨，所以进不了大学”等，构成学业自我概念量表，由语文自我概念、数学自我概念和一般学校情况自我概念等三个维度构成。供选项有“完全不符合”“比较不符合”“不确定”“比较符合”和“完全符合”等 5 项，采用五点计分法。在本研究中，总量表的克伦巴赫系数为 0.863，各维度量表的克伦巴赫系数分别为 0.758、0.819、0.811，问卷的信度较高。

2. 学习投入量表

本研究选取由方来坛等在研究 Schaufeli 等人编制的学习投入量表的基础上翻译并修订而成的学习投入量表，如：“即使学习不顺利，我也毫不气馁，能够坚持不懈”“我对学习充满热情”“全身心投入学习时，我感到很快乐”等。量表由活力（6 个题目）、奉献（5个题目）和专注（6 个题目）等 3 个维度构成。供选项有“从来没有”“几乎没有”“经常没有”“不确定”“偶尔”“经常”和“总是”等 7 项，采用李克特七点计分法。在本研究中，本量表的克伦巴赫系数为 0.913，问卷的信度高。

(三) 研究程序和数据处理

第一，采用随机整群抽样的方法，在统一的要求下进行问卷调查，问卷调查时间为 20分钟。发放 691 份问卷，有效问卷 621 份。其中初一、初二、初三、高一、高二分别为 194、106、83、111、127 份；男女分别为 294、327 份。

第二，按“平均值 M ± 标准差 SD”区分办法，将学生学业自我概念分为高、中、低三种水平，各水平人数为良好（101 人）、一般（423 人）、不良（97 人）。

第三，采用统计软件 SPSS19.0 进行数据处理和统计分析。

三、结果与分析

(一) 学业自我概念与学习投入的相关性分析

对学业自我概念及其 3 个维度与学习投入及其 3 个维度进行相关性分析，结果见表 4-1。由表 4-1 可知，学业自我概念与学习投入存在非常显著的正相关，语文自我概念、数学自我概念、学校一般情况自我概念与活力、奉献、专注之间两两存在非常显著的正相关。由此可见，学业自我概念与学习投入之间存在非常密切的关系。

表 4 - 1　学业自我概念与学习投入的相关性分析

因素	学业自我概念	语文自我概念	数学自我概念	学校一般情况自我概念	学习投入	活力	奉献	专注
学业自我	1.000	0.693**	0.675**	0.870**	0.525**	0.464**	0.503**	0.435**
语文自我	0.693**	1.000	0.079*	0.430**	0.347**	0.303**	0.332**	0.292**
数学自我	0.675**	0.079*	1.000	0.535**	0.366**	0.321**	0.362**	0.296**
学校一般情况自我	0.870**	0.430**	0.535**	1.000	0.472**	0.423**	0.441**	0.396**
学习投入	0.525**	0.347**	0.366**	0.472**	1.000	0.884**	0.883**	0.897**
活力	0.464**	0.303**	0.321**	0.423**	0.884**	1.000	0.676**	0.678**
奉献	0.503**	0.332**	0.362**	0.441**	0.883**	0.676**	1.000	0.693**
专注	0.435**	0.292**	0.296**	0.396**	0.897**	0.678**	0.693**	1.000

注：* 表示 $P<0.05$，** 表示 $P<0.01$，以下同。

（二）学业自我概念对学生学习投入的方差分析

为考察不同学业自我概念水平的学生对学习投入是否有显著差异，对其进行单因素方差分析，结果见表 4 - 2。由表 4 - 2 可知，不同学业自我概念水平学生的学习投入存在非常显著的统计学意义（$P<0.01$）。进一步计算效应大小，效应值为 $\eta^2 = 0.2293$，属于大效应。进一步对其进行两两多重比较，结果见表 4 - 3。由表 4 - 3 可知，学业自我概念良好组、一般组、不良组之间存在非常显著的差异，效应效果达到中等效应或大效应。一般来说，具有良好学业自我概念水平的学生一般会具有积极的学习投入，具有一般学业自我概念水平的学生一般会具有一般的学习投入，具有不良学业自我概念水平的学生倾向于具有消极的学习投入。由此可见，学生的学业自我概念对学习投入产生重要的影响。

表 4 - 2　学业自我概念对学习投入的方差分析

差异来源	平方和	自由度	均方	F	显著性
组间	44 521.543	2	22 260.771		
组内	149 612.399	618	242.091	91.952	0.000
总数	194 133.942	620			

表 4 - 3　两两检验结果和效应大小

(I) 学业自我等级	(J) 学业自我等级	均值差（$I-J$）	标准误	显著性	95%置信区间 下限值	95%置信区间 上限值	效应大小 效应值	效应大小 效应判断
良好组	不良组	29.997*	2.212	0.000	24.80	35.19	0.464 5	大效应
	一般组	14.709*	1.723	0.000	10.66	18.76	0.130 6	中等效应
一般组	不良组	15.287*	1.752	0.000	11.17	19.40	0.124 1	中等效应
	良好组	-14.709*	1.723	0.000	-18.76	-10.66	0.130 6	中等效应
不良组	一般组	-15.287*	1.752	0.000	-19.40	-11.17	0.124 1	中等效应
	良好组	-29.997*	2.212	0.000	-35.19	-24.80	0.464 5	大效应

（三）学业自我概念对学习投入的回归分析

为考察学业自我概念对学生学习投入的影响程度，以学业自我概念为预测变量，以学生学习投入为因变量进行线性回归分析，结果见表4-4。由表4-4可知，标准回归系数 β 为 0.525，决定系数 R^2 为 0.276，$t = 15.342$（$P < 0.01$）。这说明学业自我概念对学生学习投入具有很好的预测作用，可以解释学生学习投入 27.6% 的变异。

表4-4　学业自我概念对学生学习投入的回归分析

预测变量	β	R	R^2	F 值	t 值
学业自我概念	0.525	0.525	0.276	235.378**	15.342**

以学业自我概念的语文自我概念、数学自我概念、学校一般情况自我概念三个分量为预测变量，以学生学习投入为因变量，对其进行线性回归分析，主要结果如表4-5所示。由表4-5可知，学校一般情况自我概念的标准回归系数 β 为 0.271，语文自我概念的标准回归系数 β 为 0.215，数学自我概念的标准回归系数为 0.204，且 β 值均具有非常显著（$P < 0.001$）的统计学意义。因此，学校一般情况自我概念、语文自我概念和数学自我概念都对学生学习投入产生重要的影响。

表4-5　学业自我概念三个分量为对学生学习投入的回归分析

分量	标准回归系数 β	t 值	P 值
语文自我概念	0.215	5.552	0.000
数学自我概念	0.204	4.935	0.000
学校一般情况自我概念	0.271	5.941	0.000

进一步考察学业自我概念对学生学习投入三维度的影响情况，以语文自我概念、数学自我概念、学校一般情况自我概念作为预测变量，分别以活力、奉献、专注为因变量进行三元线性回归分析，主要结果见表4-6。

表4-6　语文自我概念、数学自我概念、学校一般情况自我概念分别对活力、奉献、专注的回归分析

因变量	R	R^2	F 值	语文自我概念 β	数学自我概念 β	学校一般情况自我概念 β
活力	0.466	0.217	57.055	0.180**	0.170**	0.255**
奉献	0.504	0.254	69.901	0.216**	0.222**	0.230**
专注	0.438	0.192	48.781	0.178**	0.155**	0.237**

由表4-6可知，β 值均具有非常显著的统计学意义。因此，学业自我概念的三个分量（即语文自我概念、数学自我概念和学校一般情况自我概念）对学生学习投入的三个分量（即活力、奉献、专注）都产生重要的影响。

（四）学业自我概念对学习投入影响的路径分析

根据上述的相关分析和回归分析的结果，可以得到标准回归系数 β 和决定系数 $R^2 = \beta \times r$，其中 r 为相关系数，建立关系路径模型，结果如图4-1所示，其中括号内的数字为决定系数。由图4-1可知，语文自我概念、数学自我概念和学校一般情况自我概念三因素共同

解释学生学习投入的活力 21.7% 的变异，共同解释学生学习投入的奉献 25.4% 的变异，共同解释学生学习投入的专注 19.2% 的变异。语文自我概念、数学自我概念和学校一般情况自我概念分别对学生学习投入的活力、奉献、专注三个维度都有非常显著的回归效应。

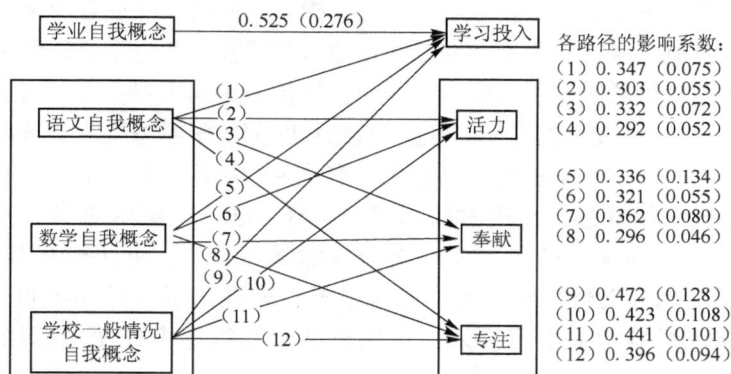

图 4-1　学业自我概念对学习投入影响的路径模型

四、讨论

（一）学业自我概念与学习投入的相关性

研究结果表明，中学生学业自我概念及其三个分量（即语文自我概念、数学自我概念和学校一般情况自我概念）与学习投入及其三个分量（活力、奉献和专注）之间存在非常显著的正相关。首先，学习投入是学生在学习过程中表现出来的认知、行为、情感等方面的投入，是一种深入思考，对挑战和挫折都充满活力，并伴有积极情感的体验[6]。显然，这与学生的理想目标、学习动机、学习态度、学习兴趣、学习情感体验等个体因素存在着密切的关系。如果学生对学习有浓厚兴趣，有积极的学习动机，有伟大的理想目标和追求，他会努力学习，在学习过程中表现出积极主动、努力探索、全神贯注、深入思考和积极反思，勇敢地面对学习过程中的各种困难和挫折，努力完成学习的各项任务，并积极地迎接新的学习挑战。其次，学业自我概念是学生关于个体学习的信念、情感、态度的混合物。有关研究表明，学业自我概念与学习热情、学习动机、学习兴趣、学习自我效能感、学习求助行为、学业成绩等因素存在非常显著的正相关。因此，学生的学业自我概念与学生学习投入存在密切的关系。

（二）学业自我概念对学习投入的影响

研究表明，学业自我概念及其三个分量对学生学习投入都产生非常重要的影响，三个分量对学生学习投入的影响大致相同。学业自我概念对学生学习投入具有很好的预测性。一般而言，具有良好的学业自我概念的学生会具有积极的学习投入，具有不良的学业自我概念的学生会具有消极的学习投入。学业自我概念对学生学习投入具有很好的预测性，可以解释学生学习投入 27.6% 的变异。语文自我概念、数学自我概念和学校一般情况自我概念对学习投入的活力、奉献和专注都具有很好的预测性，它们可以共同解释学习投入的活力 21.7% 的变异、奉献 25.4% 的变异和专注 19.2% 的变异。

学生的学业自我概念可以直接影响学生的学习投入。由相关分析和回归分析可知，学生的学业自我概念与学习投入之间正相关性达到非常显著的统计学意义，而且学业自我概念可以解释学生学习投入27.6%的变异。另外，学生如果具有优良的学业自我概念，他一般都具有积极的学习动机和较高的自我效能感，为了取得更好的学习成绩，他们会努力学习，采取各种学习行为和学习策略，积极投入学习中去，探索新问题，完成各项学习任务。

学生的学业自我概念通过一些中介变量间接地对学习投入产生重要的影响。例如，有研究表明，数学自我概念以数学学习动机为中介变量间接地影响学习投入。当学生个体形成了一定的学业自我概念之后，他就会产生与这一概念相匹配的学习态度、学习策略、学习方式和学习行为。另一方面，学习动机对学习投入也有重要的影响。如果学生具有明确的学习目标和积极的学习动机，他就愿意付出时间和精力，努力学习，深入思考，克服种种困难，刻苦训练，按时完成各项学习任务，表现出积极的学习投入。如果学生具有消极的学习动机，他会以消极的态度对付各种学习，应付了事，表现出消极的学习投入。由此可见，学业自我概念直接地影响学生学习投入，也通过学习动机等中介变量间接地影响着学习投入。

五、结论

第一，学业自我概念与学生学习投入之间存在非常显著的正相关，它们之间存在非常密切的关系。一般地，具有良好的学业自我概念的学生倾向于具有积极的学习投入，具有不良的学业自我概念的学生倾向于具有消极的学习投入。

第二，学业自我概念对学生学习投入产生非常重要的影响，语文自我概念、数学自我概念和学校一般情况自我概念都对学生学习投入产生重要的影响，三者对学生学习投入的影响大致相同。

第三，学业自我概念对学生学习投入具有很好的预测性，可以解释学生学习投入27.6%的变异。语文自我概念、数学自我概念和学校一般情况自我概念对学习投入的活力、奉献和专注都具有很好的预测性，它们可以共同解释学习投入的活力21.7%的变异、奉献25.4%的变异和专注19.2%的变异。

第三节　中小学生学业自我概念对学习成绩的影响

本节给出三项学业自我概念对学习成绩影响的实证研究：一是引进数学学习动机作为中介变量，研究初中生数学自我概念对数学成就的影响机制；二是引进数学学习投入这一变量，探讨初中生数学自我概念和学习投入对数学成绩的影响；三是研究中小学生语文自我概念对语文成绩的影响。

一、实证研究之一：初中生数学自我概念对数学成就的影响机制

（一）问题的提出

学业自我概念是指个体在学业情境中形成的对自己在学业发展方面的比较稳定的认知、体验和评价[23]。数学自我概念是指学生在学校情境中形成的对自己在数学学业方面的特长、能力和知识形成的比较稳定的认知、体验和评价，它是学生自我意识中的数学自我的知觉和评价，是学生通过对数学活动、自我属性和社会环境的经验体验及对经验

理解而形成的[24]。

有关研究表明，学业自我概念与学业成绩之间存在密切的关系[25-28]。不同数学学习水平的初中生的数学自我概念存在非常显著的差异，优生明显高于差生[24]。数学自我效能和数学自我概念对数学学业成绩具有较强的预测作用[29-30]。

在强调教会学生如何学习的今天，学习动机及其培养在教育界备受关注。在非认知因素中，学习机动对数学学习影响较大[31]，而且学习动机与数学自我概念存在显著的正相关[24]。因此，在研究中引入数学学习动机作为中间变量，以初中生为研究对象，采用测量问卷调查、访谈等方法对初中生数学自我概念如何影响数学学习成绩进行研究，探讨初中生数学自我概念、数学学习动机与数学学习成绩之间的关系，分析数学自我概念、数学学习动机对数学学习成绩的影响程度，以及数学自我概念对数学学习成绩的影响是否通过数学学习动机起作用，进一步分析数学自我概念与数学学习成绩的关系模型，为提高初中生数学自我概念，以及帮助学生认识自我和建立数学自信心提供一些理论的参考。

（二）研究方法

1. 被试

选取广西钦州市两所普通中学共 810 名初中生作为被试，有效被试共 801 人。

2. 研究工具

（1）数学自我概念量表

本量表采用马什（1992）的自我描述问卷Ⅱ。自我描述问卷Ⅱ的适用范围是 7～10 年级的中学生。该量表共有 11 个分量表，由 102 道测试题组成。其中包括 3 个学业自我概念（言语、数学和一般学校情况）和 7 个非学业自我概念和 1 个一般自我概念。陈国鹏对此量表进行修订，各分量表的内在稳定性系数在 0.83～0.91。各分量表的重测信度在 0.72～0.88。11 个分量表的相关系数大多在 0.40 以下，彼此之间相关不高，说明各分量表可以独立使用。从中抽取出与数学有关的 10 个题目构成数学自我概念量表，如："我的数学总是很好""我很想上数学课"等。这 10 个题目将数学自我概念划分为两个维度：能力维度和情感维度。供选项从"完全不符合"到"完全符合"共 5 项，采用五点计分法。经研究，本量表的克伦巴赫系数为 0.876，具有较高的信度。

（2）数学学习动机量表

根据数学学科特点和初中生的情况，依据成就动机理论，主要考虑成绩目标取向和学习目标取向设计本量表。量表由 8 道选择题组成，采用五点计分法，克伦巴赫系数为 0.824。

3. 研究程序和数据处理

问卷调查在统一的指导语下进行，时间为 20 分钟。采用随机整群抽样的方法，发放 810 份问卷，最后收回有效问卷 801 份。其中初一、初二、初三分别为 268、268、265 份；男女分别为 399、402 份。

数学成绩是以数学期终考试成绩作为学生数学学习成绩。将被试的数学学习成绩由高到低排序，按总人数的 25%、50%、25% 分为优生组（200 人）、中等组（401 人）和差生组（200 人）。所有的数据采用 SPSS17.0 for Windows 进行数据处理和统计分析。

（三）结果与分析

1. 数学自我概念、数学学习动机与数学成绩的相关性分析

对数学自我概念、数学学习动机、数学学习成绩之间进行相关性分析，结果见表 4-7。

由表 4 - 7 可知，数学自我概念、数学学习动机、数学学习成绩之间都存在非常显著的正相关（$P < 0.01$），这说明，数学自我概念、数学学习动机、数学学习成绩之间存在密切的关系。

表 4 - 7　数学自我概念、数学学习动机、数学成绩的相关分析

因素	数学自我概念	数学学习动机	数学成绩
数学自我概念	1.000		
数学学习动机	0.687**	1.000	
数学学习成绩	0.325**	0.333**	1.000

注：表中的 * 表示 $P < 0.05$，** 表示 $P < 0.01$。以下同。

2. 优差生组在数学自我概念和数学学习动机水平上的比较

为考察优生组和差生组在数学自我概念和数学学习动机水平上的差异情况，对其进行 t 检验，结果见表 4 - 8。由表 4 - 8 可知，优生与差生在数学学习动机、数学自我概念两个维度及总体水平上都存在非常显著的差异（$P < 0.01$）。优生的数学自我概念和数学学习动机明显高于差生，而且效应效果达到中等效应或大效应。

表 4 - 8　优、差生组数学自我概念和学习动机水平比较表（$M \pm SD$）

项目	数学情感自我	数学能力自我	数学自我概念	数学学习动机
优生	15.48 ± 2.102	24.82 ± 2.688	40.30 ± 4.091	32.17 ± 3.071
差生	14.38 ± 2.162	22.71 ± 3.260	37.09 ± 4.436	29.72 ± 2.669
t 值	5.325**	7.360**	7.815**	8.830**
效应值	0.061 9	0.111 9	0.124 4	0.153 5
效应判断	中等效应	中等效应	中等效应	大效应

3. 数学自我概念、数学学习动机对数学成绩的回归分析

为了进一步探讨这两类因素对数学学习成绩的影响程度，将数学自我概念、数学学习动机对数学学习成绩进行二元回归分析，结果见表 4 - 9。

表 4 - 9　数学自我概念、数学学习动机对数学成绩的二元回归分析

变量	标准偏回归系数 β	t 值	Sig.
数学自我概念	0.183	4.013	0.000
数学学习动机	0.208	4.569	0.000

由表 4 - 9 可知，两个变量的标准偏回归系数分别是 0.183 和 0.208，且两者的 β 值均具有非常显著的统计学意义（$P < 0.01$）。这一结果说明，两者对数学学习成绩都具有预测作用，数学学习动机比数学自我概念对数学学习成绩的影响程度要大。

4. 数学自我概念和数学学习动机对数学成绩影响的路径分析

以数学自我概念为预测变量，以数学学习动机为因变量进行一元回归分析，主要结果是：标准回归系数 β 为 0.687（$t = 27.732$**），决定系数 R^2 为 0.472，这说明数学自我概念

可以解释数学学习动机 47.2% 的变异。再根据上述的二元回归分析的结果所得到的标准回归系数即路径系数 β 和决定系数 $R^2 = \beta \times r$，其中 r 为相关系数，建立影响路径模型，结果如图 4 – 2 所示（括号内的数字为决定系数）。由图 4 – 2 可知，数学自我概念和数学学习动机可以解释数学成绩 12.8% 的变异，数学自我概念和数学学习动机对数学成绩有显著的回归效应。

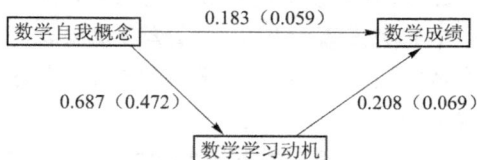

图 4 – 2　数学自我概念和学习动机对数学成绩的影响路径模型

5. 数学学习动机在数学自我概念对数学成绩影响中的中介效应分析

中介效应的定义是，自变量 X 对因变量 Y 的影响，如果 X 通过影响变量 M 来影响 Y，则称 M 为中介变量。假设所有变量都已经中心化，可用下列方程来描述变量之间的关系：$Y = c_1X + e_1$、$M = aX + e_2$、$Y = c_2X + bM + e_3$。中介作用的前提条件是自变量 X、因变量 Y 和中介变量 M 两两之间有显著的相关。

在上面的相关分析中，数学自我概念、数学学习动机和数学成绩两两之间存在显著的正相关，因此满足中介作用的前提条件。下面，根据温忠麟等人提出的中介效应的检验程序进行检验[32]，检验数学学习动机 M 在数学自我概念 X 和数学成绩 Y 之间是否起着中介效应。结果见表 4 – 10。

表 4 – 10　数学学习动机的中介效应检验

标准回归方程	t 值	P 值
$Y = 0.325X$	9.723	0.000
$M = 0.687X$	27.732	0.000
$Y = 0.183X + 0.208M$	4.013 4.569	0.000 0.000

由表 4 – 10 可知，由于依次的 t 检验的结果显著，因此数学学习动机的中介作用显著。同时，由于 $c_2 = 0.183$ 这一标准回归系数显著，所以只是部分中介效应，并且中介效应占总效应的比例为 $ab/c_1 = 0.687 \times 0.208/0.325 = 43.97\%$。因此，数学自我概念对数学成绩的影响并不是全部以数学学习动机为中介作用，只是有部分的中介效应。即数学自我概念对数学成绩的影响，一方面是直接的，另一方面是部分通过数学学习动机起作用。

（四）讨论

1. 数学自我概念与数学学习动机的关系

研究结果表明，学生的数学自我概念与数学学习动机存在显著的正相关。在访谈时也发现，对自己的数学学习能力有自信，并且有较好的自我价值感的学生，也具有较高的数学学习兴趣和积极的学习动机；对自己的数学学习能力的自信心不足或数学情感较弱的学生，他的数学学习兴趣和学习动机也就较低。当个体形成一定的数学自我概念后，他就倾向于产生与这一概念一致的行为方式，数学自我概念实际上起着学生数学学习行为自我调节与定向的作用，影响着学生数学学习的积极性。因此，学生的数学自我概念对数学学习动机会产生重要的影响。一般地，即具有较高的数学自我概念的学生倾向于具有积极的数学学习动机，具有较弱的数学自我概念的学生倾向于具有消极的数学学习动机。

2. 初中生数学自我概念与数学成绩的关系

本研究发现，初中生数学自我概念与数学学习成绩之间的影响具有双向性和动态性，初中生数学自我概念与数学成绩的因果关系主要表现自我增强模型、交互影响模型及发展观等。

一方面，初中生的数学自我概念对数学学习成绩产生了重要的影响，即具有较高的数学自我概念的学生倾向于具有优秀的数学学习成绩，具有中等水平的数学自我概念的学生倾向于具有中等的数学学习成绩，具有较弱的数学自我概念的学生倾向于具有较差的数学学习成绩。另一方面，初中生的数学学习成绩对数学自我概念也产生重要的影响，即不同数学学习成绩水平的初中生数学自我概念存在非常显著的差异，优生、中等生、差生两两之间的差异达非常显著水平。数学学习成绩优异的学生大多有较高的数学自信，维持着较高的数学自尊；数学学习成绩较差的学生大多有较低的数学自信，表现出数学自信心不足。通过访谈了解到，对于初一学生，大部分学生先前的数学自我概念影响随后的数学学习成绩，具有自我增强模型的特点；初二学生的情况比较复杂，部分学生具有自我增强模型，也有部分学生具有交互影响模型的特点；初三大部分学生的数学自我概念既影响数学学习成绩，同时又受数学学习成绩的影响，具有交互影响模型的特点。整个初中阶段表现出发展观的特点。这可能与初中阶段学生的心理成熟度有关，也与数学的严谨性、抽象性和符号化等特征有关。

（五）结论

第一，初中生数学自我概念、数学学习动机和数学学习成绩之间都存在非常显著的正相关，它们之间存在非常密切的关系。

第二，初中生数学自我概念与数学学习成绩之间的影响具有双向性和动态性，初中生数学自我概念与数学学习成绩的因果关系主要表现为自我增强模型、交互影响模型及发展观等。大部分初一学生先前的数学自我概念影响随后的数学学习成绩，具有自我增强模型的特点；初二的部分学生具有自我增强模型，部分学生具有交互影响模型的特点；大部分初三学生的数学自我概念既影响数学学习成绩，同时又受数学学习成绩的影响，具有交互影响模型的特点。整个初中阶段表现出发展观的特点。

第三，数学自我概念和数学学习动机对数学学习成绩都产生重要的影响，两者对数学学习成绩都具有预测作用，数学学习动机比数学自我概念对数学学习成绩的影响程度大。数学自我概念对数学成绩的影响并不是全部以数学学习动机为中介作用，只是有部分的中介效应，中介效应占总效应的比例为43.97%。因此，数学自我概念对数学成绩的影响，一方面是直接的，另一方面是部分通过数学学习动机起作用。

第四，优生与差生在数学自我概念和数学学习动机上存在显著的差异。优生的数学自我概念和数学学习动机明显高于差生。

二、实证研究之二：初中生数学自我概念和学习投入对数学成绩的影响

（一）问题提出

学业自我概念和学习投入都是教育心理学、健康心理学共同研究的重要领域，良好的学业自我概念和积极的学习投入会对学生的学习成就、身心发展具有积极的作用。由于数学具有高度抽象性、逻辑严谨性、广泛应用性、符号化和结构化等特征，数学

自我概念具有与其他学科学业自我概念不同的特性，数学学习投入也表现出不同于其他学科的状态。本书以数学学科为例，探讨数学自我概念、数学学习投入对数学成绩的影响。

数学自我概念是指学生个体对自己在数学学业方面的自我意识和自我认识信念，是学生对自己数学方面的知识获取、能力、优势特长的比较稳定的认知、体验和评价。有关研究表明，数学自我概念与数学成绩存在非常显著的正相关[33-37]，与数学学习动机、数学学习求助行为也存在非常显著的正相关[33-38]。数学自我概念直接对数学成就产生非常重要的影响，同时也通过数学学习动机间接显著地影响着数学成绩[38]。

Kuh 等认为[39]，学习投入是学生在学习过程中所付出的努力、时间和精力。张娜认为[40]，学习投入是学生在学习过程中进行各种思考，并有挑战、挫折和情感体验，它包括认知投入、行为投入和情感投入等 3 个维度。研究者认为，数学学习投入是学生在数学学习活动过程中所付出的时间、精力、努力和操作的状态，包括数学认知、数学情感和数学意志的过程，体现在精力和韧性、热情和挑战、感受和体验、思考和操作等方面。有关研究表明，积极的学习投入可以预测学生学业成绩和预测他们的辍学率，而且行为投入对学业成绩影响比情感投入和认知投入更加显著[41]。初中数学优生的数学学习投入显著高于数学差生，特别是数学情感投入方面，优生非常显著高于差生[42]。

梁好翠[38]引入了数学学习动机作为中介变量，研究了初中生数学自我概念对数学成就的影响机制。在第一节中研究表明，农村中学生学业自我概念对学习投入产生重要的影响。在中国的教育文化传统中，人们都认为"学习总比不学好，多学总比少学强"，认为"积极的学习投入对学习成绩产生重要的影响"。因此，本研究综合数学自我概念和数学学习投入两个因素对数学成绩影响进行研究，以初中生为研究对象，采用问卷调查，分析初中生数学自我概念、数学学习投入和数学成绩的相关性，进一步探讨初中生数学自我概念和数学学习投入对数学成绩的影响机制和影响程度，为提高初中生数学教学效率提供参考。

（二）研究方法

1. 研究对象

选取广西钦州市某乡镇中学初中生共 266 人，其中初一 109 人，初二 75 人，初三 82人；男 102 人，女 164 人。

2. 研究工具

研究工具有数学学习投入量表和数学自我概念量表。

数学自我概念量表是选取陈国鹏修订的马什（1992）的自我描述问卷 II 中与数学有关的 10 道题目，如"数学是我学的最好的学科之一""我很想上数学课"等。选项从"完全不符合"到"完全符合"共五项，量表的分数范围为 10～50 分。这 10 个题目将数学自我概念划分为两个维度：能力维度和情感维度。在本研究中，该量表的克伦巴赫系数 α = 0.850，具有较高的信度。

数学学习投入量表是参考孔企平关于数学学习参与问卷编制而成，包括数学行为投入（包括课堂行为表现和课后行为表现）、数学情感投入（包括乐趣、成功和焦虑、厌倦）和数学认知投入（包括浅层认知和深层认知）等 3 个分量表共计 32 题，例如"数学课上，我积极举手回答老师的问题""我觉得动脑筋解答数学难题是一种乐趣""做完一道题目，我会继续思考这道题可否推广、变形或得到比较有意义的特例"。采用五点计分法，选项从"从不这样"到"总是这样"共 5 项，量表总分范围 32～160 分。在本研究中，该量表的克伦巴赫系数 $\alpha = 0.873$，具有较高的信度，说明符合心理测量学的要求。

3. 数据收集与处理

在统一指导下进行问卷调查，发出问卷 280 份，收回有效问卷共计 266 份。

按"平均值 $M \pm$ 标准差 SD"区分办法，将学生数学自我概念分为高中低三种水平，各水平人数为良好（40 人）、一般（186 人）、不良（40 人）；将数学学习投入分为积极（40 人）、中等（191 人）和消极（35 人）。以数学期中考试成绩为数学成绩，从高到低取 25%、50% 和 25% 得到优生组 67 人、中等组 134 人和差生组 65 人。

所有的数学均采用 Excel 和统计软件 SPSS19.0 进行数据处理和统计分析。

（三）结果与分析

1. 数学自我概念、数学学习投入与数学成绩的相关性分析

为探讨数学自我概念、数学学习投入与数学成绩之间的关系，对其进行相关性分析，结果见表 4-11。由表 4-11 可知，数学自我概念、数学学习投入与数学成绩之间两两存在非常显著的正相关。

表 4-11　数学自我概念、数学学习投入与数学成绩的相关性分析

因素	数学成绩	行为投入	情感投入	认知投入	学习投入	数学自我	能力自我	情感自我
数学成绩	1.000	0.510**	0.459**	0.241**	0.466**	0.464**	0.439**	0.383**
行为投入	0.510**	1.000	0.453**	0.691**	0.898**	0.562**	0.426**	0.591**
情感投入	0.459**	0.453**	1.000	0.370**	0.648**	0.421**	0.427**	0.311**
认知投入	0.241**	0.691**	0.370**	1.000	0.887**	0.494**	0.385**	0.507**
学习投入	0.466**	0.898**	0.648**	0.887**	1.000	0.600**	0.489**	0.590**
数学自我	0.464**	0.562**	0.421**	0.494**	0.600**	1.000	0.911**	0.866**
能力自我	0.439**	0.426**	0.427**	0.385**	0.489**	0.911**	1.000	0.584**
情感自我	0.383**	0.591**	0.311**	0.507**	0.590**	0.866**	0.584**	1.000

注：表中的 * 表示 $P < 0.05$，** 表示 $P < 0.01$，以下同。

2. 不同数学成绩水平初中生数学学习投入的比较分析

为考察不同数学成绩水平初中生的数学学习投入是否有差异，以数学成绩为自变量，以数学学习投入为因变量进行单因素方差分析和多重比较，结果见表 4-12。由表 4-12 可知，不同数学成绩水平的初中生数学学习投入及其三个分量（即行为投入、情感投入和认知投入）存在非常显著的差异（显著性为 0.000）。多重比较检验表明，优生组、中等组都与差生组初中生数学学习投入存在非常显著的差异，但优生组与中等组不存在显著差异。具体到三个分量，行为投入和情感投入这两个分量不同数学成绩水平存在非常显著的差异；而认知投入的情况与总数学学习投入情况类似，即优生组、中等组都与差生组存在非常显著的差异，优生组与中等组不存在显著差异。

表 4 - 12 不同数学成绩水平初中生的数学学习投入的方差分析

检验变量	数学学习投入	行为投入	情感投入	认知投入
A 优生组 ($M \pm SD$)	104.60 ± 12.732	35.96 ± 5.076	38.46 ± 4.117	30.18 ± 6.996
B 中等组 ($M \pm SD$)	100.72 ± 15.461	33.66 ± 7.036	36.18 ± 3.852	30.89 ± 7.866
C 差生组 ($M \pm SD$)	84.05 ± 14.044	26.35 ± 6.099	32.68 ± 3.953	25.02 ± 7.415
F 值	39.437	42.337	36.170	13.896
显著性	0.000	0.000	0.000	0.000
多重比较	A > C, B > C	A > B > C	A > B > C	A > C, B > C

为了进一步深入研究每个维度各个因子的差异性情况,对其进行方差分析,结果见表 4 - 13。由表 4 - 13 可知,行为投入的两个因子(课堂表现和课后表现)方面,优生组与差生组、中等组与差生组都存在非常显著的差异,但优生组与中等组不存在显著差异。认知投入的两个因子(浅层认知和深层认知)与行为投入的情况类似。而情感投入的乐趣、成功在不同数学成绩水平上两两存在非常显著差异。但在焦虑、厌倦因子上,差生组显著高于中等组,而其他两两不存在差异。显然,教师应该加强对差生的学习态度、学习动机、学习策略的教育,培养差生的数学学习兴趣,有效地提高差生的数学学习投入。

表 4 - 13 不同数学成绩水平初中生的数学学习投入各维度下各因子的方差分析

检验变量	课堂表现	课后表现	乐趣、成功	焦虑、厌倦	浅层认知	深层认知
A 优生组 ($M \pm SD$)	19.63 ± 2.729	16.33 ± 3.295	23.12 ± 3.633	15.34 ± 2.993	16.25 ± 3.795	13.93 ± 4.353
B 中等组 ($M \pm SD$)	18.48 ± 3.749	15.18 ± 3.837	21.02 ± 4.788	15.16 ± 3.545	16.55 ± 4.114	14.34 ± 4.397
C 差生组 ($M \pm SD$)	15.00 ± 3.522	11.35 ± 3.271	16.11 ± 5.000	16.57 ± 5.169	13.57 ± 4.344	11.45 ± 3.580
F 值	32.971	36.360	41.551	3.016	12.297	10.756
显著性	0.000	0.000	0.000	0.051	0.000	0.000
多重比较	A > C, B > C	A > C, B > C	A > B > C	C > B	A > C, B > C	A > C, B > C

3. 数学自我概念和数学学习投入对数学成绩的影响

为考察数学自我概念和数学学习投入对数学成绩的影响和交互作用情况,对其进行多因素方差分析,结果见表 4 - 14。由表 4 - 14 可知,数学自我概念、数学学习投入的主效应都达到非常显著水平,数学自我概念与数学学习投入交互作用不显著。

表4-14　数学自我概念和数学学习投入对数学成绩影响的多因素方差分析

自变量	平方和	自由度	均方	F	Sig.
数学自我概念	2 787.980	2	1 393.990	2.560	0.049
数学学习投入	17 180.404	2	8 590.202	15.773	0.000
数学自我概念 *数学学习投入	1 332.532	2	666.266	1.223	0.296

　　为考察数学自我概念和数学学习投入对数学成绩的影响程度及影响路径情况，以数学成绩为因变量，以数学自我概念和数学学习投入为自变量进行二元线性回归分析，结果见表4-15。由表4-15可知，数学自我概念和数学学习投入的回归系数达到非常显著的统计学意义（Sig. =0.000），两者对数学成绩的影响达到非常显著水平（$F=48.742$，Sig. =0.000）。数学自我概念的标准回归系数为0.289，数学学习投入的标准回归系数为0.293，可见两者的影响程度大致相同。

表4-15　数学自我和学习投入对数学成绩回归分析摘要表

自变量	标准回归系数	T值	Sig.	R^2	F
数学自我概念	0.289	4.382	0.000	0.270	48.742**
数学学习投入	0.293	4.444	0.000		

　　为了进一步探讨数学自我概念和数学学习投入的各维度对数学成绩影响情况，以数学成绩为因变量，以数学能力自我、数学情感自我、数学行为投入、数学情感投入和数学认知投入为自变量，采用逐步进入的方法进行线性回归分析，首先进入回归模型的变量是数学行为投入，形成模型1，其次是数学情感投入进入形成模型2，第三是数学能力自我进入形成模型3，最后是数学认知投入进入形成模型4，而情感自我没有进入回归模型，因此，模型4是最终回归模型。模型4的回归分析主要结果如表4-16。由此可见，数学行为投入、数学认知投入、数学情感投入和数学能力自我对数学成绩都产生非常显著的影响，其中数学行为投入影响最大，其次是数学认知投入。因此，加强对初中生数学学习行为和学习策略的指导，提高数学行为投入和数学认知投入，有利于提高学生的数学学习成绩。

表4-16　数学自我概念和学习投入的各维度对数学成绩回归分析摘要表

自变量	标准回归系数	t值	Sig.	R^2	F
数学行为投入	0.496	7.039	0.000	0.398	34.435**
数学情感投入	0.238	4.224	0.000		
数学能力自我	0.234	4.190	0.000		
数学认知投入	0.280	4.162	0.000		

　　数学情感自我虽然没有进入回归模型，但根据前面的分析可知，数学情感自我与行为投入、情感投入和认知投入存在非常显著的正相关，这也说明了数学情感自我对数学成绩也产生影响。进一步，数学情感自我对数学行为投入、数学情感投入和数学认知投入的回归分析结果见表4-17。由表4-17可知，数学情感自我对数学行为投入、数学情感投入和数学认知投入都产生非常显著的影响。

表 4 - 17　数学情感自我分别对数学学习投入三个维度回归分析摘要表

自变量	标准回归系数	t 值	Sig.	R^2	F
数学行为投入	0.591	11.914	0.000	0.350	141.953**
数学情感投入	0.311	5.325	0.000	0.097	28.353**
数学认知投入	0.507	9.569	0.000	0.258	91.569**

根据相关分析和回归分析，可以得到的标准回归系数 β 和决定系数 $R^2 = \beta \times r$，其中 r 为相关系数，建立关系路径模型，结果如图 4 - 3 所示，其中括号内的数字为决定系数。依据 Cohen 提出的解释路径效果的判断标准[43]：标准化系数的绝对值小于 0.1 是小效果，大于 0.5 为大效果，介于 0.1 ~ 0.5 为中效果。数学情感自我间接影响数学成绩的效果值为 0.509，属间接大效果；数学行为投入、数学情感投入、数学认知投入和数学能力自我直接影响效果为直接中效果。

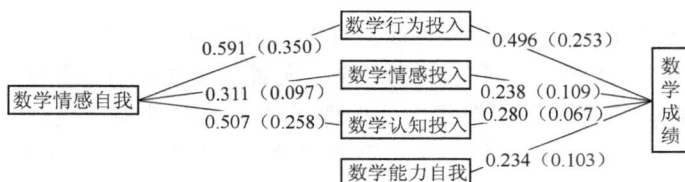

图 4 - 3　数学自我概念和数学学习投入对数学成绩影响的路径模型

(四) 讨论

1. 数学自我概念与数学学习投入的相关性

研究结果表明，数学自我概念及其两个分量与数学学习投入及其三个分量之间两两存在非常显著的正相关，这说明了数学自我概念与数学学习投入具有密切的关系。一般来说，具有良好数学自我概念的学生倾向于具有积极的数学学习投入，具有不良数学自我概念的学生倾向于具有消极的数学学习投入。数学自我概念对数学学习投入具有很强的预测作用。这与一般的学业自我概念对学习投入的影响类似[41]。首先，数学自我概念是学生关于个体数学学习的信念、情感、态度的混合物，是学生在数学学习活动中逐步形成的。有关研究表明[33]，数学自我概念与数学成绩、数学学习动机、数学学习兴趣、数学自我效能感、数学求助行为等因素存在非常显著的正相关，与数学焦虑存在非常显著的负相关。其次，数学学习投入是在数学学习活动过程中表现出来的时间、精力和情感的状态，包括数学认知、数学行为、数学情感等方面的投入。显然，这与学生的数学学习兴趣、数学学习动机、数学学习态度、数学学习情感体验、数学学习意志等个体因素存在着密切的关系。如果学生对数学学习有浓厚兴趣和积极的学习动机，他会在数学学习过程中表现出积极主动、努力探索、全神贯注、深入思考和积极反思，勇敢地面对各种学习的各种困难和挫折，努力完成学习的各项任务，并积极地迎接新的学习挑战。因此，学生的数学自我概念与数学学习投入存在密切的关系。

2. 数学自我概念和数学学习投入对数学成绩的影响

研究结果表明，初中生数学学习投入对数学成绩产生显著的影响，这与已有研究结果一致[44]。这就进一步印证中国教育文化传统的说法："学习总比不学好，多学总比少学强。"

研究结果表明，数学自我概念和数学学习投入对数学成绩产生非常显著的影响，两者的影响程度大致相同。再进一步，数学行为投入、数学认知投入、数学情感投入和数学能力自我对数学成绩都产生非常显著的影响，其中数学行为投入影响最大，其次是数学认知投入。数学情感自我对数学成绩的直接影响没有达显著水平，但通过数学学习投入间接地影响着数学成绩。有研究表明[41]，初中数优生与数困生在数学学习投入上存在非常显著的差异，这说明数学学习投入对数学成绩存在显著影响，与本研究的结果一致。另一项研究表明[15]，学生课堂行为表现变量专心和钻研对学生数学成绩有极其显著性的影响，情感参与的成功感对数学成绩有显著的影响，与本研究结果类似；但认知参与、情感参与对数学成绩影响不显著与本研究不一致。这与研究群体有关，本研究的对象是初中生，而孔企平（2003）在《数学教学过程中的学生参与》[45]的研究对象是小学生，小学生与初中生的身心发展特征存在差异，学习策略和学习行为也都不一样，更重要的是初中数学与小学数学的抽象性、逻辑推理性的程度有很大的区别。

在本研究中，行为投入和认知投入方面，优生组与差生组、中等组与差生组都存在非常显著的差异，但优生组与中等组不存在显著差异。显然，差生组在数学学习的行为投入和认知投入方面，明显地差异于优生和中等生，出现了"另类"状态。因此，数学教师应该加强对数学差生的学习态度、学习动机、学习策略和学习行为的教育，培养差生的数学学习兴趣，有效地提高差生的数学学习投入。

研究结果表明，数学情感自我对数学成绩直接影响没有达显著水平，但它通过数学学习投入间接地、显著地影响着数学学习成绩，因此，也可以认为数学情感自我对数学成绩也产生影响。

（五）结论

第一，数学自我概念、数学学习投入与数学成绩之间两两存在非常显著的正相关。

第二，不同数学成绩水平初中生的数学学习投入存在非常显著的差异。多重比较检验表明，数学优生组、中等组都与差生组初中生数学学习投入存在非常显著的差异，但优生组与中等组没有存在显著差异。

第三，数学自我概念和数学学习投入对数学成绩产生显著的影响，两者的标准回归系数分别为0.289和0.293，对数学成绩的影响程度大体相同。再进一步，行为投入、认知投入、情感投入和能力自我对数学成绩都产生非常显著的影响，其中行为投入影响最大，其次是认知投入。数学情感自我对数学成绩的直接影响没有达显著水平，但通过数学学习投入间接地影响着数学成绩。

三、实证研究之三：中小学生语文自我概念对语文成绩的影响

（一）问题的提出

中小学生学业自我概念是多层次结构的，它包括语文自我概念、数学自我概念等具体学科的自我概念。

语文自我概念是指学生在学校情境中对自己在语文业方面的特长、能力和知识形成的比较稳定的认知、体验和评价，它是学生自我意识中的语文自我的知觉和评价。研究者从一般性的层面去考虑，中小学生语文自我概念分为语文能力自我和语文情感自我两个

核心维度。

相对英语、数学等学科而言，语文自我概念的研究文献很少。2018 年 6 月 28 日，在中国知网上以篇名包含有"语文自我概念"或"语文学业自我概念"的文献只有一篇。其他关于语文自我概念的研究散见于其他论文之中。徐富明等人（2008）认为[46]，中学生的一般学业自我概念和语文自我概念与其语文成绩存在显著的正相关。李磊（2010）认为[47]，语文自我概念与语文学习成绩之间存在正相关，语文自我概念越积极，对自己在语文学业上的认知评价与情感体验也就越积极，语文自我概念对语文成绩具有较强的预测力。因此，民族地区农村中小学生语文自我概念的研究还是空白，许多工作有待去完成。

研究目的是了解民族地区农村中小学语文自我概念及其两分量对语文成绩的影响情况，了解不同学段、不同年级、不同性别的学生语文自我概念对语文成绩的影响，为针对不同年级、不同性别采取不同的教学策略提高学生语文自我概念和语文成绩提供参考。

（二）对象与方法

1. 研究对象

选取广西壮族自治区钦州市、河池市、崇左市等地市民族地区 7 所乡镇乡村中小学的小学四年级到高二的学生作为被试，有效被试共 985 人，其中小学四年级 101 人（男 54 人、女 47 人），小学五年级 141 人（男 79 人、女 62 人）、小学六年级 122 人（男 65 人、女 57 人），初一 194 人（男 111 人、女 83 人），初二 106 人（男 49 人、女 57 人），初三 83 人（男 44 人、女 39 人），高一 111 人（男 57 人、女 54 人），高二 127 人（男 33 人、女 94 人）。男女人数分别为 492 人和 493 人。其中，壮族 792 人、汉族 178 人、其他民族 15 人。

2. 研究工具

本研究的研究工具与第二章第四节相同。语文自我概念可分为语文能力自我和语文情感自我两个维度。采用五点计分法，语文自我概念共 10 道题，满分 50 分，语文能力自我共八道题，满分 40 分，语文情感自我共两题，满分 10 分。

3. 研究程序与数据处理

第一，抽样及调查与第一节相同。即采用随机整群抽样的方法进行问卷调查，时间为 20 分钟。共发放了 1 050 份问卷，收回有效问卷 985 份。其中小学四年级到高二分别为 101、141、122、194、106、83、111、127 份；男女分别为 492、493 份。

第二，取问卷调查前两周进行的语文期中考试成绩为语文成绩。按语文成绩的高低，分别将各年级总人数的前约 25% 的学生作为优生组、中间约 50% 的学生作为中等组、后约 25% 的学生作为差生组，这样就得到了优生组 220 人、中等组 532 人和差生组 233 人（由于分界点出现成绩相同，故按"靠近原则"确定分界点）。

（三）结果与分析

1. 语文自我概念得分和语文成绩的基本情况

语文成绩、语文自我概念及其两维度的得分见表 4 - 18。由表 4 - 18 可知，语文自我概念总分 50 分，得分平均值为 33.70，属于中等水平；语文能力自我总分 40 分，得分平均值为 26.14，也是中等水平；语文情感自我总分 10 分，得分平均值为 7.55，也属于中等水平，但相对于语文能力自我来说，语文情感自我得分相对好一点。

表4-18 语文自我概念和语文成绩的基本情况

项目	均值	标准差
语文成绩	82.60	17.126
语文自我概念	33.70	6.502
语文情感自我	7.55	1.780
语文能力自我	26.14	5.501

2. 语文自我概念与语文成绩的相关分析

对语文自我概念及其两个维度、语文成绩进行相关分析，结果见表4-19。由表4-19可知，语文自我概念及其两个维度与语文成绩之间存在非常显著的正相关，表明了语文自我概念及其两个维度与语文成绩存在非常密切的关系。

表4-19 语文自我概念与语文成绩的相关分析表

项目		语文成绩	语文自我概念	语文情感自我	语文能力自我
语文成绩	相关系数	1.000	0.286**	0.200**	0.273**
	显著性 P 值		0.000	0.000	0.000
语文自我概念	相关系数	0.286**	1.000	0.656**	0.970**
	显著性 P 值	0.000		0.000	0.000
语文情感自我	相关系数	0.200**	0.656**	1.000	0.451**
	显著性 P 值	0.000	0.000		0.000
语文能力自我	相关系数	0.273**	0.970**	0.451**	1.000
	显著性 P 值	0.000	0.000	0.000	

注：表中的 * 表示 $P < 0.05$，** 表示 $P < 0.01$。以下同。

3. 语文自我概念对语文成绩的回归分析

以语文自我概念作为自变量，语文成绩作为因变量进行回归分析，结果见表4-20、表4-21、表4-22。由表中数据可知，语文自我概念对语文成绩回归显著，说明语文自我概念对语文成绩产生重要影响，对语文成绩有很好的预测作用。

表4-20 引入语文自我概念变量形成模型情况表

模型	R	R^2	调整后的 R^2	标准估算的错误
模型1	0.286[a]	0.082	0.081	16.417

表4-21 模型1的 F 检验表

项目	平方和	自由度	均方	F 值	显著性
回归	23 649.817	1	23 649.817	87.744	0.000b
残差	264 951.172	983	269.533		
总计	288 600.990	984			

表 4 – 22 回归分析系数表

模型		非标准回归系数		标准回归系数	t 值	显著性
		B	标准错误			
模型 1	（常量）	57.191	2.763		20.703	0.000
	语文自我概念	0.754	0.080	0.286	9.367	0.000

再进一步，以语文成绩为因变量，以语文能力自我和语文情感自我为自变量，采用逐步进入方式进行回归分析，结果见表 4 – 23 至表 4 – 26。变量进入情况见表 4 – 23，由表 4 – 23 知，语文能力自我先进入，其次是语文情感自我进入。

由表 4 – 24 可知，随着自变量不断引入回归方程，R^2 不断提高，回归方程的估计标准误差在不断减小。说明语文能力自我和语文情感自我的引入对语文成绩的解释有比较显著的贡献。因此，语文能力自我和语文情感自我对语文成绩有显著的贡献，被保留在回归方程中。由表 4 – 25 的 F 检验证明：语文能力自我、语文情感自我和语文成绩之间确实存在线性关系，可以使用线性模型。因此，模型 2 是最终的线性回归模型。

表 4 – 23 回归分析中变量逐步进入情况表

模型	已输入变量	方法
模型 1	语文能力自我	步进（准则：F-to – enter 的概率 <= 0.050，F-to – remove 的概率 >= 0.100）
模型 2	语文能力自我 语文情感自我	步进（准则：F-to – enter 的概率 <= 0.050，F-to – remove 的概率 >= 0.100）

表 4 – 24 引入或剔除变量形成模型的情况

模型	R	R^2	调整后的 R^2	标准估算的错误
模型 1	0.273	0.075	0.074	16.481
模型 2	0.287	0.082	0.080	16.423

表 4 – 25 回归分析的 F 检验

模型		平方和	自由度	均方	F	显著性
模型 1	回归	21 587.241	1	21 587.241	79.473	0.000
	残差	267 013.749	983	271.631		
	总计	288 600.990	984			
模型 2	回归	23 730.471	2	11 865.235	43.990	0.000
	残差	264 870.519	982	269.726		
	总计	288 600.990	984			

表 4 – 26 回归分析系数表

模型		非标准回归系数		标准回归系数	t 值	显著性
		B	标准错误			
模型 1	（常量）	60.343	2.551		23.651	0.000
	语文能力自我	0.851	0.096	0.273	8.915	0.000
模型 2	（常量）	56.871	2.825		20.132	0.000
	语文能力自我	0.716	0.107	0.230	6.713	0.000
	语文情感自我	0.929	0.329	0.097	2.819	0.005

由表 4 – 26 可得，语文能力自我标准回归系数为 0.230，语文情感自我的标准回归系数为 0.097，因此可得到如下回归方程：

语文成绩 = 0.230 × 语文能力自我 + 0.097 × 语文情感自我

由回归方程可知，在其他变量保持一定的条件下，"语文能力自我"增加一个单位，将引起"语文成绩"平均增加 0.230 个单位；"语文情感自我"增加一个单位，将引起"语文成绩"平均增加 0.097 个单位。因此，语文能力自我和语文情感自我的回归系数与零有显著性差异，语文能力自我和语文情感自我能够比较好地解释说明语文成绩的变化，对语文成绩具有很好的预测作用。

（四）讨论

第一，语文自我概念与语文成绩存在显著的正相关。这与目前已有的研究结果是一致的。如徐富明等人（2008）认为[46]，中学生的一般学业自我概念和语文自我概念与其语文成绩存在显著的正相关，其中语文成绩与语文自我概念的相关程度要高于与一般学业自我概念的相关程度。李磊（2010）认为[47]，中学生语文学业自我与语文学习成绩呈现显著正相关。

第二，语文自我概念对语文成绩产生重要的影响，语文自我概念对语文成绩具有显著的预测作用。再深入语文自我概念的两个维度进行分析可得，语文能力自我和语文情感自我对语文成绩都产生重要的影响，两者都对语文成绩都有重要的预测作用。从标准回归系数看，语文能力自我比语文情感自我对语文成绩的影响会大一些。这与目前已有的研究结果是一致的，如：李磊（2010）认为[47]，语文一般学业自我对语文成绩的预测力最强。事实上，学业自我概念与学业成绩之间的因素关系，可以用已有的理论模型解释，即目前已形成了解释其因果关系的几种理论模型：自我增强模型、技能发展模型、交互影响模型、发展观等。

（五）结论

第一，语文自我概念与语文成绩存在显著的正相关。

第二，语文自我概念及其两个维度（语文能力自我、语文情感自我）对语文成绩都产生重要的影响，它们对语文成绩具有显著的预测作用。

第四节 本章总结与反思

一、学业自我概念与学习之间的关系

学业自我概念对学生学习的情感和动机、学习的行为参与、学习的认知参与、学习成绩都产生重要的影响。反过来，学习对学业自我概念是否也产生重要的影响呢？由前面的研究可知，学习成绩对学业自我概念产生重要的影响，学习动机对学业自我概念也产生重要的影响。因此，有理由提出：学业自我概念与学习之间是相互影响的。也就说，学业自我概念对学习产生影响，反过来，学习对学业自我概念也产生影响。

许多学者认为，学业自我概念与学校中的学习存在正相关。对自己的学习能力有自信的，且有较好的自我价值感的学生一般具有更高的学习兴趣和动机，努力提高学习成绩。而学习成绩优异的学生一般都具有较高的自信，维持着高自尊。不过这些观点还需要进一步深入研究，特别是进行实证研究。

二、学业自我概念与学业成绩之间的关系

学业自我概念与学业成就的关系研究，特别是其因果关系的研究，需要深入具体学科（如语文、数学等）或学科特殊领域（如数学中的立体几何、语文中的古文阅读等）进行研究，才能使学业自我概念与学业成就的关系研究得以深入，才能更为深刻地揭示它们内在的必然的因果关系或相关关系。

学科学业自我概念（如数学自我概念、语文自我概念等）对学科学业成绩的影响部分是直接的，也有部分通过中介变量间接地影响学业成绩。如数学自我概念对数学成绩的影响，部分是直接地影响，也有部分通过数学学习动机、数学学习投入等中间变量间接地影响数学成绩。

本章参考文献

［1］曹飞，袁光秀.儿童学业成绩、学业自我和幸福观对幸福感的影响及启示［J］.当代教育科学，2018（2）：52-63.

［2］李山，余欣欣.初中生自我概念、自我监控学习行为、学习策略对学习成绩的影响［J］.宁波大学学报（教育科学版），2002，24（6）：18-22.

［3］柴晓运，龚少英.中学生数学学习投入：感知到的数学教师支持与数学自我概念的作用［J］.中国特殊教育，2015（6）：78-85.

［4］SCHAUFELI W B，SALANOVA M，GONZALEZ-ROMA V，et al. The measurement of engagement and burnout：A two sample confirmatory factor analytic approach［J］. Journal of Happiness Studies，2002（3）.

［5］KUHG D，KINZIE J，CRUCE T，SHOUP R，GONYEA R M. Connecting the dots：Multi-faceted analyses of the relationships between student engagements，results from the NSSE，and the institutional practice and conditions that foster student success. Unpublished manuscript，Indiana University Bloomington，Retrieved November 3，2006，from http：//www. Indiana. Edu/~csr/projects. Html # Current %20 Projects.

［6］张娜.国内外学习投入及其学校影响因素研究综述［J］.心理研究，2012，5（2）：83-92.

［7］刘在花.父母教育期望对中学生学习投入影响机制的研究［J］.中国特殊教育，2015（9）：83-89.

［8］范金刚.高中生学习投入与家庭心理气氛的关系［J］.校园心理，2010，8（4）：227-228.

［9］范金刚.高中生的学习投入与班级心理气氛的关系［J］.中国健康心理学杂志，

2010，18（9）：1115－1117.

[10] 韦芳玉，戴春林. 小学生家庭学习支持对学习投入的影响 [J]. 基础教育，2013，10（3）：98－104.

[11] 保旭明. 教师教学投入影响学生学习投入的个案研究 [J]. 教育学术月刊，2014（7）：93－99.

[12] 洪丽原，鹏莉，李婧. 教师期望、心理韧性对初中生学习投入的影响 [J]. 山东省团校学报，2014（4）：31－34.

[13] 李秀娟. 高中生情绪调节、自我效能感与学习投入的关系探究 [J]. 社会心理科学，2014，29（8）：16－20.

[14] 周鹏生. 少数民族中学生自我和谐的发展特点及其对学习投入的影响 [J]. 中国特殊教育，2015（9）：90－96.

[15] 郭成，何晓燕，张大均. 学业自我概念及其与学业成绩关系的研究述评 [J]. 心理科学，2006，29（1）：133－136.

[16] 梁好翠. 初中生数学自我概念的调查与分析 [J]. 数学教育学报，2010，19（3）：42－45.

[17] 梁好翠. 教师期望对学生数学自我概念影响的定量分析 [J]. 初中数学教与学（人大复印报刊资料），2014（12）：40－43.

[18] MARSH H W, KÖLLER O. Unification of theoretical models of academic self-concept / achievement relations：Reunification of east and West German school systems after the fall of the Berlin Wall [J]. Contemporary Educational Psychology, 2004, 29（3）：264－282.

[19] TRAUTWEIN U, LÜDTKE O, KÖLLER O, et al. Self-esteem, academic self-concept, and achievement：How the learning environment moderates the dynamics of self-concept [J]. Journal of Personality and Social Psychology, 2006, 90（2）：334－349.

[20] 姜金伟，姚梅林. 学业自我概念对技工学生学校投入的影响——群体内部认同的中介作用 [J]. 心理发展与教育，2011，27（1）：59－64.

[21] 梁好翠. 初中生数学自我概念对数学成就影响机制的研究 [J]. 数学教育学报，2013，22（1）：51－54.

[22] 唐楠. 初中生英语自我概念和英语课堂焦虑对英语成绩的影响 [D]. 开封：河南大学，2015.

[23] 郭成，何晓燕，张大均. 学业自我概念及其与学业成绩关系的研究述评 [J]. 心理科学，2006，29（1）：133－136.

[24] 梁好翠. 初中生数学自我概念的调查与分析 [J]. 数学教育学报，2010，19（3）：42－45.

[25] 李叶，田学红. 初中生学业自我概念与学业成就的相关研究 [J]. 湖北民族学院学报（哲学社会科学版），2002，20（3）：76－79.

[26] 徐富明，施建农，刘化明. 中学生的学业自我概念及其与学业成绩的关系 [J]. 中国临床心理学杂志，2008，16（1）：59－62.

[27] 姚计海，屈智勇，井卫英. 中学生自我概念的特点及其与学业成绩的关系 [J].

心理发展与教育，2001，17（4）：57－64.

［28］周琳. 初中生数学焦虑、数学学业自我概念及其对数学成绩的影响［D］. 开封：
河南大学，2008.

［29］刘喆. 大学生数学自我效能、自我概念与数学学业成绩关系的研究［J］. 数学教
育学报，2009，18（6）：37－41.

［30］田仕芹. 高等数学学习自我效能感的调查分析［J］. 数学教育学报，2011，20
（5）：66－69.

［31］喻平. 数学教育心理学［M］. 南宁：广西教育出版社，2004.

［32］温忠麟，张雷，侯杰泰，等. 中介效应检验程序及其应用［J］. 心理学报，
2004，49（4）：614－620.

［33］梁好翠. 初中生数学自我概念的调查与分析［J］. 数学教育学报，2010，19
（3）：42－45.

［34］周琳. 初中生数学焦虑、数学学业自我概念及其对数学成绩的影响［D］. 开封：
河南大学，2008.

［35］李叶，田学红. 初中生学业自我概念与学业成就的相关研究［J］. 湖北民族学院
学报（哲学社会科学版），2002，20（3）：76－79.

［36］徐富明，施建农，刘化明. 中学生的学业自我概念及其与学业成绩的关系［J］.
中国临床心理学杂志，2008，16（1）：59－62.

［37］姚计海，屈智勇，井卫英. 中学生自我概念的特点及其与学业成绩的关系［J］.
心理发展与教育，2001，17（4）：57－64.

［38］梁好翠. 初中生数学自我概念对数学成就影响机制的研究［J］. 数学教育学报，
2013，22（1）：51－54.

［39］张娜. 国内外学习投入及其学校影响因素研究综述［J］. 心理研究，2012，5
（2）：83－92.

［40］FURRER C J, SKINNER E A. Sense of relatedness as a factor in childrenácademic engage-
ment and performance［J］. Journal of Educational Psychology, 2003, 95：148－162.

［41］周琰，谭顶良. 初中数优生、数困生的数学学习投入研究［J］. 中国特殊教育，
2010，17（12）：53－57.

［42］COHEN J. Statistical Power Analysis for the Behavioral Sciences［DB/OL］.（2015－
02－10）［2018－05－10］http//www. lrdc. pitt. edu/schneider/P2465/Readings/Co-
hen,%201988%20（Statistical%20Power,%20273－406）.

［43］叶颖瑜，何林建. 大学生自我概念和成就目标、学习投入的关系［J］. 湖北函授
大学学报，2014，27（8）：47－48.

［44］柴晓运，龚少英. 中学生数学学习投入：感知到的数学教师支持与数学自我概念
的作用［J］. 中国特殊教育，2015，（6）：78－85.

［45］孔企平. 数学教学过程中的学生参与［M］. 上海：华东师范大学出版社，2003.

［46］徐富明，施建农，刘化明. 中学生的学业自我概念及其与学业成绩的关系［J］.
中国临床心理学杂志，2008，16（1）：59－62.

［47］李磊. 中学生语文学业自我及其与语文成绩的关系研究［D］. 重庆：西南大
学，2010.

第五章

民族地区农村学生学业自我概念与个体心理因素的相关性研究

在第三章和第四章，探讨了学业自我概念的一些相关性问题，如学业自我概念与学习投入、学业自我概念与学习成绩等。本章首先分析学业自我概念与学生个体心理因素的关系，提出学业自我概念、个体心理因素、学业环境的关系模型，然后重点研究学业自我概念与学习坚持性、学业自我概念与学生心理健康的关系。

第一节　学业自我概念与个体心理因素的关系

学业自我概念就是指个体在学业情境中形成的对自己在学业发展方面的比较稳定的认知、体验和评价，包括对自己在不同学业领域中的学业能力、成就、情感以及方法等的认知、体验和评价。具体到某学科，如数学和语文学科，数学自我概念是指学生在学校情境中形成的对自己在数学学业方面的特长、能力和知识形成的比较稳定的认知、体验和评价，它是学生自我意识中的数学自我的知觉和评价，是学生通过对数学活动、自我属性和社会环境的经验体验及对经验的理解而形成的。语文学业自我是从语文这个具体学科角度来考察学生的语文学习状况，是指学生在学业学习过程中形成的对自己语文学业各方面比较稳定的认识、体验和评价，包括语文学习能力、语文学习成就、语文学习情感和语文学习行为等方面的认识、体验和评价。它们都是由个体对自身学习的观念、情感和态度组成的混合物，它是个体对自己的综合看法，是在过去与环境相互作用而形成的经验的基础上建立的，主要受到他人的强化和评价的影响。它的影响因素有个体内部因素和外部因素。

因此，提出如下设想：学业自我概念、学生个体心理因素、学业环境（包括社会、家庭、学校等）之间存在一定的相关关系，它们各自下面也存在一些子因素和子子因素等，因素之间也可能存在某种关系，诸如相关关系、因果关系等，这些关系在不同别类的学生间也存在一定的差异，甚至是非常显著的差异。在这些关系中，学业自我概念直接影响其他的心理成分，也可以作为中介变量影响着其他心理因素，同时也影响着学生学习生活的方方面面。专业自我概念、专业心理因素、专业环境的关系图如图 5－1 所示。

在这些关系中，有些相关关系已得到初步的实证，取得了一定的成果，揭示了其中存在的一些规律，如教师对学业自我概念产生的重要影响等。但还有许多关系或问题有待去研究

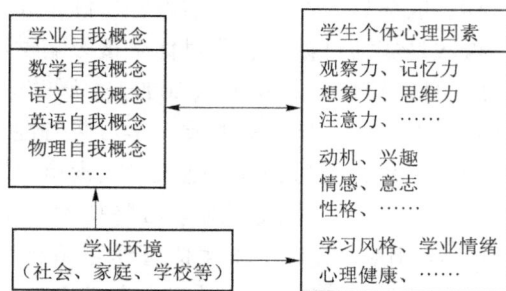

图5-1　学业自我概念、学生心理因素、学业环境的关系图

或进一步深入研究，如：学业自我概念与某一心理因素是否存在相关关系，相关程度如何，是否存在因果关系及因果关系的顺序如何，相关影响的机制如何，是否存在中间变量，有哪些中间变量，它们的中介效应如何，等等。

第二节　中学生学业自我概念与学习坚持性的关系

教育工作者一直关注在校生的学业坚持性。有研究表明，自我概念有助于提高学生的学业坚持性，而学业坚持性又最终影响到学生的辍学率。这对民族地区农村中小学教育而言是一个十分重要的现实问题。

一、学习坚持性的相关研究及问题的提出

关于学习坚持性的概念内涵，目前的认识基本一致。张林等人（2003）认为[1]，学习坚持性是指学生遇到学习困难与障碍或外界无关刺激影响时坚持努力的程度。石世祥（2009）认为[2]，学习坚持性是指在遇到学习困难与障碍或外界无关刺激影响时，学习者为完成学习任务而持续地克服困难、坚持努力的程度。学习坚持性通常是指自觉、积极、主动地把注意力集中在学习上，排除干扰、克服不利因素，较长时间保持努力学习的一种学习品质。

学习坚持性影响着学业成就和完成学业情况，对学业成就具有预测作用。例如，张林等人（2003）研究发现[1]，中学生的学习策略运用、学习效能感、学习坚持性与学业成就之间都存在显著的正相关；学习策略运用、学习效能感直接影响学生的学业成就，学习坚持性则通过影响学生学习策略的运用间接影响学业成就，学习效能感与学习坚持性二者相互影响；学习策略运用、学习效能感、学习坚持性对学业成就的影响效应依次为学习效能感最大，其次是学习策略运用，再次是学习坚持性。魏军等人（2014）研究表明[3]，小学生学习坚持性与自我效能感、内在价值感、学习投入、学业成就均显著正相关，学习坚持性可以部分中介自我效能感与学习投入、内在价值感与学习投入之间的相关，学习坚持性通过学习投入的中介作用影响学业成就。

学业自我概念与学习坚持性存在正相关，它们存在着密切的关系。例如，朱丽芳（2005）[4]以大学生为研究对象，探讨学业自我概念、成就目标定向与学习坚持性的关系，结果表明：大学生的学习坚持性存在显著的学科和学历、年级和学历的交互作用。学业自我概念直接影响学生的学习坚持性，同时学业自我概念还通过影响学习目标间接影响学习坚持

性。学业自我概念、学习目标、成绩目标可以预测学习坚持性，其中预测性最高的是学业自我概念，其次是学习目标，再次是成绩目标。学习目标直接影响学习坚持性，同时还可通过成绩目标间接影响大学生的学习坚持性。石世祥（2009）[2]研究表明，大学生的学习坚持性、自我监控及责任心在学科类型上并无显著的差异。学习坚持性与一般责任心、个体责任心和社会责任心有着显著的相关关系，而与表演、他人导向没有显著的相关关系。

家长的投入、学生的学习动机和归因方式等对学习坚持性产生重要的影响。秦晶等人（2015）[5]研究发现，学习动机与归因方式对中学生体育学习坚持性产生重要的影响。张骊凡等人（2017）研究发现，中小学生的家长投入对子女学习坚持性产生重要的影响。他们认为，家长投入中的学业社会化、基于家庭的投入和基于学校的投入均正向预测子女的学习坚持性，而掌握目标在其中具有显著的正向中介作用，表现回避目标具有部分的反向中介作用，表现趋近目标不具有中介作用。

本研究的目的是了解民族地区农村中学生学习坚持性的基本情况，探讨民族地区农村中学生学业自我概念对学习坚持性的影响及其影响程度，为提高民族地区农村中学生的学业自我概念和学习坚持性提供参考。

二、对象与方法

（一）研究对象

选取钦州市钦北区两所乡镇中学共计 560 名中学生作为研究对象，有效样本为 545 人，其中初一 120 人（男 61 人、女 59 人），初二 102 人（男 50 人，女 52 人），初三 106 人（男 53 人、女 53 人），高一 104 人（男 53 人、女 51 人），高二 113 人（男 56 人、女 57 人）。其中，壮族 456 人、汉族 81 人、其他民族 8 人。

（二）研究工具

（1）学业自我概念量表

学业自我概念量表是从由陈国鹏修订马什（1992）的自我描述问卷Ⅱ中选取出的与学业自我概念有关的 30 道题目组成的。如："我很想上语文课""我的数学总是很好""我很想上数学课""在大多数的课程学习中，同学们都会来找我帮忙"等，包括语文自我概念、数学自我概念和一般学校情况自我概念等三个维度（或分量表）。采用五点计分法，供选项有"完全不符合""比较不符合""不确定""比较符合"和"完全符合"等 5 项。经研究，量表的克伦巴赫系数为 0.876，具有较高的信度。

（2）中学生学习坚持性问卷

该量表根据周步成的《学习适应性问卷》"毅力"内容量表修订而成，共 17 道题，测查学生在遇到学习困难与学习障碍或外界无关刺激时坚持努力的程度。评分方法采用三点记分，分数越高代表学习坚持性程度越高。经研究中，本问卷的克伦巴赫系数为 0.814，具有较高的信度。

（三）研究程序

问卷调查在统一的指导语下进行，时间为 15 分钟。采用随机整群抽样的方法，发放560 份问卷，最后收回有效问卷 545 份。其中初一、初二、初三、高一、高二分别为 120、102、106、104、113 份。

以期中考试的语文成绩和数学成绩的平均分作为学业成绩。按"平均值 M ± 标准差 SD"

区分办法，将学业自我概念得分分为三个水平，各水平学生人数为：优良组（84人）、一般组（378人）和不良组（83人）。

所有的数据采用 Excel 2003、SPSS22 for Windows 进行数据处理和统计分析。

三、结果与分析

（一）中学生学业自我概念和学习坚持性的基本情况

对初一到高二学生的学业自我概念和学习坚持性得分情况进行统计，基本情况见表5-1。从表5-1看出，民族地区农村中学生学习坚持性得分平均分为34.54，处于中等水平，说明学习毅力状态一般。由图5-2可知，得分为18~22分的有12人，说明极个别学生的学习坚持性很差；从人数分布图的情况看，峰偏向左边，说明相当一部分学生的学习坚持性不好。

表5-1　学业自我概念和学习坚持性得分情况统计表

项目	最小值	最大值	平均值	标准差
学习坚持性	18	51	34.54	7.772
学业自我概念	43	140	93.39	16.088
数学自我概念	10	50	29.50	7.552
语文自我概念	10	50	33.50	6.606
学校一般情况自我概念	12	48	30.39	7.005

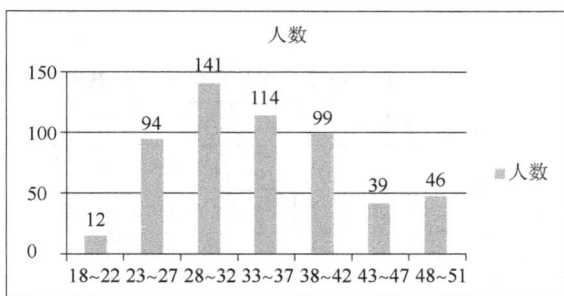

图5-2　学习坚持性得分各分数段的人数统计图

（二）中学生学业自我概念与学习坚持性的相关性分析

对中学生学业自我概念、学习坚持性、学业成绩相关分析，结果见表5-2。由表5-2可知，学生学业自我概念及其三个分量（语文自我概念、数学自我概念、学校一般情况自我概念）、学习坚持性、学业成绩之间两两存在显著的正相关。可见，它们之间存在密切的关系。

表5-2　学业自我概念、学习坚持性、学业成绩相关分析表

项目		学业自我概念	数学自我概念	语文自我概念	学校一般情况自我概念	学习坚持性	学业成绩
学业自我	相关系数	1.000	0.747**	0.652**	0.876**	0.354**	0.379**
	显著性		0.000	0.000	0.000	0.000	0.000
数学自我	相关系数	0.747**	1.000	0.097*	0.545**	0.295**	0.371**
	显著性	0.000		0.024	0.000	0.000	0.000

项目		学业自我概念	数学自我概念	语文自我概念	学校一般情况自我概念	学习坚持性	学业成绩
语文自我	相关系数	0.652**	0.097*	1.000	0.451**	0.163**	0.128**
	显著性	0.000	0.024		0.000	0.000	0.003
学校自我	相关系数	0.876**	0.545**	0.451**	1.000	0.341**	0.350**
	显著性	0.000	0.000	0.000		0.000	0.000
学习坚持性	相关系数	0.354**	0.295**	0.163**	0.341**	1.000	0.743**
	显著性	0.000	0.000	0.000	0.000		0.000
学业成绩	相关系数	0.379**	0.371**	0.128**	0.350**	0.743**	1.000
	显著性	0.000	0.000	0.003	0.000	0.000	

（三）不同水平学业自我概念学生学习坚持性的差异

为考察不同水平学业自我概念学生的学习坚持性差异情况，对其进行单因素方差分析，结果见表5-3。由表5-3可知，不同水平学业自我概念学生的学习坚持性存在非常显著的差异。进一步两两检验，结果见表5-4，由表5-4可知，学业自我概念优良组、一般组和不良组两两之间存在显著差异。再进一步计算其差异的效应大小，学业自我概念优良组学生与一般组、不良组的学习坚持性的差异效应程度达到中等效应或大效应，一般组与不良组的差异程度只是小效应。

表5-3　不同水平学业自我概念学生的学习坚持性方差分析表

差异来源	平方和	自由度	均方	F	显著性
组间	3 567.211	2	1 783.605		
组内	29 290.268	542	54.041	33.005	0.000
总计	32 857.479	544			

表5-4　两两检验结果表

（I）学业自我等级	（J）学业自我等级	平均差（I−J）	标准差	显著性	95%置信区间		效应大小	
					下限值	上限值	效应值	效应判断
优良组	一般组	4.603*	0.757	0.000	2.82	6.38	0.081 4	中等效应
	不良组	6.732*	0.858	0.000	4.72	8.75	0.174 4	大效应
一般组	优良组	−4.603*	0.757	0.000	−6.38	−2.82	0.081 4	中等效应
	不良组	2.128*	0.770	0.016	0.32	3.94	0.020 0	小效应
不良组	优良组	−6.732*	0.858	0.000	−8.75	−4.72	0.174 4	大效应
	一般组	−2.128*	0.770	0.016	−3.94	−0.32	0.020 0	小效应

（四）学业自我概念对学习坚持性的影响

以学业自我概念为自变量，学习坚持性为因变量进行线性回归分析，回归分析结果见表5-5和表5-6。由表5-5可知，$F=78.641$，$P<0.01$；由表5-6可知，回归分析效

果非常显著。标准回归系数 β 为 0.356，决定系数 R^2 为 0.127，$t = 8.868$（$P < 0.01$）。这说明学业自我概念对学生学习坚持性具有很好的预测作用，可以解释学生学习坚持性的 12.7% 的变异。

表 5－5　学业自我概念对学习坚持性的回归分析表

模型		平方和	自由度	均方	F	显著性
1	回归	4 026.447	1	4 026.447	78.641	0.000
	残差	27 801.679	543	51.200		
	总计	31 828.126	544			

表 5－6　回归分析的标准系数表

项目	非标准回归系数		标准回归系数	t	显著性	R	R^2
	B	标准错误					
（常量）	14.807	1.807		8.194	0.000		
学业自我概念	0.169	0.019	0.356	8.868	0.000	0.356	0.127

进一步，以学业自我概念的三个分量（语文自我概念、数学自我概念和学校一般情况自我概念）为自变量，学习坚持性为因变量采用逐步进行方式进行线性回归分析，回归分析结果见表 5－7~表 5－10。由表 5－7 可知，第一个进入回归方程的变量是学校一般情况自我概念，形成回归模型 1；第二个进入回归方程的变量是数学自我概念，形成回归模型 2；而语文自我概念没有进入回归方程。由表 5－8 和表 5－9 可知，最终的模型是回归模型 2。由表 5－10 得，学校一般情况自我概念的标准回归系数是 0.259，数学自我概念的标准回归系数是 0.154。因此，学校一般情况自我概念和数学自我概念对学习坚持性都产生重要的影响，其中学校一般情况自我概念比数学自我概念的影响作用要大一些，它们对学习坚持性具有重要的预测作用。

表 5－7　自变量逐步进入回归方程的情况表

模型	已输入变量	方法
模型 1	学校一般情况自我概念	步进准则：F-to–enter 的概率 <=0.050，F-to–remove 的概率 >= 0.100
模型 2	数学自我概念	步进准则：F-to–enter 的概率 <= 0.050，F-to–remove 的概率 >= 0.100

表 5－8　回归分析的模型摘要表

模型	R	R^2	调整后 R^2	标准估算的错误
模型 1	0.343[a]	0.117	0.116	7.193
模型 2	0.366[b]	0.134	0.131	7.131
a. 预测变量：（常量），学校一般情况自我概念				
b. 预测变量：（常量），学校一般情况自我概念，数学自我概念				
c. 因变量：学习坚持性				

表 5-9　回归分析的 ANOVA 表

模型		平方和	自由度	均方	F	显著性
模型 1	回归	3 737.316	1	3 737.316	72.243	0.000[b]
	残差	28 090.810	543	51.733		
	总计	31 828.126	544			
模型 2	回归	4 264.359	2	2 132.180	41.926	0.000[c]
	残差	27 563.766	542	50.856		
	总计	31 828.126	544			
a. 因变量：学习坚持性						
b. 预测变量：（常量），学校一般情况自我概念						
c. 预测变量：（常量），学校一般情况自我概念，数学自我概念						

表 5-10　回归分析的系数表

模型		非标准回归系数		标准回归系数	t	显著性
		B	标准错误			
模型 1	（常量）	19.227	1.373		14.004	0.000
	学校一般情况自我概念	0.374	0.044	0.343	8.500	0.000
模型 2	（常量）	17.419	1.473		11.829	0.000
	学校一般情况自我概念	0.283	0.052	0.259	5.430	0.000
	数学自我概念	0.155	0.048	0.154	3.219	0.001
a. 因变量：学习坚持性						

四、讨论

（一）民族地区农村中学生学业自我概念与学习坚持性的相关性

研究结果表明，民族地区农村中学生学业自我概念及三个分量与学习坚持性存在显著的正相关，学业自我概念与学习坚持性存在密切的关系。这与目前已有的研究结论是一致的[2-4]。事实上，学业自我概念就是指个体在学业情境中形成的对自己在学业发展方面的比较稳定的认知、体验和评价，包括对自己在不同学业领域中的学业能力、成就、情感以及方法等的认知、体验和评价。在本研究中，学业自我概念包括语文自我概念、数学自我概念、学校一般情况自我概念等三个维度，其中语文自我概念包括语文能力自我、语文情感自我两个维度，数学自我概念也包括数学能力自我和数学情感自我两个维度。而学习坚持性则是学生遇到学习困难与障碍或外界无关刺激影响时坚持努力的程度，是自觉、积极、主动地把注意力集中在学习上，排除干扰、克服不利因素，较长时间保持努力学习的一种学习品质。如果学生认为自己有能力把学习搞好，对学习有感情，一旦学习目标确定，他就会努力学习，克服一切困难。不管是遇到学习上的什么困难或障碍，他都会想方设法去克服，去完成学习任务，表现出坚定的学习意志和学习信念，表现出坚持不懈和刻苦勤学，表现出满腔热情，信心百倍，披荆斩棘，勇往直前，有不达目的决不罢休的气概。如果学生认为自己能力不足，即能力自我较差，他就认为不管怎么用功，花多少时间和精力，都不会把学习搞好，学习成绩依然很差，这样他在学习上表现出意志不够坚定，学习坚持性就较差。因此，学业自我概念与学习坚持性之间存在密切的关系。

（二）民族地区农村中学生学业自我概念对学习坚持性的影响

研究结果表明，学业自我概念对学习坚持性产生重要的影响，对学习坚持性具有预测作用。这与目前已有的研究结果类似。朱丽芳（2005）研究结论表明[4]，学业自我概念、学习目标直接影响大学生的学习坚持性。学业自我概念还可通过学习目标直接影响或学习目标通过成绩目标间接影响大学生的学习坚持性。学业自我概念、学习目标和成绩目标可预测学习坚持性，其中学业自我概念的预测性最大，其次是学习目标，再次是成绩目标。事实上，个体的自我概念对行为起着自我调节与定向的作用。如果学生具有优良的学业自我概念，那么他对自己的学习方面的认识就比较全面，对自己的学习能力评价就比较高，在面临各种学习困难或外界无关因素干扰时坚持性也比较高。也就是说，如果学生具有优良的学业自我概念，那就会促使学生个体在学习活动中花费更多的时间去努力学习，持之以恒，直到完成学习任务为止。

研究结果也表明，学校一般情况自我概念和数学自我概念对学习坚持性也都产生重要的影响，其中学校一般情况自我概念比数学自我概念的影响作用要大一些，它们对学习坚持性具有重要的预测作用。语文自我概念对学习坚持性的影响不是很大。目前关于这方面的研究少，没有见到相关的报道，这也许是本研究在本研究群体中的一个发现。在本研究中，学习坚持性只是针对一般性的学习状态的坚持性，没有涉及具体的学科，如语文、数学等，因此，语文自我概念、数学自我概念对学习坚持性就不如一般学校情况自我概念。另外，对于语文自我概念和数学自我概念而言，数学自我概念对学习坚持性影响较大，具有很好的预测作用，而语文自我概念对学习坚持性的影响不大。这又进一步说明了，由于数学学科的特殊性，如高度抽象性、逻辑严谨性、符号化等特征，在一定程度上影响着学生的学习坚持性。

五、结论

第一，民族地区农村中学生学习坚持性处于中等水平，他们的学习毅力状态一般。

第二，民族地区农村中学生学业自我概念及其三个分量（语文自我概念、数学自我概念、学校一般情况自我概念）、学习坚持性、学业成绩之间两两存在显著的正相关。

第三，不同水平学业自我概念中学生的学习坚持性存在非常显著的差异。

第四，学业自我概念对学生学习产生重要的影响，对学习坚持性具有很好的预测作用。其中，学校一般情况自我概念和数学自我概念对学习坚持性都产生重要的影响，学校一般情况自我概念比数学自我概念的影响作用要大一些，它们对学习坚持性具有重要的预测作用。语文自我概念对学习坚持性的影响没有达显著水平。

第三节　中小学生学业自我概念与心理健康的关系

一、中小学生心理健康

（一）心理健康的含义

1948 年，世界卫生组织成立，并在其颁发的章程中对健康进行定义："健康不仅仅是没有疾病和症状，而是一种个体在身体上、精神上和社会上的完全安宁状态。"因此，健康不只狭义地指身体健康，心理健康也作为健康的一个重要的部分。

目前，对心理健康的定义，还没有统一的说法，而是各执一词。在我国，代表性的定义有：黄希庭认为[6]，心理健康是个体在心理上的以及社会方面的适应与完好的一种状态。林崇德认为[7]，心理健康是个体心理在无病状态的基础上主动积极向上努力发展的一种心理状态。姚本先认为[8]，心理健康是指个体在与环境的互动过程中，在生理、心理和社会性这三个方面所达到的协调一致的状态。陈雪枫等人在《中小学生心理测评与心理档案》[9]一书中指出，大多数心理学家倾向于用以下特性作为心理健康的衡量标准：

一是对现实的充分感知。健康的人在估计他们的反应能力或解释客观世界时是十分现实的，他们既不会因为高估自己而强求承担超过自己能够胜任的任务，也不会因为低估自己而逃避具有一定难度的任务。

二是健全的自我意识。健康的人能够更深地意识到自己的重要的情感与动机，并且能够更有效地进行自我调节。

三是自我控制能力。健康的人可以随意运用意志的力量控制和指导自己的行为，行为具有目的性和自觉性，而不受冲动的控制。

四是稳定而快乐的情绪。健康的人能够理智地看待并且接受自己以及外界，他们精力充沛，热爱生活，不会沉浸在悲叹、抱怨或悔恨之中，而是奋发向上，积极而独立。

五是自尊和认可。健康的人有明确的人生目标，并且在追求和逐渐接近目标的过程中会体验到自我价值以及社会的承认与赞许。他们既从这种认同感中巩固自信与自尊，同时又不会一味地屈从于社会与他人的舆论。

六是和谐的人际关系。健康的人对人际关系有很好的适应能力，他们尊重自己和他人的需要与情感，因为既能保持自己的立场与见解，又不会将之强加于人，更加不会"己所不欲而施于人"。

综上所述，研究者认为，心理健康是指个体积极的情感态度以及良好的主动适应性。

（二）心理健康内在机制的理论观点概述

对于心理健康的内在机制，心理学进行了长期的探索和研究，各种理论观点层出不穷，主要反映在精神分析理论学派和人本主义理论学派[9-10]。

1. 弗洛伊德的人格结构冲突理论

精神分析学派的创始人、奥地利心理学家弗洛伊德（Sigmund Freud）在《自我与伊底》（1923 年）一书中提出了新的人格结构观点，即认为人格是一个整体，它包括三个部分：本我、自我和超我。这三部分互相影响，在不同的时间内，对个体行为产生不同的支配作用。

本我是人格中最原始的、也最难以接近的部分，由一些与生俱来的冲动、欲望或能量构成，包括性和攻击的本能。本我包括最基本的心理能量，即所看重的性本能。本我没有价值判断，不知善恶，不分是非，不考虑实现条件，只寻求直接的满足、受快乐原则支配。

自我处于本我与超我之间，自我能够协调本我和外部世界的关系，即自我在本我与外部世界之间起中介作用，它遵循现实原则，依据现实条件调节、控制或延迟本我需要的满足。另一方面，自我还协调本我与超我的关系。

超我则居高其上，是社会道德化了的我，它也是从自我中分化和发展起来的。超我代表了道德的力量，遵循完美原则。

本我的目的在于追求快乐，自我的目的在于追求现实，超我的目的在于追求完美。在通常情况下，本我、自我和超我是处于协调和平衡状态的，从而保证了人格的正常发展。但如果三者失调乃至被破坏，就会产生神经症，即引起焦虑，危及人格的健康和发展。弗洛伊德将焦虑分为三类：

一是现实性焦虑。这是一种由于感受到外部环境中真实的危险，如毒蛇、猛兽等而产生的情绪反应，是一种正常的恐惧，有助于保护自己。

二是神经性焦虑。这是自我不能控制本我的冲动而产生的反应，它产生于满足本我的本能需要的过程中潜在的危险，它的恐惧又并非本我本身，而是受本我支配的行为可能带来的不良后果或惩罚。

三是道德性焦虑。源于对自己良心的谴责，是个体行为与超我价值观相冲突导致的羞耻感和内疚感，故而道德焦虑的水平依赖于良心的发展水平。

弗洛伊德指出，如果不采取一定的策略来缓解和消除这些焦虑，久而久之，就引起心理失常，甚至导致精神病的发生。对此，弗洛伊德提出了一些防御机制：压抑、退行、合理化/文饰作用、投射、反向作用、转移、升华等。

2. 阿德勒的缺陷补偿理论

阿德勒（Alfred Adler）是精神分析学派的核心成员之一，但由于公开反对弗洛伊德的泛性论，两人关系最终破裂。阿德勒认为，克服自卑感和追求卓越是人格发展的动力，指出社会兴趣在人格健康发展中扮演了重要的角色。

阿德勒认为，人类奋斗的动力来源于克服自身不足的强烈愿望。首先，将自卑与身体上的缺陷联系在一起。那些生而具有缺陷的儿童，为了弥补自身不足带来的自卑，将会努力补偿。后来他扩展了自卑的内涵，把任何身体的、心理的和社会的障碍，不论是真的还是想象的，都包括在内。人对终极完美状态的追求称为追求卓越。以自卑为个人奋斗的原动力，以卓越为追求的终极目标，人生的主题就是自卑和超越。人无完人，由于这些不可避免的缺陷而使每个人都会产生自卑心理，进而使人产生对优越的渴望，即好胜心。自卑和好胜的矛盾便推动每一个人为克服或补偿其缺陷而不断努力，期望获得成功。他认为，个体克服自卑和追求卓越是普遍存在的，只是每个人的不足和目标都不一样，那么在达到目标的过程中，人们的行为方式也是不尽相同的。他把个体补偿自卑感的活动中形成的独特的反应模式称为生活风格，并将生活风格分为四大类型：控制型、索取型、回避型和社会型。其中控制型的人专横、冷酷，缺乏社会兴趣和勇气，以伤害他人为乐，总会令他人陷于极大的痛苦之中。而社会型的人互相尊重和关爱，养成了高贵的品质，有极高的社会兴趣，勇于面对现实，具有帮助他人和改善社会的才能。阿德勒把社会兴趣看作心理健康的标志性特征。

由于自卑与好胜的矛盾，有些人总会频频体验到目标不能实现的挫折感，长期如此，人就会逐渐被悲观失望的心理所笼罩，对环境的心理适应能力越来越差，最后在无意识中以患上精神病来逃避生活目标。

3. 霍妮的焦虑理论

美国心理学家、精神分析社会文化学派的领军人物霍妮（Karen Horney）于 1937 年提出了基本焦虑理论。她认为，基本焦虑是指一种在充满敌意的世界中所感受到的、无处不在的孤独感和无助感。认为童年时期最重要的是安全需要，而父母不适当的行为，例如，父母的支配，对孩子的嘲笑、羞辱等，则会破坏这种安全感，使儿童愤怒，感受到无助、惧怕、负罪等情绪，进而导致了基本焦虑。

当焦虑出现之后，为了对抗这种焦虑，人们会逐渐形成一些自我保护机制。这些保护机制，霍妮把它称为神经质的需要，它是一种防御焦虑的方式。她列举了 10 种常见的方式：友爱和赞许、权力、利用和剥削他人、社会认可与声望、个人崇拜、个人成就和野心、自足和自立、完美无缺、主宰其生活的伙伴、将自己的生活限制在狭窄范围内。健康的人也有这些需要，但神经质的人盲目执于一种或少数几数，而不能根据现实条件的变化来选择适当的目标。但是，过度的焦虑使得一些人追求成功的需要发展得如此迫切与强烈，以至于现实总是很难满足他们的需要。从而，没有得到满足的需要更进一步加深了他们的焦虑，由此造成了严重的恶性循环，导致了心理变态或精神障碍。

4. 艾里克森的自我概念发展理论

新精神分析学派的代表人物之一是艾里克森（Erik Homburger Erikson），他提出了自我同一性概念和自我概念发展的八个阶段理论。

他认为，自我是独立的力量，并具有信任、希望、自主、同一性、爱、创造、意志、智慧等一系列品质。自我同一性是指个体对过去、现在、将来"自己是谁"及"自己将会怎样"的主观体验。自我同一性具有一些特征，包括个体性、整体性和整合感、一致性和连续性以及社会团结性。自我同一性一旦形成，青年就具备了忠诚的品质，就能"尽管价值体系有着不可避免的矛盾，仍能效忠发自内心的誓言……"。倘若不能成功地解决本阶段的发展危机，青年的人格中就会留下不确定感。同一性不足的人情绪波动大，喜忧无常。

他认为自我概念在每个发展阶段上都会存在特定的危机，顺利度过危机有助于自我力量和心理适应能力的增强，并形成健康的心理品质。艾里克森关于人的八个阶段发展描述见表 5－11。

表 5－11　艾里克森关于人的八个阶段发展描述

阶段	各阶段的特征
基本信任对不信任（0～1 岁）	形成基本依赖的情感，避免恐惧不安，克服猜疑或不信赖的品质
自主性对羞愧和怀疑（1～3 岁）	形成自主感，避免失败体验，克服自我怀疑和羞怯
主动性对内疚感（3～5 岁）	发展求知欲、进取心和创造性思维，避免内疚和惩罚，克服胆怯
勤奋对自卑（5～12 岁）	产生勤奋感，形成逻辑思维能力，避免挫折，克服自卑
自我认同对角色混乱（12～20 岁）	形成自我概念同一性，即对自己过去、现在和将来，主观的自我和客观的自己，自我认识和他人对自己的评价等方面产生了比较清晰而且稳定的认知，避免自我同一性的混乱或角色混乱，克服优柔寡断，反抗权威、孤僻、社会适应不良甚至反社会的不良品质
亲密对孤独（20～24 岁）	从友谊和爱情中形成亲密、同情、爱等情感，避免孤立，克服情感混乱和孤独感
生产对停滞（25～65 岁）	形成关心他人的品质和创造性工作的能力，避免无所事事，克服自我关注和自私自利
完满对绝望（65 岁至死亡）	形成完美感和充实感，避免焦虑，克服绝望和对死亡的恐惧

艾里克森认为，社会环境因素决定心理健康品质的形成，其中父母、邻居、师生、伙

伴、友人、异性、合作或竞争的人们对人的不同阶段的发展产生了不同的、重要的影响。

5. 罗杰斯的自我不协调理论

美国心理家罗杰斯（Carl Ransom Rogers）是人本心理学的先驱，他提出的自我概念的协调统一对心理健康很有价值。他认为，自我概念是指个人经验中关于自己的所有知觉、认识和感受。这些经验是围绕"我是谁""我是什么样的人""我能干什么"等问题而形成的，它包括自己的特点和能力、自己与他人以及环境的关系。自我概念包括理想自我和真实自我，理想自我是个人最希望自己是什么样的人或应该是什么样的人，真实自我是自我概念中对自己真实状况的知觉。理想自我和真实自我之间的差距是一个人心理健康与否的指标，可用 Q 分类法进行测量。在现实生活中，有一些人的真实自我与希望中的理想自我是不相符合的，此时，这些人就会发生自我的不协调状态，这是一种紧张的内在的混乱状态，其后果就是适应不良，出现持续的焦虑。如果焦虑长期得不到缓解，心理障碍就会产生。另外，罗杰斯又指出，真实自我和理想自我之间的差距促进了人的身心发展，且使人始终表现出真实自我的倾向，并努力去实现理想中的自我。也就是说，只有一个自我实现了的人，才能真正具备健康的人格。

自我概念的测量：Q 分类法

罗杰斯在其临床实践中采用 Q 分类法来测量真实自我和理想自我之间的关系。Q 分类法的步骤如下：

（1）给被试 100 张 3cm×5cm 的卡片，上面写着许多描述自我的句子。例如，"我是精明的人""我对自己有一种积极的态度"，等等。

（2）要求被试按照"真实自我"对卡片进行分类，按照从"最像我的特征"到"最不像我的特征"要求把卡片分成 9 堆，每堆卡片的张数分别是 1、4、11、21、26、21、11、4、1。这样，卡片的分配成正态分布形态。

（3）把卡片全部弄混，重新做一遍，这一次要求被试按照"理想自我"对卡片进行分类，按照从"最像我的理想自我"到"最不像我的理想自我"要求分成 9 堆，每堆卡片的张数分别是 1、4、11、21、26、21、11、4、1。

（4）根据卡片的位置，给它们赋予 1~9 的值，计算真实自我与理想自我之间的相关系数。相关系数越高，说明一个人的真实自我和理想自我越相似，表示其心理越健康；相反，相关系数越低，说明一个人的真实自我和理想自我越不相似，表示其心理越不健康。

---

6. 马斯洛的自我实现论

美国心理学家、人本主义心理学的创始人马斯洛（Abraham Harold Maslow）于 1954 年提出了需要层次论。他提出，人有五种基本需要，分别是：①生理需要，如对食物、水、睡眠、性的需要。②安全需要，如对稳定、秩序、免受恐吓的需要。③归属和爱的需要，如需要被所在的群体接纳，需要得到周围人的关心、爱护、支持和异性的爱等。④尊重的需要，包括对实力、成就、优势、胜任、自信、独立和自由的需要，对地位、声望、荣誉、支配、赞赏的需要等。⑤自我实现的需要，即充分发挥自己潜能的需要。

自我实现是马斯洛理论中的一个中心概念，作为最高层次的需要，它指一个人希望自己的潜能得以发挥，希望干适合自己干的事情，希望成为他能够成为的那种人。他认为，如果一个人低层次的基本的生理需要长期得不到满足，他的身体健康必然会受到损害；同样，如果他的关于安全、从属和爱，以及自尊的心理需要长期得不到满足，他的心理健康也必然会受到损害。因此，一个健康的人，首先必须在这些方面的需要上得到充分满足，但这还不够，他还应该是一个满足了最高层次的需要，即自我实现的需要。即只有一个自我实现了的人，才真正具备健康的人格。

总之，心理健康的内在机制，还有许多心理学家的理论观点。然而，到目前为止，还没有一位心理学家的理论观点被公认为最为科学而全面的理论，他们从不同的角度或侧面去探讨和研究心理健康问题。这些理论观点为本课题的研究和讨论心理健康提供了一定的理论参考或依据。

（三）中小学生心理健康的保护策略

当面临紧张与焦虑这样的心理压力时，个体应该如何减少压力或焦虑？为此，不少心理学家提出了一些应对的策略或方法。如弗洛伊德提出了自我防御机制的概念，认为这是个体为减轻自身焦虑而无意识中采用的应付策略，表5-12就是弗洛伊德自我防御机制。

表5-12　弗洛伊德自我防御机制

防卫机制	防卫机制的内容要点
压抑作用	个体尽量将记忆和意识中由失败而引起的烦恼、焦虑、痛苦深埋于心底，避免正视它们，让时间去淡化一切。用弗洛伊德的语言来说，压抑就是将大部分力比多冲动排除到意识之外，由此可以暂时减轻冲突
退行作用	使个体以儿童的方式行动，从而避免成人角色所导致的焦虑
合理化/文饰作用	以社会认可的好理由来取代个人内心的真正需要，即所谓"吃不到葡萄就说葡萄是酸的"
投射作用	把个体内心的不被社会认可的冲动、态度和行为归咎于他人，或者转移到他人身上，减少对自身的压力
反向作用	当个体的行为受到良心或社会的谴责或制止之后，个体有意识地采取对抗行为，如逆反行为、固执行为、攻击行为，借以宣泄紧张情绪。即以与真实欲望相反的方式行事
转移作用	当某一目标无法实现时，个体就会转移到另一个比较安全和容易的目标上，借以减轻负担
升华作用	将本能的欲望以符合社会要求的高级形式表现出来。"化悲痛为力量"就是升华作用的一个典型

（四）中小学生心理健康的测验

如何正确有效地诊断一个人的心理健康状况，从而可以有的放矢地帮助个体解除压力，提高心理健康水平，是心理工作者面临的一个重要的问题。其中，正确地选择和运用心理测验是十分重要的工作环节。

目前，常见的有关心理健康状况的标准化测验主要有：

一是明尼苏达多相人格测验（简称MMPI）。该测验是由美国明尼苏达大学教授哈瑟韦和麦金力于20世纪40年代初期编制而成，70多年来一直被广泛应用于人格鉴定、心理疾病的诊断和治疗中，并且被译成了多国文字。我国宋维真等人自1980年开始，致力于该测验的修订工作，1984年正式修订出版中文版。MMPI共有566个自我报告式的题目，其中16个为重复题目，主要用于检验被试反应的一致性。

二是中小学生心理健康诊断测验（简称MHT）。该测验根据日本铃木清等人编制的不安倾向诊断测验编制，由我国华南师范大学心理系修订而成。测验由 8 个分量表100 道题目构成，分别是学习焦虑、对人焦虑、孤独倾向、自责倾向、过敏倾向、身体倾向、恐怖倾向、冲动倾向和一个效度量表（也称为说谎量表）。采用两点计分法，即选"a. 是"计1 分、选"b. 不是"计 0 分。

若以上任何一个分量表上的标准分超过 8 分时，就必须为他制订有针对性的特别指导计划。整个测验的总分在 65 分以上者，需要制订特别的个人指导计划。这种人在日常生活中有不适应行为，其目的是消除焦虑。当他们有攻击和暴力行为时，如果进行惩罚反而增强其焦虑，必须用其他方法进行指导。日常不引人注目的人，虽然不会给别带来麻烦，但不可放过，应制订计划以改变其退避的性格。说谎量表的得分范围是 0 ~ 10，如果测验得分在 7 分以上的人，要在适当时候重新进行测验。各分量表的含义见表 5 - 13。

表 5 - 13　各分量表的含义

序号	分量表名称	高分的含义	低分的含义
1	学习焦虑	对考试怀有恐惧，无法安心学习，十分关心考试分数	学习焦虑低，学习不会受到干扰，能正确对待考试成绩
2	对人焦虑	过分注重自己的形象，害怕与人交往，退缩	热情、大方、容易结交朋友
3	孤独倾向	孤独、抑郁，不善与人交往，自我封闭	爱好社交，喜欢寻求刺激，喜欢与他人一起
4	自责倾向	自卑，常怀疑自己的能力，常将失败、过失归咎于自己	自信，能正确看待失败
5	过敏倾向	过于敏感，容易为一些小事而烦恼	敏感性较低，能较好地处理日常事务
6	身体倾向	极度焦虑时，会出现呕吐失眠、小便失禁等明显症状	基本没有身体异常表现
7	恐怖倾向	对某些日常事物，如黑暗等，有较严重的恐惧感	基本没有恐惧感
8	冲动倾向	十分冲动，自制力差	基本没有冲动

三是中国中学生心理健康量表（简称 MMHI-60）[11]。该量表是由中国科学院心理研究所王极盛教授编制的，是在 1998 年对两万名被试调查研究的基础上而编制的。量表共包括 60 道题目，各题目采用五级评分法，所得分数越高，表示心理健康状况越差。该量表分 10 个因子：强迫症状、偏执、敌对、人际关系紧张与敏感、抑郁、焦虑、学习压力、适应不良、情绪不平衡、心理不平衡。量表 60 个项目和量表总分的相关在 0.40 ~ 0.76，各项目区分度良好；10 个分量表重测信度在 0.72 ~ 0.91，同质信度在 0.60 ~ 0.86，分半信度在 0.63 ~ 0.87，分量表与总量表的相关在 0.77 ~ 0.87，内容效度比较理想。

二、学业自我概念与心理健康关系的相关研究

关于中小学生自我概念与心理健康的关系，不少学者进行了探讨，取得了一定的成绩。

1. 城市小学生自我概念与心理健康的关系

关于小学生自我概念与心理健康的关系，有学者做了一些研究。例如，李培培（2014）[12]以北京市某区某民办小学 3 ~ 6 年级 342 名学生为研究对象，探讨小学生自我概念

与心理健康的关系，研究结果表明：①3～6 年级小学生的自我概念总分与心理健康总分之间呈显著负相关（$P < 0.01$），除心理健康中的孤独倾向、自责倾向因子外，自我概念总分与心理健康总分及其各因子分之间均呈显著负相关；自我概念中的能力自我、成就自我、自信自我、同伴自我均与心理健康总分之间呈显著负相关。因此，小学生积极的自我概念对心理健康的调节有很大的促进作用。②除了心理健康中的恐怖倾向之外，心理健康总分及其他各因子都可以至少由自我概念中的一个因子来预测。但自我概念各因子对小学生的心理健康水平的影响程度是不同的，其中能力自我是有效预测心理健康最重要的自我概念因子。

2. 普通中学生自我概念与心理健康的关系

关于普通中学生自我概念与心理健康的关系，不少学者做了研究，也取得了一定的成果。例如，刘惠军等人（2000）[13-14]对中学生自我概念与心理健康、抑郁情绪的关系进行研究，结果表明，中学生自我概念与心理健康存在密切的关系。具体结果如下：①心理健康状况良好组、一般组、较差组的学生在学业自我、非学业自我和自我概念总分上差异显著（$P < 0.001$）；在除能力、同伴、成就外的其余自我概念维度上也存在显著差异。②自我概念与心理健康各因子呈负相关，自我概念得分越低，症状因子得分越高；自我概念总分与心理健康各因子及总分之间均呈显著的负相关。学业自我概念除了与敌对、偏执两因子没有显著相关外，与其余的心理健康症状因子呈显著的负相关；与自我概念总分相关最高的四个心理健康因子是：抑郁、人际关系敏感、精神病性、强迫症状；与心理健康因子总分相关最高的三个自我概念维度是：家庭自我、班级自我和身体自我。③存在抑郁情绪学生的自我概念明显低于无抑郁倾向学生的自我概念，尤其是在家庭自我、班级自我、自信自我和能力自我四个维度上差异更为明显，在身体自我和同伴自我两方面的差异也有显著性。而抑郁状态学生的自我概念没有明显的性别和年级差异。

李祚山等人（2006）[15]以重庆市两中学 305 名学生为研究对象，探讨中学生自我概念与心理健康影响因素及其相互关系。研究结果表明：①无心理健康水平问题的得分组，自我概念各正向因子得分高，而负向因子自我批评得分低；心理健康问题越严重，自我概念各正向因子得分越低，而负向因子得分越高。②自我概念正向因子与心理健康各因子呈显著负相关，而负向因子自我概念则与心理健康各因子呈显著正相关。这表明，自我概念水平越高，心理健康状况越好；自我概念水平低，则心理健康状况也越差。③心理自我、社会自我、自我批评、家庭自我、自我满意对个体的心理健康有显著的预测作用。心理自我、社会自我和家庭自我的意识越强，其焦虑程度也就越低。而自我批评意识越强，其焦虑程度也就越高。

张涛（2006）[16]以重庆市、成都市、宜宾市三地各选择一所中学的初一到高三各个年级以整群随机方式选取一个班学生为研究对象，有效问卷 815 份。探讨中学生自我概念、对应方式以及对心理健康的影响进行研究，研究结果表明：①总体上看，中学生自我概念越积极，越可能采用积极的应对方式，其心理健康状况越好；反之，中学生自我概念水平越低，则越可能采用消极的应对方式，心理健康状况越差。②中学生自我概念对问题解决应对方式的预测作用最大，其次是发泄应对方式，最后是幻想应对方式；自我概念对心理健康有预测作用；各种应对方式对心理健康有预测作用。③中学生自我概念通过问题解决、幻想、发泄三种应对方式对心理健康有间接影响作用，但自我概念对心理健康的直接作用大于间接作用。

3. 农村留守中学生自我概念与心理健康的关系

针对农村留守中学生这一群体，邵敏等进行了初步的探讨。邵敏（2015）[17]以四川省巴中市的三所乡镇中学初一到高三496名农村留守中学生为研究对象，探讨农村留守中学生自我概念、心理健康与学业成绩的关系，研究结果表明：①农村留守中学生总体自我概念与总体心理健康存在显著的正相关，而自我概念的子量表中除了数学自我、体能自我以及诚实可信自我与心理健康总分的相关不显著，其余7个子量表与心理健康均呈显著正相关。②农村留守中学生心理健康与学业成绩之间存在显著正相关。农村留守中学生自我概念对学业成绩有显著的预测作用，对心理健康也有显著的预测作用；心理健康可以显著预测学业成绩。心理健康在自我概念与学业成绩之间起部分中介作用。

4. 进城务工流动儿童自我概念与心理健康的关系

针对进城务工的流动儿童自我概念与心理健康的关系问题，李晓燕等人做了研究。李晓燕等人（2016）[18]以北京市4所打工子弟学校9～15岁流动儿童644名和9～15岁城市普通儿童441名为研究对象，探讨流动儿童自我概念的发展及其与心理健康的关系，研究结果表明：①流动儿童自我概念及各因子与心理健康及各因子都存在显著的正相关，自我概念分数高，那么心理健康水平也高，即心理健康状况较好。②流动儿童学业自我概念对认知效能的预测要显著高于对于其他的预测，而非学业对情绪体验、人际交往和适应能力具有较高的预测。③流动儿童自我概念对心理健康有促进作用，自我概念各因子对心理健康有很好的预测作用。

5. 学习不良中学生自我概念与心理健康的关系

李艳红（2003）[19]以四所普通中学初中一、二、三年级的18个班级中抽取学习不良儿童126名和一般儿童162名共计288名初中生作为研究对象，探讨学习不良儿童自我概念、归因风格与心理健康的相关研究，研究结果表明：学习不良儿童的自我概念与心理健康呈较高正相关。其中，自我行动与心理健康总分、抑郁、人关系敏感呈较高正相关。自我总分也与心理健康总分、人际关系敏感、抑郁、强迫等因子呈较高负相关。这表明学习不良儿童自我各方面的评价与心理健康有关。

6. 中学生自我概念的偏差引起心理健康的问题

徐丹丹（2009）认为[20]，自我概念的偏差不利于中学生健康成长，从而产生一系列心理健康的问题，严重的，可能会危害社会和他人。其观点如下：

（1）社会自我概念的偏差，人际关系的敏感与退缩

有些中学生十分自卑，过分关注自己在他人眼中的形象，对他人的反应十分敏感，因而在人际交往中被动、胆小、易羞怯，害怕在公共场合出头露面，甚至发展为躲避与人交往。攻击、敌对和仇视行为。冲动性是中学生的行为特征，他们易采取直接简单的攻击行为方式来解决困境。如：与同学闹矛盾，说不了几句就会拳脚相加；对父母的责骂当面顶撞，甚至负气出走。

（2）情绪自我概念的偏差

情绪自我概念的偏差是指情绪上的紧张、焦虑和抑郁。有些中学生面对困难与矛盾时，陷入持久而深刻的不良情绪中，以至于不能进行正常的学习和生活，从而加深不良情绪，形成恶性循环，长期不能自拔。

（3）身体自我概念的偏差

中学生最明显、最直接的特征就是身体的基本变化。一些中学生对于生理发育的正常现象存在不当认识，如：中学生对于男女生的性别差异及性的成熟常常产生焦虑、烦躁；体型

变化较大、发育稍早或稍晚等。某种社会文化标准和成人不切实际的期待往往会损害中学生的身体自我概念。

（4）学业自我概念的偏差

由于学业自我概念的偏差所导致的学习障碍，如逃避学习、缺乏学习的动机，经常逃课，上课不认真，课后不复习；学习方法不当，虽很用功，但学习效率低，学习成绩提高不上去；长期的不良情绪直接影响学习的动机与效率。以上这些都严重地困扰着中学生的学习和生活，影响其心理的健康发展。

综合上述的研究可以发现，无论是小学生还是中学生，无论是普通中学生还是农村留守中学生和流动儿童，无论是正常普通学生还是学习不良学生，中小学生的自我概念与心理健康都存在密切的相关关系，自我概念对心理健康具有一定的预测作用。但是，目前的这些研究主要集中在自我概念与心理健康的关系，再进一步深入地讨论学业自我概念与心理健康的关系并不多。另外，针对某一类特别群体的学生诸如特殊中小学生、民族地区农村中小学生等相关研究也很少。

三、民族地区农村中学生学业自我概念与心理健康关系的专题研究

（一）研究目的

了解民族地区农村中学生学业自我概念与心理健康之间的关系，为提高中学生心理健康水平提供参考。

（二）对象与方法

1. 被试

选取钦州市钦北区两所乡镇中学共计 560 名中学生作为研究对象，有效样本为 545 人，其中初一 120 人（男 61 人、女 59 人），初二 102 人（男 50 人，女 52 人），初三 106 人（男 53 人、女 53 人），高一 104 人（男 53 人、女 51 人），高二 113 人（男 56 人、女 57 人）。其中壮族 456 人，汉族 81 人，其他民族 8 人。

2. 研究工具

（1）学业自我概念量表

学业自我概念量表是从由陈国鹏修订马什（1992）的自我描述问卷Ⅱ中选取出与学业自我概念有关的 30 道题目组成的。如："我很想上语文课""我的数学总是很好""我很想上数学课""在大多数的课程学习中，同学们都会来找我帮忙"等，包括语文自我概念、数学自我概念和一般学校情况自我概念等三个维度（或分量表）。采用五点计分法，供选项有"完全不符合""比较不符合""不确定""比较符合"和"完全符合"等 5 项。经研究，量表的克伦巴赫系数为 0.876，具有较高的信度。

（2）中学生心理健康量表

采用由我国华南师范大学心理系修订日本铃木清等人编制的"不安倾向诊断测验"而成的"中小学生心理健康诊断测验"（简称 MHT）。测验由 8 个分量表 100 道题目构成，分别是学习焦虑、对人焦虑、孤独倾向、自责倾向、过敏倾向、身体倾向、恐怖倾向、冲动倾向和一个效度量表（也称为说谎量表）。采用两点计分法，即选"a. 是"计 1 分、选"b. 不是"计 0 分。经研究，量表的克伦巴赫系数为 0.826，具有较高的信度。

3. 数据处理

（1）问卷调查在统一的指导语下进行，时间为15分钟。采用随机整群抽样的方法，发放560份问卷，最后收回有效问卷545份。其中初一、初二、初三、高一、高二分别为120、102、106、104、113份。

（2）采用语文和数学的期中考试成绩的平均分作为学业成绩。按"平均值 M ± 标准差 SD"区分办法，将学业自我概念得分分为三个水平，各水平学生人数为优良组（84人）、一般组（378人）和不良组（83人）。

（3）所有数据采用 Excel 和 SPSS20.0 进行统计分析。

（三）结果与分析

1. 广西民族地区农村中学生学业自我概念和心理健康测验得分的基本情况

广西民族地区农村中学学业自我概念及其分量、心理健康得分基本情况见表5-14。由表5-14可知，广西民族地区农村学业自我概念属于中等水平，心理健康整体水平也是一般状态。由图5-3可知，大部分学生的心理健康得分落在28~47分，且以落在38~47分居多，超过48分的也有62人。再从另一个角度（或分布情况）看，大于50分的占4.2%，大于40分而小于等于50分的占38%，大于30分而小于等于40分的占31%，小于等于30分的占26.8%。可见，有少量学生存在严重的心理健康问题，特别是65分以上的有4人（最高分为68分），这4人需要针对其个人制定转化辅导方案；对大于50分而小于65分的学生开展心理团体辅导工作。

表5-14 学业自我概念和心理健康描述性统计表

项目	最小值	最大值	满分	平均值	标准偏差
心理健康	8	68	100	37.10	10.198
学业自我概念	43	140	150	93.39	16.088
数学自我概念	10	50	50	29.50	7.552
语文自我概念	10	50	50	33.50	6.606
学校一般情况自我概念	12	48	50	30.39	7.005

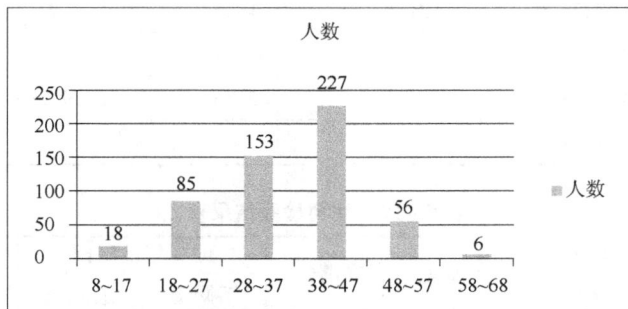

图5-3 心理健康得分各分数段的人数统计图

2. 中学生学业自我概念与心理健康的相关性分析

对学业自我概念、心理健康、学业成绩进行相关分析，结果见表5-15。由表5-15可知，学业自我概念及其分量与学生心理健康、学业成绩两两之间存在显著的相关性。学业自我概念、数学自我概念、语文自我概念、学校一般情况自我概念、学业成绩与心理健康都存在非常显著的负相关。

表 5-15　学业自我概念、心理健康和学业成绩相关分析表

项目	指标	学业成绩	学业自我	数学自我	语文自我	学校自我	心理健康
学业成绩	相关系数	1.000	0.379 **	0.371 **	0.128 **	0.350 **	-0.872 **
	显著性		0.000	0.000	0.003	0.000	0.000
学业自我	相关系数	0.379 **	1.000	0.747 **	0.652 **	0.876 **	-0.495 **
	显著性	0.000		0.000	0.000	0.000	0.000
数学自我	相关系数	0.371 **	0.747 **	1.000	0.097 *	0.545 **	-0.449 **
	显著性	0.000	0.000		0.024	0.000	0.000
语文自我	相关系数	0.128 **	0.652 **	0.097 *	1.000	0.451 **	-0.207 **
	显著性	0.003	0.000	0.024		0.000	0.000
学校一般情况自我	相关系数	0.350 **	0.876 **	0.545 **	0.451 **	1.000	-0.458 **
	显著性	0.000	0.000	0.000	0.000		b.000
心理健康	相关系数	-0.872 **	-0.495 **	-0.449 **	-0.207 **	-0.458 **	1.000
	显著性	0.000	0.000	0.000	0.000	0.000	

3. 不同水平学业自我概念学生心理健康的差异

为了考察不同水平学业自我概念学生心理健康的差异性，对其进行单因素方差分析，结果见表 5-16。由表 5-16 可知，不同水平学业自我概念学生的心理健康存在非常显著差异。进一步对其进行两两检验，其结果见表 5-17。由表 5-17 可知，学业自我概念的优良组、一般组和不良组学生的心理健康两两存在非常显著的差异。进一步计算其差异的效应大小，由效应大小可知，不良组与一般组差异的效应为小效应，其他两两之间的差异效应为大效应或中等效应。

表 5-16　不同水平学业自我概念学生心理健康的方差分析表

差异来源	平方和	自由度	均方	F	显著性
组间	10 218.183	2	5 109.092		
组内	46 358.707	542	85.533	59.733	0.000
总计	56 576.890	544			

表 5-17　两两检验结果表

(I) 学业自我等级	(J) 学业自我等级	平均差 (I-J)	标准差	显著性	95%置信区间 下限值	95%置信区间 上限值	效应大小 效应值	效应大小 效应判断
优良组	一般组	-9.485	1.116	0.000	-12.11	-6.86	0.136 2	中等效应
	不良组	-15.334	1.431	0.000	-18.70	-11.97	0.400 2	大效应
一般组	优良组	9.485	1.116	0.000	6.86	12.11	0.136 2	中等效应
	不良组	-5.849	1.121	0.000	-8.48	-3.21	0.056 6	小效应
不良组	优良组	15.334	1.431	0.000	11.97	18.70	0.400 2	大效应
	一般组	5.849	1.121	0.000	3.21	8.48	0.056 6	小效应

4. 中学生学业自我概念对心理健康的影响

以学业自我概念为自变量，心理健康为因变量进行回归分析，结果见表 5 – 18。由表 5 –18知，标准回归系数 β 为 – 0.495，决定系数 R^2 为 0.245，$t = – 13.269$（$P < 0.01$）。这说明学业自我概念对学生心理健康具有很好的预测作用，可以解释学生心理健康24.5%的变异。

表 5 – 18　学业自我概念对心理健康的回归分析表

自变量	非标准回归系数		标准回归系数	t 值	显著性	β	R^2	F 值
	B	标准错误						
（常量）	66.388	2.240		29.636	0.000	0.495	0.245	176.066
学业自我概念	– 0.314	0.024	– 0.495	– 13.269	0.000			

以语文自我概念、数学自我概念和学校一般情况自我概念为自变量，以心理健康为因变量，采用逐步进入方式进行回归分析，结果见表 5 – 19、表 5 – 20 和表 5 – 21。由表 5 – 19 可知，第一个进入回归方程的是学校一般情况自我概念，其次是数学自我概念，而语文自我概念没有进入回归方程。由表 5 – 20 和 5 – 21 可知，模型 2 为最终模型。可以得到以下回归方程：

学生心理健康 = – 0.303 × 学校一般情况自我概念 – 0.283 × 数学自我概念

由回归方程可知，学校一般情况自我概念和数学自我概念的标准偏回归系数分别是 0.303 和 0.283，且两者的标准回归系数 β 值均具有非常显著的统计学意义（$P < 0.01$）。这一结果说明，两者对心理健康都具有预测作用，学校一般情况自我概念比数学自我概念对心理健康的影响程度要大。

表 5 – 19　回归分析逐步进入自变量情况表

模型	已输入变量	方法
模型 1	学校一般情况自我概念	步进准则： F-to – enter 的概率 <= 0.050，F-to – remove 的概率 >= 0.100
模型 2	数学自我概念	步进准则： F-to – enter 的概率 <= 0.050，F-to – remove 的概率 >= 0.100

表 5 – 20　回归分析模型摘要

模型	R	R^2	调整后的 R^2	标准估算的错误
模型 1	0.458[a]	0.210	0.208	9.075
模型 2	0.516[b]	0.266	0.263	8.753
a. 预测变量：（常量），学校一般情况自我概念				
b. 预测变量：（常量），学校一般情况自我概念，数学自我概念				

表 5 – 21　回归分析系数表

模型		非标准回归系数		标准回归系数	t 值	显著性
		B	标准错误			
模型 1	（常量）	57.354	1.732		33.108	0.000
	学校一般情况自我概念	– 0.667	0.056	– 0.458	– 12.001	0.000

模型		非标准回归系数		标准偏回归系数	t 值	显著性
		B	标准错误			
模型2	（常量）	61.801	1.808		34.190	0.000
	学校一般情况自我概念	−0.442	0.064	−0.303	−6.911	0.000
	数学自我概念	−0.382	0.059	−0.283	−6.451	0.000
a. 因变量：心理健康						

（四）讨论

1. 学业自我概念与心理健康的相关性

研究结果表明，民族地区农村中学生学业自我概念及其三个分量（语文自我概念、数学自我概念、学校一般情况自我概念）与心理健康存在非常显著的负相关关系。另外，学业成绩与心理健康也存在非常显著的负相关关系。由此可知，学业自我概念与心理健康之间存在密切的关系。

这结论与国内有关的研究结论基本一致。例如，刘惠军等人（2000）认为，自我概念与心理健康各因子呈负相关，自我概念得分越低，症状因子得分越高；自我概念总分与心理健康各因子及总分之间均呈显著的负相关。李祚山等人（2000）认为，自我概念正向因子与心理健康各因子呈显著负相关，而负向因子自我批评则与心理健康各因子呈显著正相关。这表明，自我概念水平越高，心理健康状况越好，自我概念水平低，则心理健康状况也越差。张涛（2006）认为，中学生自我概念越积极，其心理健康状况越好；反之，中学生自我概念水平越低，其心理健康状况越差。但是，刘惠军、李祚山、张涛等研究的是中学生的自我概念，而本专题研究的只是学业自我概念，这也就进一步证实了学业自我概念与心理健康之间存在密切关系。

2. 学业自我概念对心理健康的影响

研究结果表明，民族地区农村中学生学业自我概念对学生心理健康产生重要的影响，学业自我概念对心理健康有重要的预测作用。这与国内有关的研究结论基本一致。例如，张涛（2006）研究表明，中学生自我概念对问题解决应对方式的预测作用最大，其次是发泄应对方式，第三是幻想应对方式；自我概念对心理健康有预测作用；各种应对方式对心理健康有预测作用。邵敏（2015）研究表明，农村留守中学生自我概念对心理健康有显著的预测作用。

再进一步分析发现，学校一般情况自我概念和数学自我概念对心理健康会产生重要的影响，对心理健康具有良好的预测作用。这点与邵敏（2015）的研究结论"数学自我、体能自我以及诚实可信自我与心理健康总分的相关不显著"不一致。这可能与研究的对象不同有关。本研究还发现，语文自我概念对心理健康的影响不大，对心理健康的预测作用不明显。

目前，关于数学自我概念、语文自我概念等具体学科自我概念对心理健康影响的研究很少，这方面有待进一步研究。

（五）结论

第一，民族地区农村中学生学业自我概念及语文自我概念、数学自我概念、学校一般情况自我概念等分量都与心理健康存在非常显著的负相关关系。

第二，学业自我概念优良组、一般组和不良组学生的心理健康两两存在非常显著的差异。其中，优良组与一般组、不良组学生的心理健康存在非常显著的差异，差异程度达到大效应或中等效应；而一般组与不良组学生的心理健康的差异只是小效应程度。

第三，民族地区农村中学生学业自我概念对学生心理健康产生重要的影响，学业自我概念对心理健康有重要的预测作用。其中，学校一般情况自我概念对心理健康影响最大，其次是数学自我概念。语文自我概念对心理健康的影响不显著。

第四，民族地区农村中学生的心理健康状态处于一般水平，应该针对学生情况开展个别心理辅导和团体心理辅导工作。

第四节　民族地区农村中学生数学心理健康诊断模型的建构及其应用

第三节讨论了学业自我概念与心理健康的关系，也指出了数学自我概念对学生心理健康会产生重要的影响。本节进一步深入数学学科，讨论数学自我概念与数学心理健康的关系，建构一个民族地区农村中学生数学心理健康诊断模型，并给出一个应用的实例。

一、问题的提出

从心理健康的内在机制的各种理论观点来看，精神分析学派基本上是从焦虑角度去讨论和研究心理健康，而人本主义学派基本上是从自我去讨论和研究心理健康问题。

自我概念和学习焦虑都是教育心理学、健康心理学和变态心理学的研究热点。由于数学具有高度抽象性、逻辑严谨性、结构化和符号化等特征，因此选取数学学科为代表，讨论数学自我概念与数学焦虑的相关性。

数学自我概念是指学生在学校情境中对自己在数学学业方面的特长、能力和知识形成的比较稳定的认知、体验和评价，它是学生自我意识中的数学自我的知觉和评价，是学生通过对数学活动、自我属性和社会环境的经验体验及对经验理解而形成的认识。根据不同的划分标准，数学自我概念的构成成分有二维、三维、四维等多种分法。例如：二维法认为数学自我概念由数学能力自我和数学情感自我等两个维度构成。三维法认为数学学科自我概念由数学学习的自我认知、自我体验、自我调控等三个维度构成。其中数学学习的自我认知是指学生对自己数学学习能力、水平的认识和评价；数学学习的自我体验是指学生在数学学习过程中产生的情感和态度；数学学习的自我调控是指学生对自己数学学习行为的调节和控制。台湾洪志成编制的数学学科自我概念量表主要从数学科自我形象、数学科自信、数学科自我接纳、数学科自我行动等四个维度构成。研究者认为，数学能力自我和数学情感自我是数学自我概念的两个核心的结构成分。相关研究表明，数学自我概念与数学成绩、数学学习动机、数学学业求助行为之间存在非常显著的正相关，与数学焦虑存在非常显著的负相关。数学自我概念对数学成绩产生重要的影响。

数学焦虑是由数学而产生的认知性的消极情绪，是某些学生在碰到数学问题时所产生的恐慌失措、沮丧无助、紧张害怕、思维混乱等不良情绪反应，有时伴有掌心出汗、拳头紧握、口干舌燥、脸色苍白、直冒冷汗等生理反应。关于数学焦虑的结构成分，Richardson 和 Suinn 设计的数学焦虑等级量表（MARS）包括数字焦虑和数学考试焦虑两个维度，普莱克和派克对 MARS 进行简化得到数学焦虑量表 R－MARS，包括数学学习焦虑和数学评估焦虑两个维度。国内一些学者在此基础上结合国内学生情况制定一些量表，如叶蓓蓓等制定的数学焦虑量表，包括考试焦虑、数学课堂焦虑、作业焦虑、解题焦虑、被观察焦虑、抽象焦虑、数学知识应用焦虑等。综观有关研究，研究者认为，对于中学生而言，数学焦虑主要包括数学考试焦虑和数学学习焦虑两个核心的成分。有关研究表明，数学焦虑对数学学习产生重要的影响，过度或过敏性数学焦虑会使学生在数学学习上产生自我威胁，最终丧失数学学习的兴趣，失去数学学习的自信。

心理健康的概念是美国学者比尔斯（Byers）首次提出的，之后心理健康的内涵和内容不断得到完善和发展。在我国，心理健康的概念还没有统一的定义，代表性的定义有：黄希庭认为，心理健康是个体在心理上的以及社会方面的适应与完好的一种状态。林崇德认为，心理健康是个体心理在无病状态的基础上主动积极向上努力发展的一种心理状态。姚本先认为，心理健康是指个体在与环境的互动过程中，在生理、心理和社会性这三个方面所达到的协调一致的状态。因此，研究者认为，心理健康是指个体积极的情感态度以及良好的主动适应性。中学生心理健康测量方面，代表性的量表有华东师范大学周步成等修订编制的 MHT 量表，包括学习焦虑、对人焦虑、孤独倾向、自责倾向、过敏倾向、身体症状、恐怖倾向、冲动倾向等维度；王极盛编制的《中国中学生心理健康量表》（MMHI-60），包括强迫、偏执、敌对、人际关系、抑郁、焦虑、学习压力感、适应不良、情绪波动性和心理不平衡性等维度。可见，与数学学习有关的维度主要有学习焦虑、学习压力感等。人们常常把数学心理健康与数学焦虑"等同"起来，显然这样的认识是有欠缺的。研究者认为，学生数学心理健康是学生面临数学及其应用时心理反应的健康状况，具体表现在学生面临数学及其应用时的自信程度、自尊情况、自我效能感、自我概念和焦虑情况等。数学心理健康良好的学生在面临数学及其应用时表现出较高的自信和自尊、较高自我效能感和良好的数学自我概念，以及适度的数学焦虑状态。数学心理健康不良的学生在面临数学及其应用时表现出自信心不足、消极的自尊状态、较低的自我效能感和不良的数学自我概念，以及过度或过敏性数学焦虑状态。

多年来，我国学者基本上用数学焦虑来衡量或反映学生数学心理健康状况，但这只是从"负向"一面来反映，是不够全面的。因此，研究者认为：学生数学心理健康状况应该从正负两面去衡量和反映，数学自我概念和数学焦虑就是衡量和反映学生数学心理健康状况的两大方面（或因素），其中数学自我概念是从"正向"去衡量和反映，数学焦虑是从"负向"去衡量和反映。

我国学者对学生的数学自我概念或数学焦虑进行了一些调查和研究，从已有的研究看，专门就数学自我概念和数学焦虑这两大因素来衡量或反映学生数学心理健康状况的研究很少，特别是对民族地区农村中学生进行调查分析的几乎没有。因此，本研究试图通过对广西民族地区农村中学生数学自我概念和数学焦虑两大因素进行研究，来反映广西民族地区农村中学生数学心理健康的状况，分析广西民族地区农村中学生数学心理健康的相关性和差异性。以此为基础，建构广西民族地区农村中学生数学心理健康的诊断模型。

二、中学生数学心理健康诊断模型的构建

研究者认为，数学自我概念和数学焦虑就是衡量和反映学生数学心理健康状况的两大方

面（或因素）。在此，研究者提出基于积极学习的数学心理健康诊断模型[21]，如图 5－4 所示。

从数学自我概念和数学焦虑两方面去描述学生数学心理健康状况，一般认为，数学自我概念得分越高、数学焦虑得分越低的学生的数学心理健康越好。但是，对于中学生而言，适度的数学焦虑有利于数学学习。因此，基于积极学习的学生数学心理健康诊断模型应该是适度的数学焦虑，且具有较高的数学自我概念。

采用的测量工具是：①中学生数学自我概念量表。从陈国鹏修订马什（1992）的自我描述问卷Ⅱ中抽取出与数学有关的 10 个题目构成数学自我概念量表，量表由数学能力自我和数学情感自我两个维度组成。采用五点计分法，分数范围为 10～50 分。②中学生数学焦虑量表。针对中学生数学学习情况，根据数学焦虑的有关理论编制量表，两个维度共 10 道选择题，量表由考试焦虑和学习焦虑两个维度组成。采用五点计分法，分数范围为 10～50 分。

根据教育测量的"1σ"原则，结合测量工具，提出如图 5－4 所示的数字心理健康诊断模型：记数学自我概念为 X 轴，数学焦虑为 Y 轴，以点 (30，30) 为中心可将它划分为四个区域，则得分落在右边中下区域的学生的数学心理健康状态较好，落在 $A = \{(x, y) \mid \overline{X} + \sigma_X \leq x \leq 50, \overline{Y} - \sigma_Y < y < \overline{Y} + \sigma_Y\}$ 区域内是较有利于学习的数学心理健康状态；得分落在左上角区域的学生的数学心理健康状态较差，越接近或落在 $B = \{(x, y) \mid 10 \leq x \leq \overline{X} - \sigma_X, \overline{Y} + \sigma_Y \leq y \leq 50\}$ 区域内越是不利于学习的数学心理健康状态。其中，$\overline{X}$ 和 $\overline{Y}$ 分别是数学自我概念和数学焦虑得分的平均分，σ_X 和 σ_Y 分别是数学自我概念和数学焦虑得分的标准差。

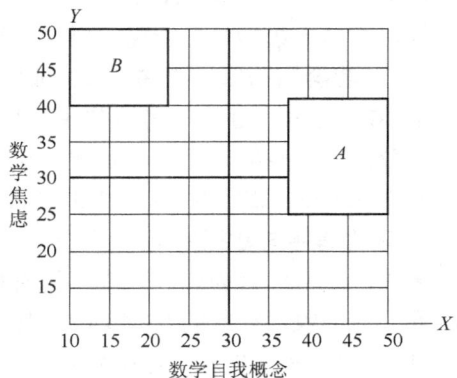

图 5－4　基于积极学习的数学
心理健康诊断模型

三、民族地区农村中学生数学心理健康诊断模型的应用

（一）目的

了解广西民族地区农村中学生数学自我概念和数学焦虑基本情况，通过这两个因素来反映广西民族地区农村中学生数学心理健康的状况，分析广西民族地区农村中学生数学心理健康的相关性和差异性。同时，借此来建立一个广西民族地区农村中学生数学心理健康的准常模，为广西民族地区农村中学生数学心理健康的诊断和应用提供参考。

（二）对象与方法

1. 被试

广西壮族自治区除汉族之外，少数民族有壮族、瑶族、苗族、侗族等 11 个世居民族，以壮族为主。壮族在广西各地市均有分布，主要聚居于南宁市、河池市、百色市、柳州市、防城港市、钦州市等地，其中河池、百色、柳州等地属于山区的壮族区，交流的语言主要有"壮话"和"桂柳话"，属于"北壮"；防城港市和钦州市钦北区属于广西沿海的壮族区，交流的语言主要有"壮话"和"粤语"，属于"南壮"。因此，选取"北壮"的河池市、

"南壮"的钦州市钦北区、"南壮"但又是南北壮分界地带的崇左市等区域4所乡镇中学的学生作为被试，有效被试共669人，其中初一242人（男136人、女106人），初二106人（男49人、女57人），初三83人（男44人、女39人），高一111人（男57人、女54人），高二127人（男33人、女94人）。男女人数分别为319人和350人。其中，壮族、汉族和其他民族分别为534人、123人和12人。

2. 研究工具

（1）中学生数学自我概念量表

从陈国鹏修订马什（1992）的自我描述问卷Ⅱ中抽取出与数学有关的10个题目构成数学自我概念量表，如："数学是我学的最好的学科之一"。在量表中，第1、3、5、7、9、10小题属于数学能力维度，第2、4、6、8小题属于数学情感维度，采用五点计分法。量表的克伦巴赫系数为0.876。采用结构方程软件AMOS进行验证性因子分析，其主要结构拟合指数良好（$\chi^2/df = 2.352$，IFI $= 0.943$，TLI $= 0.936$，CFI $= 0.941$，SRMR $= 0.045$）。

（2）中学生数学焦虑量表

针对中学生数学学习情况，根据数学焦虑的有关理论编制量表，两个维度共10道选择题，如："我会因为明天要考数学而睡不着""同学在讨论数学时，我会感到紧张"等。其中第1、6、8、9、10属于考试焦虑维度，第2、3、4、5、7小题属于学习焦虑维度。采用五点计分法。量表的克伦巴赫系数为0.814。采用AMOS进行验证性因子分析，其拟合指数为$\chi^2/df = 2.932$，IFI $= 0.938$，TLI $= 0.917$，CFI $= 0.922$，SRMR $= 0.047$。

3. 研究程序与数据处理

第一，以自然班为单位，按照随机抽样的方法，当堂发放问卷统一测试，20分钟后当场收回，最后收回有效问卷669份，其中初一、初二、初三、高一、高二分别为242、106、83、111、127份；男女分别为319、350份。

第二，数学成绩是以数学期终考试成绩作为学生数学学习成绩。根据教育测量相关知识，各类标准化测验常取27%[16]。因此，将被试的数学学习成绩由高到低排序，按各年级总人数的27%、46%、27%分为优生组（181人）、中等组（313人）和差生组（175人）。

（三）结果与分析

1. 广西民族地区农村中学生数学自我概念和数学焦虑的基本情况

初一到高二年级的数学自我概念和数学焦虑得分的均值和标准差见表5-22。由表5-22可知，在数学自我概念方面，数学自我概念总体得分均值为29.56，处于中等发展水平状态。具体到各年级，初一、初二和高二得分分别为30.82、30.31和30.07，处于中等发展水平状态；初三、高一得分分别为27.93和26.71，处于中等偏下水平状态。从初一到高二的数学自我概念的发展呈现出"U"形状态，高一是最低水平。数学情感自我也是类似的状态。另外，数学成绩优、中、差三组学生的数学自我概念的平均得分分别为34.34、29.00和25.62。由此可见，民族地区农村中学生数学自我概念水平不高，总体处于中等发展水平状态。

在数学焦虑方面，从初一到高二的数学焦虑平均得分范围从31.38到36.69，属于中等偏高状态。从初一到高二数学焦虑的发展呈现出"～"波浪状态，初三是最高水平。数学学习焦虑和考试焦虑也呈现出类似的状态。另外，数学优、中、差三组学生的数学焦虑的平均得分分别为31.39、34.43和34.29，可见，优生组的数学焦虑属于中等适度水平，而中等组和差生组的数学焦虑有点过高或过度。

表 5 - 22　农村中学生数学自我概念和数学焦虑的基本情况 （$M \pm SD$）

年级	人数	数学自我	能力自我	情感自我	数学焦虑	学习焦虑	考试焦虑
初一	242	30.82 ± 7.03	15.48 ± 4.68	15.35 ± 3.54	31.38 ± 8.10	17.03 ± 5.01	14.35 ± 4.06
初二	106	30.31 ± 8.46	15.81 ± 5.43	14.50 ± 4.04	34.42 ± 8.62	19.81 ± 4.52	14.60 ± 4.89
初三	83	27.93 ± 8.35	13.83 ± 4.99	14.10 ± 4.34	36.69 ± 7.22	20.80 ± 3.35	15.89 ± 4.50
高一	111	26.71 ± 6.67	12.68 ± 4.46	14.03 ± 3.82	33.72 ± 6.66	19.62 ± 3.46	14.10 ± 4.09
高二	127	30.07 ± 6.77	14.78 ± 4.51	15.29 ± 3.66	34.88 ± 6.76	20.47 ± 3.40	14.41 ± 4.31
总计	669	29.56 ± 7.49	14.73 ± 4.89	14.83 ± 3.83	33.57 ± 7.81	19.02 ± 4.53	14.55 ± 4.33

2. 广西民族地区农村中学生数学自我概念和数学焦虑的相关性分析

对民族地区农村中学生的数学自我概念、数学焦虑、数学成绩进行相关性分析，结果见表 5 - 23。由表 5 - 23 可知，数学自我概念及其分量与数学焦虑及其分量都存在非常显著的相关性 （$P < 0.01$）。

表 5 - 23　农村中学生数学自我概念、数学焦虑与数学成绩的相关性分析

项目	数学自我	能力自我	情感自我	数学焦虑	学习焦虑	考试焦虑	数学成绩
数学自我	1.00						
能力自我	0.89**	1.00					
情感自我	0.82**	0.47**	1.00				
数学焦虑	-0.30**	-0.31**	-0.19**	1.00			
学习焦虑	-0.22**	-0.23**	-0.14**	0.89**	1.00		
考试焦虑	-0.30**	-0.31**	-0.19**	0.88**	0.56**	1.00	
数学成绩	0.47**	0.47**	0.31**	-0.14**	-0.09*	-0.16**	1.00

注：* 表示 $P < 0.05$，** 表示 $P < 0.01$，以下同。

3. 广西民族地区农村中学生数学自我概念和数学焦虑的差异性分析

（1）不同年级的差异分析

采用单因素方差分析考察初一到高二不同年级的民族地区农村中学生数学自我概念、数学焦虑差异性情况，结果是：不同年级的民族地区农村中学生的数学自我概念 （$F = 7.38$，$P = 0.000$）、数学焦虑 （$F = 9.76$，$P = 0.000$）都存在非常显著差异 （$P < 0.01$）。

进一步对其两两之间的差异进行多重检验，结果是：初一学生数学自我概念与高一存在非常显著差异 （$P < 0.01$），与初三存在显著差异 （$P < 0.05$），与初二、高二年级不存在显著差异；初二学生数学自我概念与高一存在非常显著差异 （$P < 0.01$），与其他各年级不存在显著差异；初三学生与初一存在显著差异，与其他各年级都不存在显著差异；高一与初一、初二、高二存在非常显著差异 （$P < 0.01$），与初三不存在显著差异；高二与高一存在非常显著差异 （$P < 0.01$），与其他各年级都不存在显著差异。在数学焦虑方面，初一与初二、初三、高二存在非常显著差异 （$P < 0.01$），其他各年级之间不存在显著差异。

（2）不同数学成绩水平的差异分析

对不同数学成绩水平的学生数学自我概念和数学焦虑的差异性进行单因素方差分析，并进行多重检验，结果见表 5 - 24。由表 5 - 24 可知，不同数学成绩水平的民族地区农村中学

生数学自我概念和数学焦虑都存在非常显著差异（$P < 0.01$）。由多重检验结果可得，不同数学成绩组的数学自我概念两两之间都达到非常显著的差异（$P < 0.01$）。数学成绩优生组的数学焦虑与中等组、差生组之间存在非常显著差异（$P < 0.01$），但数学中等组的数学焦虑与差生组之间不存在显著差异。

表 5 – 24   不同数学成绩水平农村中学生数学自我概念和数学焦虑的差异分析

因素	A 优生组 ($M \pm SD$)	B 中等组 ($M \pm SD$)	C 差生组 ($M \pm SD$)	F 值	显著值	多重比较
数学自我概念	34.34 ± 7.17	29.00 ± 6.87	25.61 ± 6.07	76.14	0.000	A > B > C
数学焦虑	31.39 ± 7.73	34.43 ± 7.72	34.29 ± 7.66	9.99	0.000	A > B, A > C

注：在"多重比较"中，A > B 表示优生组非常显著高于中等组，其他类推。

（3）不同性别的差异分析

为考察广西民族地区农村中学生数学自我概念、数学焦虑是否存在性别差异，分别对其进行 t 检验，结果见表 5 – 25。由表 5 – 25 可知，广西民族地区农村中学生数学自我概念和数学焦虑都存在非常显著的性别差异（$P < 0.01$）。

表 5 – 25   广西民族地区农村中学生数学自我概念和数学焦虑的 t 检验（$M \pm SD$）

性别	人数	数学自我	能力自我	情感自我	数学焦虑	学习焦虑	考试焦虑
男	319	31.36 ± 7.43	16.06 ± 4.93	15.30 ± 3.66	32.42 ± 7.71	18.35 ± 4.53	14.07 ± 4.22
女	350	27.91 ± 7.16	13.52 ± 4.53	14.39 ± 3.93	34.63 ± 7.77	19.64 ± 4.44	14.99 ± 4.38
t 值		6.11**	6.93**	3.09*	– 3.69**	– 3.71**	– 2.76**

（四）讨论与结论

1. 广西民族地区农村中学生数学自我概念的基本特点

广西民族地区农村中学生数学自我概念总体平均得分为 29.56，由此可见，广西民族地区农村中学生数学自我概念处于中等发展水平状态，明显低于城市中学生的数学自我概念水平。具体到各年级，初一、初二和高二得分分别为 30.82、30.31 和 30.07，处于中等发展水平状态；初三、高一得分分别为 27.93 和 26.71，处于中等偏下水平状态。从初一到高二的数学自我概念的发展呈现出"U"形状态，高一是最低水平。不同年级的农村中学生数学自我概念存在非常显著的差异。数学自我概念与数学焦虑存在非常显著的负相关。这些结果与已有的研究类似。

广西民族地区农村中学生数学自我概念与数学成绩之间的关系与目前已有的研究结果一致。其实上，不管是中学还是小学，由于数学学科的特点，学业自我概念与学业成绩之间存在非常密切的关系。在国外已有了它们之间因果关系的几种理论模型。在国内对其关系研究也不少，其结果是相当一致的。梁好翠选取数学学习动机为中介变量，研究数学自我概念对数学成绩的影响机制，进一步揭示了数学自我概念与数学成绩的因果关系。

广西民族地区农村中学生数学自我概念存在非常显著的性别差异。目前，这方面的研究结果不太一致。

2. 广西民族地区农村中学生数学焦虑的基本特点

研究结果表明，从初一到高二各年级的数学焦虑得分均值分别是 31.38、34.42、

36.69、33.72和34.88，数学焦虑总体平均得分为33.57，从初一到高二各年级的数学焦虑得分均值都超过30，属于中等偏高状态。从初一到高二数学焦虑的发展呈现出"～"波浪状态，初三是最高水平。数学学习焦虑和考试焦虑也呈现出类似的状态。不同年级的广西民族地区农村中学生的数学焦虑存在非常显著的差异。这与数学特点、学生身心发展水平和初三面临"中考"环境等因素有关。

数学焦虑与数学成绩之间存在非常显著的负相关，这与目前已有的研究类似。不同数学成绩水平的广西民族地区农村中学生数学焦虑存在非常显著差异。数学成绩优生组、中等组和差生组学生的数学焦虑得分均值分别为31.39、34.43和34.29，显然，优生组的数学焦虑属于中等水平状态，而中等组和差生组的数学焦虑属于中等偏高水平状态。

广西民族地区农村中学生数学焦虑存在非常显著的性别差异。这与王俊山的研究结果一致，但与王凤葵、李顺雨等研究结果不一致。数学焦虑性别差异问题的研究在国内外并没有一致的结论。

3. 广西民族地区农村中学生数学心理健康状况及教育建议

根据前面"结果与分析"的相关数据，可计算得：$A = \{(x, y) \mid 37.05 \leqslant x \leqslant 50,\ 25.76 \leqslant y < 41.38\}$，$B = \{(x, y) \mid 10 \leqslant x \leqslant 22.08,\ 41.38 \leqslant y \leqslant 50\}$。从而得到广西民族地区农村中学生数学心理健康的具体状态如图5-5所示。

根据上述有关数据可得，初一到高二学生平均得分坐标点分别为C1（30.82，31.38）、C2（30.31，34.42）、C3（27.93，36.69）、G1（26.71，33.72）、G2（30.07，34.88）。由图5-5可知，C1、C2、G2和C3、G1都落在中间偏上的区域，但C1、C2、G2比较接近A区，都没有进入B区，总体平均得分坐标点为Z（29.56，33.57）。因此，从总体情况来看，广西民族地区农村中学生的数学自我概念处于中等发展水平，数学焦虑处于中等偏高状态，属于亚健康状态。但从C1、C2、C3、G1、G2分布来看，C3、G1离A区相对远一点，相对靠近B区，初三和高一学生的数学自我概念中等偏低而数学焦虑处于中等偏高的状态。

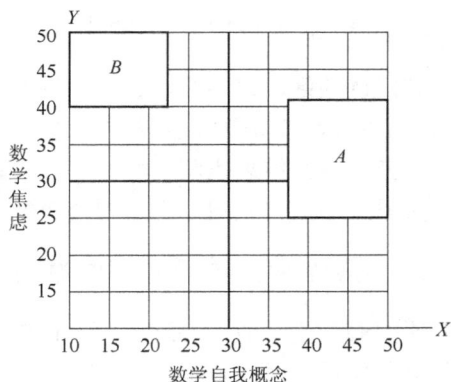

图5-5　广西民族地区农村中学生数学心理健康状态图

针对广西民族地区农村中学生数学心理健康状况，提出以下几点中学生数学心理健康教育的实践建议：

第一，加强对初三和高一年级学生数学心理健康教育。从整体上看，就数学焦虑因素而言，初三年级学生最高，因此，要重点做好初三学生数学心理健康教育工作，针对其产生的原因，加强对初三学生教育引导，帮助其树立正确的学习观和人生观，正确认识考试问题；改善数学学习的途径和环境，保持和控制学生数学焦虑在适当的状态，促进学生身心的健康发展。就数学自我概念因素而言，高一学生最低，其次是初三，因此，应该注意提高高一学生数学自我概念，帮助学生认识自我，建立自信；注意改善教师的态度和行为，采用归因训练法、自我监控训练法等心理干预技术，设计出具有针对性、实效性的教育干预方案，转变学生消极的数学自我概念。

第二，加强个别教育，有针对性地进行数学心理健康辅导。根据"基于积极学习的数学心理健康诊断模型"，采用"个别测试、系统分析、对症下药"的方式进行数学心理健康教育。个别测试就是对学生个体进行数学心理健康测试，得出学生个体的数学心理健康状态数据；系统分析就是根据"个别测试"得到的数据，参照"数学心理健康诊断模型"，看其落在哪个区域，分析其特点，找出其成因；对症下药就是根据"系统分析"得出的结果和成因，结合学生的特点，制定出符合该学生的数学心理健康教育的措施和策略，并进行有效的教育和转化。

第五节 本章总结与反思

一、学业自我概念与个体心理因素存在千丝万缕的关系

学业自我概念与个体心理因素存在千丝万缕的关系，且关系复杂多样。本章提出的学业自我概念、个体心理因素、学业环境的关系模型只是一种构念，并对其中的一些关系做了实证研究，在一定程度上说明它的存在性。

二、学业自我概念与学生学习坚持性、心理健康状态存在着密切关系

在民族地区农村中小学，学生的学习坚持性和辍学率，以及学科学习心理健康的问题令人担忧。本章对民族地区农村中学生学业自我概念与学习坚持性、学生心理健康关系进行了实证研究，研究结果表明，学生学业自我概念与学习坚持性、心理健康之存在非常显著的密切的关系，学业自我概念对学习坚持性、心理健康都具有很好的预测作用。

三、具体学科学习心理健康有待进一步研究

要关心学生一般的心理健康，也要关心学生具体学科学习的心理健康。中小学生"偏科"就是学习心理不健康的表现之一。研究者认为，一般的心理健康与具体学科学习的心理健康存在着密切的关系，它们之间是相互影响的。因此，本章根据心理健康的内在机制理论观点，提出了民族地区农村中学生数学心理健康的诊断模型，该模型是从数学自我概念和数学焦虑等两个维度去刻画的，并给出一个广西民族地区农村中学生数学心理健康的"准常模"，可以用于诊断民族地区农村中学生数学心理健康状态，并根据诊断结果进行教育转化。

本章参考文献

[1] 张林，张向葵. 中学生学习策略运用、学习效能感、学习坚持性与学业成就关系的研究 [J]. 心理科学，2003，26（4）：603－607.

[2] 石世祥. 大学生自我监控、责任感和学习坚持性的相关性研究 [D]. 重庆：西南大学，2003.

[3] 魏军，刘儒德，何伊丽，等. 小学生学习坚持性和学习投入在效能感、内在价值与学业成就关系中的中介作用 [J]. 心理与行为研究，2014，12（3）：326－332.

[4] 朱丽芳. 大学生学业自我概念、成就目标定向与学习坚持性的关系研究 [D]. 长

沙：湖南师范大学，2005．

[5] 秦晶，黄迎乒，李松璞．提高中学生体育学习坚持性的多维性因素分析［J］．学校体育学，2015，5（15）：99－100．

[6] 黄希庭．健康心理学［M］．上海：华东师范大学出版社，2003：30．

[7] 林崇德．积极而科学地开展心理健康教育［J］．北京师范大学学报，2003，48（1）：31．

[8] 姚本先．学校心理健康教育［M］．合肥：安徽大学出版社，2008：6－9．

[9] 陈雪枫，刘科荣，宇斌．中小学生心理测评与心理档案［M］．广州：暨南大学出版社，1997．

[10] 郭永玉，贺金波．人格心理学［M］．北京：高等教育出版社，2011．

[11] 王极盛．心灵时代——心理主宰健康［M］．北京：中国城市出版社，1998：155－158．

[12] 李培培．3～6年级小学生自我概念发展及其与心理健康的关系研究——以北京市一所民办小学为例［D］．呼和浩特：内蒙古师范大学，2014．

[13] 刘惠军，石俊杰．中学生自我概念与心理健康的关系研究［J］．中国临床心理学杂志，2000，8（1）：48－50．

[14] 刘惠军，石俊杰．抑郁情绪与中学生的自我概念初探［J］．中国心理卫生杂志，2000，14（3）：183－185．

[15] 李祚山，张涛．中学生自我概念与心理健康研究［J］．安徽师范大学学报（人文社会科学版），2006，34（1）：114－117．

[16] 张涛．中学生自我概念、应对方式以及对心理健康的影响研究［D］．重庆：重庆师范大学，2006．

[17] 邵敏．农村留守中学生自我概念、心理健康与学业成绩的关系研究［D］．成都：四川师范大学，2015．

[18] 李晓燕，张兴利，施建农．流动儿童自我概念的发展及其与心理健康的关系［J］．心理与行为研究，2016，14（1）：114－119．

[19] 李艳红．学习不良儿童自我概念、归因风格与心理健康的相关研究［J］．通化师范学院学报，2003，24（3）：25－27．

[20] 徐丹丹．中学生的自我概念与心理健康［J］．中国商界，2009（1）：327．

[21] 梁好翠，刘阳．广西民族地区农村中学生数学自我概念和数学焦虑的研究［J］．民族教育研究，2018，29（3）：94－100．

第六章

民族地区农村中小学生学业自我概念培养提高的教育实践

本章首先提出提高中小学生学业自我概念的教育策略，然后给出提高中小学生学业自我概念团体辅导训练方法，最后给出一项学业自我概念辅导训练的实验研究。

第一节　提高中小学生学业自我概念的意义

中小学生学业自我概念的发展，经历了从早期非常不稳定到后期趋于稳定发展的过程，在中小学教育教学过程中，培养学生积极的学业自我概念，对中小学生的学习投入、学业成绩的提升、积极的学业情绪、稳定的学业坚持性、良好行为的养成以及心理健康水平的提高都起到促进的作用，推动中小学生形成健全的人格发展，因此，提高中小学生学业自我概念具有重要的意义。

一、有利于提高学生的学习投入，从而提高学生的学业成绩

研究表明[1]，中小学生学业自我概念与学业成绩存在非常显著的正相关，它们存在密切的关系。具有优良学业自我概念的学生倾向于具有积极的学习投入，具有不良学业自我概念的学生倾向于具有消极的学习投入。而具有积极的学习投入的学生，具有较高的学习动机，投入学习的时间、精力等较多，思考问题更为深入，从而学业成绩较好；具有消极的学习投入的学生，具有较低的学习动机，投入学习的时间、精力都相对较少，不愿意或害怕面对学习困难，回避问题，思考问题不深入，对学习内容一知半解，不求深入，只是应付了事，学业成绩较差。反过来，学业成绩较好的学生，促进其学业自我概念的提高；学业不良的学生，倾向于具有消极的学业自我概念。姚计海等人（2001）研究表明[2]，学业成绩的高低反映出中学生对自身评价的高低，进一步分析表明学生对自己的认识与评价依赖于其能力表现，并且学生对学业的评价及所形成的自我概念也会影响其学业成绩，对学习行为有调节和维持的作用。因此，培养中小学生形成优良的学业自我概念，有助于学生学习行为的调节，促进学生更好地完成学业，提高学生的学业成绩。

二、有利于提高学生的学业坚持性，降低学生的辍学率

教育工作者一直关注在校学生的学业坚持性。有研究表明，具有积极的学业自我概念的

学生，面临困难的学习任务时有更好的学习坚持性。提高学业自我概念，有利于提高学生的学业坚持性。

学习不良而又将学习失败归因于外部的学生，总是把学习失败归因于无能或任务太重，或者教师偏见和运气不好。而且认为，无论如何努力学习，付出多少时间和精力，最终都是失败的[3]。学困生一般具有较低的学业自我概念，也具有较低的社会自我、学术自我、自我认同等，同时也具有消极的学业情绪，而且学困生又常常被教师认为是在学习上较缺乏学习坚持性的学生。由此可见，具有较低的学业自我概念的学生，常常倾向于具有不合理的成败归因，常常具有消极的学业情绪，从而被教师认为是较缺乏学习坚持性的，久而久之，学生最终放弃学业，导致辍学。因此，培养学生积极的学业自我概念，有利于提高学生的学业情绪，有利于提高学生的学业坚持性，降低学生的辍学率。这对民族地区农村中小学生而言，具有重要的现实意义。

三、有利于提高学生的学业情绪，提高学生的心理健康水平

拥有积极的自我概念的学生，在待人处世上容易产生成功的经验，他们从外界得到反馈，使他们在个人或团体中感到更幸福、办事更有效率，而这类成功经验又提升了个人对自我的积极看法。而不健全的自我概念常常成为适应困难、心理症状的主因。有研究表明，自我概念和自尊似乎在多个心理症状中起到关键作用。因此，形成积极的自我概念，有助于中小学生心理健康水平的提高。

当今社会对学生的心理健康状况越来越重视，刘惠军等人（2000）研究发现[4]，中学生的心理健康状况与其自我概念具有相关性，低自我概念的学生比高自我概念的学生存在更多的心理问题。李祚山等人（2006）研究表明[5]，自我概念水平越高，心理健康水平越高，否则心理健康水平越低。心理自我、社会自我和家庭自我的意识越强，其焦虑程度也就越低。另外，积极的自我概念有助于增强中小学生社会能力，减少行为问题。有研究表明，自我概念越低，社会能力得分越低，行为问题得分越高。具有积极自我概念的学生，其社会能力较强，行为问题较少；具有消极自我概念的学生，其社会能力较弱，行为问题较多。由此可见，自我概念在调节中小学生心理健康方面具有重要意义。因此，培养学生积极的学业自我概念，有利于提高学生的学业情绪，提高学生的心理健康水平，促进学生健全的人格发展。

第二节　提高中小学生学业自我概念的教育策略

一、一般性的教育策略

根据中小学生学业自我概念的形成过程的理论：I/E 参照模型、大鱼小池效应、同化效应和自我动机，以及影响中小学生学业自我概念的因素，如学生个体因素、社会文化因素、家庭因素和学校因素等，不少学者提出了培养学生积极的学业自我概念的教育策略。教育策略是指为实现某教育目标而采取的各种教育方法、方式、手段、路径、途径、措施的总和。

（一）从影响学业自我概念的内外两大因素考虑提出教育策略

影响学生学业自我概念的两大因素是学生个体内部因素和外部因素，其中个体内部因素

包括年龄、性别，以及学习动机、学习焦虑等心理因素，外部因素包括社会文化、学校和家庭等因素。有学者从这两大因素入手综合考虑提出培养和提高学生学业自我概念的教育策略。

王玲等人（2007）从影响学生自我概念的内部和外部因素入手，从家长、教师、学生和媒体等方面，提出以下青少年自我概念发展的意义与培养策略[6]：①家长要为青少年创造良好的家庭氛围。一是家长要学会"放手"，让青少年的自我发展有足够的空间。同时适当引导，不能包办代替。二是要减少青春期的消极影响，要细心关心青少年的变化，多和孩子交流，和他们一起分享成长的经验，帮助他们树立正向的自我概念。三是要给予情感上的温暖与理解。要站在青少年的立场上去感受和体验他们的内心世界，体会他们的喜怒哀乐和各种需求，充分地理解青少年的缺点和不足，少一些责骂，多一些鼓励和表扬。②教师要发挥重要的教育作用。一是教师在平时的教学过程中要注意自己的言行，要形成民主、公正的作风，这对于青少年自我概念的成长会起到积极的影响作用。二是要多给学生一些正向评价。教师的评价要采用肯定的方式，发现学生的闪光点，鼓励学生发挥优势。三是要开展心理咨询和辅导。对于可能存在一些心理问题的青少年，教师要教育他们学会提高自我调节能力，学会处理各种冲突，并通过自我理解、自我整合等方式调整自己的心理状态，帮助他们形成积极的自我概念。③青少年自己要做出努力。一是学生要学会正确评价自己。要看到自己的闪光点，知道如何扬长避短、发挥优势、弥补不足。二是学生要和同伴形成融洽的关系。青少年要学会了解别人、理解别人、约束自己，学会与同伴和睦相处。同时要关注他人，体验竞争与合作。三是学生要正确对待他人评价。青少年自我概念的发展，不可避免会受到他人评价的影响。这种评价是来自多方面的，有教师、同学、家长，还有亲朋好友以及社会上的一些传播媒体。一个成熟的青少年对于这些评价应该有选择地接纳，所谓兼听则明，偏听则暗。四是学生要不断地完善自己。要多参加一些活动，培养自己各方面的能力，提升自身素质。④大众传媒要发挥积极的导向作用。要重视大众传媒在青少年自我概念发展中的作用，净化社会传播环境，塑造可供青少年模仿的光辉形象，发挥其对青少年自我概念发展的积极导向作用。

（二）从团体教育干预考虑提出教育策略

团体教育干预如团体心理辅导、团体训练等是学校心理教育的常用手段或路径方法。有学者从团体教育干预入手提出培养和提高学生学业自我概念的教育策略。

宋剑挥等人（1998）从教育干预尝试入手，提出以下改变学生自我概念的教育策略[7]：①后团体赞赏效应。马什等发现，当个体顺利参与并完成某一团体任务后，会有一种很愉快的感觉，他们称这种现象为后团体赞赏效应。马什等利用后团体赞赏效应设计了一系列标准课程，用于改变个体的自我概念。结果发现，实施这种标准课程，并配合以父母的支持，将提高学业成绩较差的在校男生的学业成绩和学业自我概念。盖布瑞等采用相似的干预手段，也获得了良好的效果。他们发现，正确的干预将有助于提高个体的自我确认感和自尊水平。②动机训练。动机训练有两种基本方法：一是引导个体在预先设定的领域中获得高成就。在引导过程中，主要培养个体的特定技能与能力。二是帮助个体形成追求成就的倾向与态度，具体的行为目标由个体自己确定。塔埃斯于1995年根据第二种方法设计了一个动机训练方案（PTE），用于青少年的动机训练，它假定：借助于改变个体的习惯、态度、信念与期望等，能够使个体的潜能转化为真正的成就。PTE的运用涉及动机、认知失调、问题解决、自尊、自我决策及目标设计等众多因素。普迪与哈特采用 PTE 对青少年进行动机训练，结果显示，PTE 能够提高学生的深层成就动机水平和自信心，这两方面的改变有助于提高学生的学业成绩。③归因训练。塞弗森认为，个体自我概念的形成部分地与"个体自身的行为归因"有关。研究表明，对中小学生进行积极的再归因训练，将有助于增强其成就动机水平，提高学业成绩。

（三）课堂教学与课外个别辅导相结合方式提出教育策略

课堂教学是学校素质教育和学生核心素养培养的主渠道，是传授知识、能力培养和思想品质形成的主阵地。而课外个别辅导是课堂教学的补充，是个性化教育的一种方式。课堂教学与课外个别辅导相结合，是学校教学的基本原则或方法。有学者从课堂教学集中干预和课后个别辅导相结合的方法来培养和提高学生学业自我概念的教育策略。

刘凌等人（2013）针对农村初中生的特点，提出以下农村初中生学业自我概念培养的教育策略[8]：①在课堂教学中对学生进行集体干预。一是让学生经常获得成功体验。教学要从学生的实际出发，建立适当的目标。让学生充分参与教学活动，给学生提供展示自己才能的机会。如解决一个较难的数学问题时，教师应该留下充分的时间让学生独立思考，并鼓励学生勇于发表自己的意见。对学生学习中出现的错误，要发动学生进行讨论，看看谁能找出错误之所在，能说出产生错误的根本原因，提出纠正错误的办法。二是重视评价的作用。要以鼓励性评价为主。教师应善于发现学生的优点和长处，把握时机，适时对学生进行鼓励性评价。要适当应用过程性评价。追求卓越的人更加懂得享受过程的乐趣，用对付出的鼓励替代对成果的表扬有利于学生积极学习态度的培养，并促进其自我评价能力的发展。三是组织交流、讨论，树立学习榜样。观察学习对于自我效能感的形成也有重要的影响。一个学生看到与自己水平差不多的同学解决了一道难题，会认为自己经过努力也可完成同样的任务，从而增强其学业自我概念。四是让学生自己设定具体目标。应设立具体的、短期内能够达成的、符合最近发展区的学习目标。目标还要具有挑战性，即具有一定的难度。确定与具体操作相关的目标，会使学生的自我效能感大大增强。五是创造宽松、和谐的教学环境，保证良好的课堂气氛，对学生们的学习态度以及学业自我概念产生积极的影响。②针对个别学生采用心理干预的方法，提高其学业自我概念。一是提高成功经验的影响。帮助学生区分过去的行为和目前的行为，帮助学生在心理干预中更准确地估计自己的进步。要引导学生改变因果归因，鼓励学生把成功归于自己的努力和胜任，而不是情境或者教师。二是采用各种心理干预策略，帮助学生提高学业自我概念。三是因材施教，注重学生的个体差异。

综合上述有关研究，研究者认为，提高学生学业自我概念的关键点，就是针对学生的实际情况和学生的特点，通过不断正确地刺激学生个体内部的影响因素和合理地增强外部的影响因素，激发学生内部影响因素的活力和营造优良的外部环境，从而引起学生学业自我概念的改变。下面给出在学校教育情境下提高学生学业自我概念的教育策略：

（一）指导学生全面认识自我

教师从下面三个方面去综合指导学生全面认识自我：一是引导中小学生通过对他人的认识来认识自己；二是引导中小学生通过分析他人对自己的评价来认识自己；三是引导中小学生通过自我比较来认识自己。

（二）正确利用表扬奖励和教育引导，逐步树立学习自信心

首先，教师善于发现学生的闪光点，及时合理利用表扬等方式帮助学生树立自信心；其

次，通过学习活动，让学生获得荣誉和快乐；再次，教师要针对学生的缺点加以引导教育，使其逐步树立自信心，形成积极的学业自我概念。

（三）正确对学生进行归因训练，引导学生正确归因

采用个体归因训练法、团体训练法、强化矫正法、观察训练法等归因方法对学生进行归因的训练，引导学生掌握归因的方法和技能，针对学生在数学学习过程中表现出来的各种各类情况，认真分析归纳和总结，引导学生进行正确合理的归因。

（四）正确对学生进行动机训练，引导学生确立合理的学业目标

动机是促使个体去从事某种活动的内在原因。如果学生具有较强的学习动机，他就积极地投入学习，努力地学习，提高学习成绩，同时也促进学业自我概念的提高。动机训练的目的，主要是引导学生个体确立合理的学业目标，在学业目标的领域中培养学生的特定技能与能力，从而获得学业方面的高成就；同时也帮助学生形成追求成就的情感态度和价值观。

（五）创造良好氛围的班集体，形成优良的"教室文化"

有威望的教师、成绩好的学生应该是"重要他人"，对学生的学业自我概念形成和发展会产生重要的影响。首先，教师要给学生以积极的评价；其次，教师应鼓励学生同辈群体相互给予积极的评价；再次，教师要以多种方式肯定和充分鼓励学生的成绩和进步。

（六）开展班级活动，促进学生自我概念正强化

教师根据每一个学生的优点和长处，组织班级活动，引导学生把自己的优势在班级活动中表现出来，获得自信，促进学生学业自我概念的正强化。

二、提高具体学科自我概念的教育策略

具体到某一学科，提高学科学业自我概念的教育策略，应当具有一定的学科特点。对此，一些学者进行了探索，提出了一些教育策略。

（一）英语教学中学生自我概念的培养策略

有教师结合英语学科的特点和英语教学的实际，提出在英语教学中培养和提高学生自我概念的教学策略。

薛文鑫（2011）针对英语学科，提出培养高中生学业自我概念的教育策略，主要教育策略有[9]：①充分发挥教师的职责和作用。教师在中学生心目中处于权威者的位置，教师对学生的评价内容、评价取向都对中学生自我概念的形成、自我概念的倾向有直接的导向作用。教师要关注学生在英语学习中的每一次进步，关注学生每堂英语课上的进步表现，并施以适当的表扬和赞赏，从而培养学生英语学习的成就感，以此调动他们学习的积极性，使学生正确地看待、认识和评价自己，建立积极的英语自我概念。教师应该引导学生建立正确的归因方式。引导学生把英语学习的失败归因为努力程度不够等可变因素，就会增加学生学习英语的信心，增强学生的努力程度，有助于帮助学生建立积极的英语自我概念。②充分体现学习者的责任和作用。学生作为学习者，既参与到教的过程，又参与到学的过程中。学生本身在英语学习中起着关键性的作用，学习成功与否在很大程度上取决于学习者本身。只有积极地配合教师的教学活动，学会正确的评价方式和归因方式，在学习过程中独立思考，不断反思自己在英语学习过程中的成败得失，努力培养起自主学习的能力。③教师应设计恰当的学习任务和营造愉悦轻松的学习环境。教师所设计的学习任务需要经历由简单到复杂的过

程，有助于增加学生的信心。教师在最初组织课堂教学时应该有目的地选择较容易的内容，让学生很快适应英语的学习。同时教师还应该注意选择任务的趣味性，保持学生在英语学习中的兴趣。在课堂上，教师应该鼓励学生用英语去交流。

（二）生物教学中学生自我概念的培养策略

有教师在生物教学中探讨如何培养学生自我概念，提出一些教育策略。

吴圣潘（2006）针对生物学的教学，提出发展和提高优良自我概念的教育策略[10]：①内化生物学知识，提高自我概念水平。在生物课堂教学的过程中，教师要使学生掌握和内化生物学知识，将对生物的认识转化为对自我的认识。如在讲到物质代谢的时候，多用一些"自我"的教学语言。如：你自己今天吃了哪些食物？你的胃和肝分别在身体的哪个部位？你认为食物消化、吸收主要发生在哪个部位等。这样不仅可以使学生联系到自身，它还可以进一步提高学生对自我身体概念的认知和理解，进一步加深对自我个体的理解，提高自我概念水平。②开展探究性、合作性学习，促进学生同伴自我、能力自我、成就自我、班级自我及自信自我的发展。如，学生在合作学习过程中，通过同学、师生间的讨论，得知他人对自己的评价，即是同伴自我；通过交往、交流，可以发展和提高非学业自我概念，有利于良好自我意识的形成；通过上讲台演说、展示，能得到肯定、认可，可以提高学生的自信，还可以让学生得到良性的心理体验，自我认可、自我肯定，也会激发其更大的潜力。教师通过组织学生进行探究活动，使其获得更多的体验和自我认识，促进其对知识的建构和内化，提高了学生提出问题、思考问题、解决问题的能力。③以生物教材为载体，开展青春期教育，发展学生的自我概念。生物学教材中就提供了很多可以进行青春期教育的内容，帮助处于青春期心理困惑期的学生，正确对待和认识困惑，比如在"生殖和发展""生命活动的调节""遗传和变异"等章节中就有很多涉及人的生殖、性激素的合成及调节等相关内容。这些内容往往是高中生在课堂中认识自我、认识青春期生理、心理成熟的重要途径。

（三）数学自我概念的培养和提高的教学策略

研究者针对数学学科特点，根据中学生数学自我概念的影响因素，从数学自我概念的数学能力自我和数学情感自我这两个核心组成成分入手，提出中小学生数学自我概念提高的教育策略。

1. 教师要树立正确的数学教学观念，改进教学行为，营造良好的"数学教室文化"

"数学教室文化"是影响学生数学自我概念的重要的学校因素[11]。所谓"数学教室文化"，就是"以数学教师和学生作为直接的考察对象"[12]，是数学教师教学信念、教学态度、教学行为和学生数学认识信念、学生行为，以及师生、生生相互作用而形成的一种特定的文化。

数学教师的教学观念由数学观念、认知观念和教学观念等三部分构成，其中数学观念和认知观念是基础[13]。数学观念是指人们对数学本质和数学发展的认识或看法，认知观念是教师对人的认知规律、方式、行为的认识形成的观念，教学观念是教师在教学实践中逐步形成的对教学本质和过程的基本看法。持有不同的数学观念的人，体现出不同的数学教学思想，采用的数学教学范式就不同。例如，用静态的观点看待数学，把知识视为一种"结果"，其教学模式将是一种"结果型"范式；用动态的观点看待数学，把知识视为一种"过程"，其教学模式就是"过程型"范式。在《数学课程标准》提倡的数学观具有多重性和动态性。因此，教师要树立正确合理的数学教学观念，促进教师改进教学行为。

有效的教学行为，能充分调动学生学习的积极性，提高学生的数学学习效率和数学自我概念。数学教师有效的教学行为应具有下列特征：一是面向全体学生，让不同学生在数学学习上都得到最大的发展；二是有效调控数学课堂，建设和维护良好的"数学教室文化"；三是促进学生数学知识的意义建构，培养学生数学能力和创新精神；四是激发学生数学学习兴趣，促进学生树立正确的数学价值观；五是有效评估学生的数学学习，提高学生数学学习效率。改进数学教师教学行为的有效途径是教师聚焦数学课堂，反思自身的教学，开展数学教学案例研究。

2. 引导学生正确归因，激发学生学习兴趣，提高学生学习积极性

引导学生正确归因，激发学生的数学学习兴趣，提高学生数学学习的积极性和主动性，从而提高学生数学学习成绩，进一步提高学生的数学自我概念。

第一，通过归因训练，引导学生正确归因。可以采用个体训练法、团体训练法、强化矫正法、观察训练法等方法进行训练。

第二，激发学生数学学习兴趣。首先，在数学教学过程中，要把数学材料设计得有一定的新颖性，把教材上"冰冷的数学"还原成与现实生活有关、与人创造数学的探究过程有关的鲜活的数学，让学生体会到数学的价值。其次，要采用多样化的教学方法，讲授与探究要结合，独立学习与合作学习相结合，实验与论证相结合。充分利用现代教育技术，采用多媒体进行教学。另外，数学教师是影响学生数学自我概念的重要变量，也是影响学生数学学习兴趣和学习动机的重要变量。因此，数学教师在教学中要投入高昂的热情，具有对数学真理的执着追求的信念，对学生具有高度的责任感，从而影响和激发学生数学学习的热情。

3. 培养学生正确的数学情感态度与价值观，提高学生数学情感自我

培养学生的数学情感态度与价值观，是数学课程目标的重要组成部分，"情感态度"的课程目标与"育人"密切相关。数学价值是指数学本身具有的能满足人们需要的那些客观属性。数学价值观是人们的需要与数学价值之间的关系，是对数学价值的认识，它可分为数学实践价值观、数学认识价值观、数学德育价值观和数学美育价值观。在《义务教育数学课程标准（2011年版）》中指出"体会数学的特点，了解数学的价值"，它包括"对数学有好奇心和求知欲""感受成功的快乐，有克服困难的勇气，具备学好数学的信心""认识数学的特点，体会数学的价值""养成良好的习惯和严谨求实的科学态度"四个方面。因此，教师在设计和开展数学教学活动时，要把"情感态度"目标融入教学过程；要引导学生参与和体验，并以身作则感染学生；恰当地对学生进行情感态度的养成教育；关注全体学生数学情感态度的发展；要有目的、有计划、有步骤地培养学生正确的数学价值观；要不失时机地从正面直接引导学生领会数学的实践价值、认识价值、德育价值和美育价值；在领会美育价值过程中逐步培养学生的数学美感和数学审美能力。培养学生良好的数学价值观，进一步提高学生的数学情感自我。

4. 重视数学自我监控训练，养成反思习惯，培养学生的数学元能力

数学元能力的核心就是数学自我监控能力。所谓数学自我监控能力，就是指学生在整个数学学习过程中把数学学习活动作为意识对象，对其进行积极主动的计划、检验、调节和管理，从而实现数学学习目标的能力。数学自我监控能力主要包括计划、调节、检验、管理和评价等五种成分。

第一，明确而直接地进行数学自我监控训练。在数学解题教学过程的每一个阶段，让学生在教师的外控导向下逐步内化为自我监控。如在审题时，教师要明确向学生解释以下问题：为什么要对问题进行准确理解？如何对问题进行准确理解？以前见过这个问题或类似问题没有？不同的表征策略对问题准确理解有什么不同？在什么情况下采用何种策略才能准确理解问题？如何评价自己对问题的正确理解程度？等等，经过外控训练后，学生逐步学会自我提问，将其贯穿于整个解题活动之中，并将其迁移到整个数学学习过程。另外，教师可以通过出声思维的示范，向学生暴露数学自我监控历程，使学生受到潜移默化的感染。

第二，使学生养成反思的习惯。数学解题的反思包括对问题表征的反思、对解题策略选择的反思、对模式识别的反思、对思维过程的反思、对解答表述的反思、解题后对问题和方法的反思，等等。解题中的反思目的是自我调节解题行为；解题后的反思目的是对问题进一步理解，总结经验，积累知识，完善和优化数学认知结构。

5. 构建数学"四基"模块教学，培养学生数学核心素养，提高学生数学能力自我

传统的"双基"教学，只重视基础知识和基本技能的教学，数学能力常常是指数学运算能力、逻辑思维能力和空间想象能力等"三大能力"。在《全日制义务教育数学课程标准》（2011 年版）中明确提出了"四基"，包括基本数学知识、基本数学技能、基本数学思想方法、基本数学活动经验。因此，在数学教学过程中，要注意从"双基"教学发展到"四基"教学。

高中数学课程标准修订组的专家提出了数学核心素养包括数学抽象、逻辑推理、数学建模、数学运算、直观想象、数据分析等 6 种成分。在《全日制义务教育数学课程标准（2011 年版）》中提出了 10 个核心概念：数感、符号意识、空间观念、几何直观、数据分析观念、运算能力、推理能力、模型思想、应用意识和创新意识。将这 10 个核心概念与 6 种数学核心素养成分进行对比，不难发现，初中生数学核心素养也可以用数学抽象、逻辑推理、数学建模、数学运算、直观想象、数据分析等 6 种成分表示[14]。

在数学教学过程中，在做好"双基"的教学基础上，构建"四基"数学模块教学[15]，注重基本数学思想方法和基本数学活动经验的教学，培养学生数学共通任务能力和特定任务能力，全面提升学生的数学能力，提高学生的数学能力自我。要加强学生数学核心素养的培养，全面提升学生的数学素质，从而提高学生的数学自我概念。

同时，教师在数学教学中要注意培养学生的数学自我效能，提高学生的数学自我能力感，从而提高学生的数学自我概念。

一是为学生创造成功的机会。成功经验或体验是学生自我效能最重要的来源。数学自信心不足的学生，常会过分夸大数学学习的困难，过低估计自己的能力，这就需要教师为这些学生创造更多的成功机会，让他们在成功和进步中认识自我，提高自信。

二是为学生提供良好的榜样示范。良好的榜样示范能增强学生的数学自我效能感，并通过观察学习能力相近者的学习行为来培养自己的自信心。教师应指导学生确立积极的自我参照标准，引导他们从自身进步中增强自信心和胜利感。

三是适当的表扬与奖励。教师要善于发现学生数学学习和活动过程中的亮点，不失时机地进行积极评价，以激发学生的数学学习潜能，提高学生数学学习的自信心。

第三节　提高中小学生学业自我概念的团体辅导训练

一、训练目的

学业自我概念对学习的情感和动机、学习投入、学习成绩、学业情绪、心理健康等都产生重要的影响。因此，通过学业自我概念的团体心理辅导和训练来提升学生学业自我概念，进而提高学生的情感和动机、学业情绪、心理健康等，促进学生积极的学习投入，提高学生的学业成就，有利于学生学业和心理的健康发展。

二、训练步骤及项目安排

本训练围绕影响学生学业自我概念的内在因素，如归因方式、合理比较、内在能力观念等，设计了5个主题（我是谁、合理归因、合理比较、动机训练与确立目标、找优点树信心）。每周训练一次，每次训练时间45分钟（一节课），共计训练9周，经时2个多月。具体训练项目安排见表6-1。

表6-1　中小学生学业自我概念提高训练项目安排表

序号	训练项目	训练目的	训练内容要求	学时数
1	热身运动	明确干预的目标和内容，引发学生个体参与兴趣	了解训练方案	1学时
2	我到底是谁	探讨学业自我概念，活动目的是引发学生思考学业自我概念，学会合理地认识和评价自己	（1）学业自我概念测量。 （2）用20问法、核查法、自由报告法等，让学生认识自我，包括学生自己的学业身份、学业态度、学业情感、学业能力、学业成绩等	1学时
3	学会合理归因	让学生了解自己的归因特点，认识到归因方式对学业自我概念以及行为结果的影响，并进行一定的归因训练，引导学生学会正确积极的归因	（1）进行3次归因训练活动，主要是结合学科学习内容（语文阅读、数学考试、测验、数学竞赛等）进行训练。 （2）归因训练可分为四个步骤：一是了解学生的归因倾向；主要弄清楚学生将成败归因于外部原因还是内部原因；二是让学生得到成败体验（如期中考试后，对考试成败的体验）；三是让学生对自己的成败进行归因，并回顾进行归因时的情绪体验；四是引导学生进行积极的归因	3次共3学时
4	学会合理进行学业比较	正确认识自己的学习情感、学习能力等，澄清学生对学习的一些误解，让学生逐步改变如学习是短期行为的认知和以成绩为导向的能力评价标准等消极的认知模式	（1）通过团体讨论方式让学生探讨什么是学习以及学习能力，归纳自己在学习中采用了那些学业比较方式。 （2）引导学生正确看待学习和个体的学习能力，避免不当的学业比较	1学时

续表

序号	训练项目	训练目的	训练内容要求	学时数
5	动机训练与确立学业目标	通过动机训练，引导学生个体确立合理的学业目标，从而获得学业方面的高成就；帮助学生形成追求成就的情感态度和价值观	（1）成就动机和目标动机的训练，确立合理的学业目标。 （2）在学业目标的领域中培养学生的特定技能与能力；同时也培养学生的学业情绪和学业坚持性	1 学时
6	找优点树信心	回顾近几周来的表现，查找优点和成绩，树立自信心，形成积极的学业自我概念	（1）训练开始，教师善于发现学生的闪光点，正确利用表扬、奖励、鼓励等教育引导；通过学习活动，让学生获得荣誉和快乐；要针对学生的缺点加以引导教育，为"找优点树信心"活动做好准备。 （2）各人自己查找优点，包括老师的表扬、鼓励、奖励，同学的鼓励，成绩的进步，课堂和课后的表现等。 （3）分若干个小组，帮助每个同学找优点、找进步，同学之间互相表扬和点赞，逐步树立信心（特别是差生），形成积极的学业自我概念。 （4）师生总结，共同进步	1 学时
7	自我认识与成长	反思和重新评价学业自我概念，帮助学生学会积极地看待自己在学习中的表现，正确认识学习和自己的学习能力，从而提高学生的学业自我概念，促进个体成长	（1）在团体创设的情境下，通过团体活动、团体互动讨论、游戏的方式等形式，促使学生回顾整个辅导过程，反思并重新评价自己的学业自我概念。 （2）针对每个学生面对特殊的问题，进行个别咨询辅导	1 学时

三、训练材料及项目训练方案

根据这 5 个主题的项目要求和学生的实际情况，有针对性地开发具体项目内容和编写训练方案。下面给出 3 个通用性较强的项目训练简要方案（只给出训练目的、时间、内容与步骤）。

案例 1　　　　　　　　**"我是谁"项目训练方案**

1. 训练目的

探讨学生学业自我概念，训练目的是引发学生思考学业自我概念，学会合理地认识和评价自己。

2. 训练时间

45 分钟，一般安排在下午最后一节课（第 7 节）。

3. 训练内容与步骤

第一，教师宣布活动开始，并讲解活动的要求和注意事项。

第二，发放"20 问法"表格。表格主要信息如下：

我是谁？

同学们，如果你告诉别人 20 件关于自己的事，使别人清楚地了解你，你会告诉他们什么？你的个性？社会背景？生理特征？爱好？你拥有的东西？你亲近的人？自由书写 20 个答案，内容可包括你的学习、生活、交往、家庭、情感、道德……，请尽可能从多方面认识与评价自己。试将你的答案填在下面的横线上，每一横线填一项：

1. ＿＿＿＿＿＿＿＿＿＿＿＿＿＿
2. ＿＿＿＿＿＿＿＿＿＿＿＿＿＿
3. ＿＿＿＿＿＿＿＿＿＿＿＿＿＿
4. ＿＿＿＿＿＿＿＿＿＿＿＿＿＿
…………
…………
19. ＿＿＿＿＿＿＿＿＿＿＿＿＿＿
20. ＿＿＿＿＿＿＿＿＿＿＿＿＿＿

第三，学生根据自己的情况，写出 20 句关于自己的事件。时间 10 分钟。

第四，将学生分为若干个小组，每个学生在小组内展示、交流、总结"我是谁"。

第五，各小组代表在全班上展示、交流、总结"我是谁"。

第六，教师总结，帮助学生认识自我，包括学生自己的学业身份、学业态度、学业情感、学业能力、学业成绩等。

案例2　　归因训练（一）方案

1. 训练目的

让学生了解自己的归因特点，认识到归因方式对行为结果的影响，学会正确积极地归因，应用合理归因的方法。

2. 训练时间

45 分钟，一般安排在下午最后一节课。

3. 训练内容与步骤[16]

（主要训练内容选自湖南师范大学易婷的硕士学位论文《学业自我概念训练对高中生学业情绪的影响》）

第一，游戏导入：穿针引线

（1）说明游戏规则：

①每组派两位同学参加。

②一位同学拿针，一位同学拿线，在 5 秒钟内将线穿过针孔。

③要求：开始前两个人都必须将手放下，时间到时拿针的同学必须放手。

④其他同学监督，用数"5，4，3，2，1 停"来帮助计时。

（2）寻找游戏中成功和失败的原因：

请参加游戏的同学谈谈成功或者失败的原因，如果再给你们一次机会，你们会怎样做？

也请同组的其他同学发表看法。

（3）解释归因（用提问方式）：

归因简单地讲，就是寻找行为结果的原因，即你对学习、工作成败的原因做出判断。是为了明确下一步"怎么办"，因为学生的归因方式直接影响着学生的行为结果。

第二，归因自评与分析——以考试为例

（1）发放考试归因自测表（见表6-2）。

（2）分析自己的归因特点：请个别同学说说自己认为最重要的原因，并谈谈自己依照这样的归因今后会怎样去做。

（3）继续分析各个原因的特点：同学们对照自己所列出的五个主要原因，如果还有其他的，把它归在"其他"项里。

表6-2　考试归因自测表

归因类别	成败归因向度					
	因素来源		可控性		稳定性	
	内	外	可控	不可控	稳定	不稳定
能力	√			√	√	
努力	√		√			√
任务难度		√		√		√
运气		√		√		√
其他，如毅力、方法						

第三，讨论与分享

（1）用1分钟时间回想一下自己印象非常深刻的一件成功或者失败的事情。

（2）与小组成员一起分享交流一下当时的情景。

（3）分析以下问题：当时自己对成功或者失败是如何归因的？对自己的行为结果产生了怎样的影响？你觉得当时怎样归因会更有利于以后的发展？

（4）小组内分析总结合理归因的方法。

（5）每小组推荐一名同学分享本组成果。

小结

合理归因的方法：

（1）不一味埋怨外部环境，要多从自己内部找原因，激发自我责任感和信心。

（2）要尽量找自己可以改变的原因，不要过多归因于不可改变或太难改变的原因。

（3）培养自己积极的思考模式，多从积极的角度来思考分析问题，相信自己！

（4）合理归因的目的不是为失败找借口，而是寻找努力的方向，不是一味自责，而是相信自己可以完善。

第四，故事启迪：《将军的占卜》

从前有一个将军，在率军打仗之前，他当着全体将士的面进行了一次占卜。当他抽签时，全体将士都屏住了呼吸，似乎抽签的结果将决定他们这次出征能否取胜。将军把签郑重地举到将士面前，上面清清楚楚写着"神将帮助你们赢得战争的胜利"。全体将士欢呼雀跃。结果，将军率领他的军队取得了一个又一个的胜利。在庆功会上，将士们纷纷说："如果没有神，我们将不能取得胜利，让我们为神而干杯。"听了将士们的话，将军微笑着拿出所有的签，令人惊奇的是所有的签上都写着同样的话。看着惊呆了的众将士，将军激动地说："勇敢的将士们，你们才是赢得这次胜利的决定力量，没有神帮助我们，我们完全靠自己，让我们为自己干杯吧!"

小结：内因是事物变化的根据，它规定着事物发展的方向，所以是事物发展的根本原因。外因是事物变化的条件，它能够加速或延缓甚至暂时改变事物发展的进程，但它必须通过内因起作用。事物成败的关键是内因，不能一味地强调外因，要合理利用外因，让它成为我们前进的动力而不是阻力，永远不要忽视自我的力量。有一句名言："失败乃成功之母。"我想说，面对失败，只有能够正确归因的人，才可能走向成功，从低谷走向高峰。而面对成功，假如不能正确归因，也会使人从高峰落入低谷。

第五，回顾与总结

教师和学生一起总结：

合理的归因是对过去事情的全面总结，更是下一步行动的好的开端!

合理归因的目的是明确努力方向，去取得更大的进步和成功!

每次归因之前，应当有这样一个信念——命运，只能掌握在自己的手中!

今天的生活是昨天选择的结果，明天的生活需要我们正视自我，在今天做出合适的判断、明智的抉择，人生没有公式也没有法则，但是你的思维方式决定你的生活轨迹，你的未来会怎样呢？

案例3 **"找优点树信心" 训练方案**

1. 训练目的

学生回顾近几周以来的表现，查找优点和成绩，树立学业自信心，形成积极的学业自我概念。

2. 训练时间

45分钟，一般安排在下午最后一节课。

3. 训练内容与步骤

第一，教师简单总结近几周的情况，提出"找优点树信心"的活动要求和做法。

第二，学生各自查找自己的优点和进步，包括教师的表扬、鼓励、奖励，同学的鼓励、赞同或点赞，成绩的进步，课堂和课后的表现等。将近几周以来自己的优点与进步点列入表6-3。

表6-3 近几周以来自己的优点与进步点列表

姓名：＿＿＿＿＿＿　　　　　学号：＿＿＿＿＿＿

序号	教师的表扬、鼓励、点赞等	同学的表扬、鼓励、点赞等	其他的优点、进步等
1			
2			
3			
4			
5			
6			

序号	教师的表扬、鼓励、点赞等	同学的表扬、鼓励、点赞等	其他的优点、进步等
7			
8			
9			
10			
…			

注：同学们，尽可能将各种各样的优点、进步点列出来，包括教师和同学的表扬、鼓励、点赞，也包括自己认为的优点、进步等，既包括课堂上的，也包括课外的，即包括学习、生活、纪律、卫生、帮助他人等方方面面。

第三，分若干个小组，帮助每个同学找优点、找进步，同学之间互相表扬和点赞，逐步树立信心（特别是差生），形成积极的学业自我概念。

第四，师生归纳总结，表扬点赞树信心。

4. 注意

（1）为了做好这项活动，必须提前做好准备工作。训练过程中，教师要善于发现学生的闪光点，正确利用表扬、奖励、鼓励等教育引导；通过学习活动，让学生获得荣誉和快乐；要针对学生的缺点加以引导教育。

（2）同学之间要善于相互鼓励和相互点赞，各美其美，美人之美，美美与共。

第四节　初二学生数学自我概念辅导训练的实验研究

一、实验目的

通过归因训练、合理比较、动机训练与确立目标、找优点树信心等项目的训练，探索提高初中二年级学生数学自我概念水平的教育策略。基本假设是：通过归因训练、合理比较、动机训练、找优点树信心、认识自我与成长等项目的训练，可以提高初中二年级学生数学自我概念水平。

二、实验对象与方法

（一）实验对象

钦州市钦北区某镇初级中学初二年级两个班的学生，共计有效被试92人。其中实验班45人，对照班47人。

（二）研究方法与实验设计

采用不相等实验组对照组前测后测准实验设计，具体设计见表6 – 4。

表6 – 4　实验班对照班准实验设计

班别	前测成绩	实验处理	后测成绩
实验班	O_1	项目训练	O_2
对照班	O_3		O_4

其中 O_1、O_3 分别为实验班和对照班数学自我概念的前测成绩，O_2、O_4 分别为实验班和对照班数学自我概念的后测成绩。训练的项目具体见第三节"中小学生学业自我概念提高训练项目安排表"。

（三）实验变量

1）自变量为学业自我概念的团体辅导训练。

2）因变量为初二学生数学自我概念。

3）无关变量及其控制方法：

第一，为避免实验效应，对接受实验训练的班级采用"单盲"（即学生不知道），而不接受实验的班级采用"双盲"（教师和学生都不知道）的实验过程。

第二，合理地确定实验班和对照班。第一，前测成绩包括数学自我概念、数学学习成绩，其两项的水平基本一致，即没有统计学意义的差异。第二，实验班和对照班的各科任课老师、教学进度、使用的教材和教学环境等情况都基本相当。

第三，为保证团体辅导的顺利进行和专业性问题，由研究者对实验班的各位任课教师进行心理辅导方法和实验研究方法的培训。

（四）实验过程和数据处理

1. 实验处理与过程

参考第二节"中小学生学业自我概念提高训练项目安排表"的项目进行训练，经时 9 周，共计两个多月。具体安排如下：

第一周："热身运动"。主要目的是了解实验训练要求，明确干预的目标和内容，引发学生个体参与兴趣，1 学时。

第二周："我到底是谁"。主要目的是引发学生思考学业自我概念和数学自我概念，学会合理地认识和评价自己，1 学时。

第三周："学会合理归因（一）"。主要目的是学会如何归因，1 学时。

第四周："学会合理归因（二）"。主要目的是对数学月考进行归因训练，1 学时。

第五周："学会合理比较"。主要目的是学会如何进行合理比较，准确认识自己，1 学时。

第六周："学会合理归因（三）"。主要目的是对这几周的数学周考和数学作业进行归因训练，1 学时。

第七周："成就动机和目标动机的训练"。主要目的是引导学生个体确立合理的数学学业目标，从而获得数学学业方面的高成就，帮助学生形成追求成就的情感态度和价值观，1 学时。

第八周："找优点树信心"。主要目的是通过查找近几周以来的优点、进步和成绩，帮助学生逐步形成积极的数学自我概念，树立数学学业自信心，1 学时。

第九周："自我认识与成长"。主要目的是反思和重新评价数学自我概念，帮助学生学会积极地看待自己在数学学习中的表现，正确认识学习和自己的数学学习能力，从而提高学生的数学自我概念，促进个体成长，1 学时。

从第一周开始，所有任课教师特别是数学教师要善于发现学生的闪光点，正确利用表扬、奖励、鼓励等教育引导，同时也在班级上营造形成良好的气氛。各美其美，美人之美，美美与共。

2. 数据收集与处理

1）教师平时注意收集每个学生各种进步、优点等事件，建立学生学业进步档案袋。

2）实验前和实验后都分别进行数学和数学自我概念的测量，记录好成绩；平时多关注学生的表现，注意对学生（特别是数学差生）进行访谈，并做好记录。

3）每次团体辅导训练，注意记录学生的表现，收集学生的活动成果或材料。

4）数据采用 Excel 和 SPSS 进行统计分析。

三、结果与分析

实验结束后，对实验班和对照班的数学自我概念进行测量，并对它们进行差异显著性的 t 检验，结果见表 6-5。由表 6-5 可知，$t=3.006$，$P=0.003$，差异达非常显著水平。经计算效应大小，效应值为 0.0912，差异达中等效应。这说明了项目训练有利于提高学生数学自我概念。

表 6-5　实验班与对照班数学自我概念后测得分统计检验表

班别	人数	平均分	标准差	t 值	显著性水平	效应大小	
						效应值	效应判断
实验班	45	33.07	4.266	3.006	0.003	0.0912	中等效应
对照班	47	29.98	5.483				

各班按学生平时和月考的数学成绩从大到小排序，排在前面 27% 和后 27% 分别组成数学优生组和数学差生组。分别对实验班和对照班的数学优生组、中等组和差生组的数学自我概念后测得分进行 t 检验，结果见表 6-6。由表 6-6 可知，优生组的实验班和对照班的数学自我概念得分没有显著差异；中等组的实验班和对照班的数学自我概念得分存在非常显著差异（$P<0.01$），计算效应大小，效应值为 0.2291，差异达到大效应程度；差生组的实验班与对照班的数学自我概念得分存在非常显著的差异（$P<0.01$），计算效应大小，效应值为 0.3922，差异达到大效应程度。这进一步说明了项目训练对数学中等生和差生的意义更大。

表 6-6　实验班与对照班的数学优生组、中等组和差生组的 t 检验表

组别		人数	平均分	标准差	t 值	显著性水平	效应大小	
							效应值	效应判断
优生组	实验班	12	38.00	4.492	0.840	0.410	—	—
	对照班	12	36.50	4.253				
中等组	实验班	21	31.86	2.125	3.533	0.001	0.2291	大效应
	对照班	23	29.17	2.790				
差生组	实验班	12	30.25	2.454	3.768	0.001	0.3922	大效应
	对照班	12	25.00	4.156				

四、讨论

(一)项目训练有利于提高学生的数学自我概念

实验结果表明,实验班与对照班数学自我概念存在非常显著的差异,实验班的数学自我概念显著高于对照班,说明了项目训练有利于提高学生数学自我概念。训练的项目包括"我到底是谁""合理归因""合理比较""动机训练与确立目标""找优点树信心""自我认识与成长"等,从"我是谁"到"自我认识与成长",中间经历过"归因""比较""确立目标""树信心"等项目训练,一环扣一环,逐步认识与提高。这与国内一些相关的研究类似。

有关研究表明,归因方式对学生学业自我概念产生重要的影响。黄丹媚等人(2004)研究表明[17],中学生归因方式对学业自我概念产生重要的影响。黄丹媚认为,内部归因对自我概念有重要作用,这体现在内部控制与一般自我概念、学业自我概念和非学业自我概念都有显著相关。自我概念高的学生,倾向于做内部归因,而内部归因又可以进一步促进自我概念。可见,改变学生的归因方式,对提高学生的各个自我概念都具有重要意义。整个中学阶段,内部控制源都对一般自我概念直接发生作用,然后以一般自我概念为中介对学业自我概念与非学业自我概念产生间接的影响。

伍媚春(2015)研究表明[18],归因训练对护理专业本科生专业自我概念产生重要的影响。伍媚春以护理专业本科生一般情况调查表、护理专业自我概念量表、大学生主观职业障碍问卷作为研究工具,对378名护理专业本科生进行调查,了解护理专业本科生专业自我概念与主观职业障碍的现状,并分析护理专业本科生专业自我概念和主观职业障碍的影响因素。对照组护理专业本科生按照常规教学活动进行,归因训练组护理专业本科生在常规教学活动的基础上进行两个月的归因训练,分别测评两组护理专业本科生护理专业自我概念得分与主观职业障碍得分。归因训练组护理专业本科生专业自我概念总均分、技能维度均分、灵活性维度均分、满意度维度均分以及沟通交流维度均分显著高于干预前,差异有统计学意义($P < 0.05$)。

有关研究表明,表扬、鼓励和点赞对学生的自我意识形成和发展产生重要的影响。赖瑾霞(2012)认为[19],教师表扬对学生意识形成和发展具有影响作用,即教师表扬有助于促进学生自我评价的发展,促进学生自尊心和自信心的树立,促进学生自我意识的形成、强化和发展,促进学生自我概念的发展。

(二)项目训练更有利于数学差生数学自我概念的提高

实验结果表明,数学优生组的实验班和对照班的数学自我概念得分没有显著差异,数学差生组的实验班与对照班的数学自我概念得分存在非常显著的差异。这是本研究的一个重要的发现。

归因方式训练对提高数学优等生的数学自我概念的作用不大。究其原因,数学优等生的归因方式相对合理,具有较强的学习自信心和较为积极的数学自我概念,因而"归因方式""找优点树信心"等项目训练对数学优等生的数学自我概念影响不大。

对于数学中等生和差生而言,通过归因等项目训练,可以提高学生数学学业自我概念。这与一些研究的结果类似。张佳佳研究结果表明[20],通过归因的训练,即为期10周的团体干预和个体咨询,直接干预的目标为直接提高学业自我概念,间接干预的目标是通过促进学生的学习技能进而影响学生的学业自我概念,可以提高高中生学业不良学生在目标学科上的学业自我概念水平并且促进了学科成绩。学生在讨论、分析和交流的过程中，能够正视自己的问题，逐渐改变自己的认知，并提高了对学习过程的管理能力。张姣妹研究结果表明[3]，通过归因等干预，可以提高初中二年级学生的自我概念。事实上，数学差等生的归因方式可能不合理，学习自信心不足，经过项目训练，数学差等生学会了合理的归因方式，学会了合理地进行学业比较，同时树立了学业自信心。数学中等生的归因方式、学业比较、学业自信心可能处于不太稳定的状态，在合理与不合理之间摆动。"归因方式""找优点树信心"等项目训练对数学中等生和差等生数学自我概念的影响较大。因此，项目训练更有利于数学中等生和差生数学自我概念的提高，但对数学优等生的影响效果不显著。

五、结论和说明

第一，"归因训练""合理比较""找优点树信心""认识自我与成长"等项目训练对提高初中生数学自我概念有着重要的影响。可以通过合理的项目训练，提高学生数学自我概念。

第二，"归因训练""合理比较""找优点树信心""认识自我与成长"等项目训练对提高初中数学中等生和差生数学自我概念的效果非常显著，对提高数学优等生数学自我概念的效果不显著。

第三，本实验研究的样本容量较小，所得结论是否具有普遍性，有待进一步研究，特别是大样本的实证研究。

第五节　本章总结与反思

一、提高学生学业自我概念具有重要的意义

提高学业自我概念，有利于提高学生的学习投入，从而提高学生的学业成绩，反过来又可以提高学生学业自我概念，进而有利于提高学生学习坚持性，有利于提高学生的学业情绪，降低学生的辍学率，提高学生的心理健康水平。

提高专业自我概念，有助于增强学生的自信。学生有自信，学习动机就高，学习兴趣更浓，有利于提高学业成绩。自信是一个人对自己的积极感受。自信是一个人感受自己的方式，包括自己对自己的接受程度，自己对自己的尊重程度。也就是说，自信表示着一个人自己对自己的看法，自己是不是有能力，自己是不是"有价值"，自己是不是"看得起"自己。与自信相反的是"自卑"，它是一种自我贬低，一种对自己的不信任，一种自己对自己的消极态度，总是自己看不起自己。另外，还一种叫"自负"，自负表面上近似于自信，但与自信有本质区别。自信的人对自己往往有着一种客观的认识，而自负的人却缺乏对自己的客观认识。自负在本质上也是一种不自信或自信心不足的表现。自信的人活泼、坦诚、虚心、大度、轻松、言行一致、勇敢。通过学业自我概念的训练，有助于建立和增强学生学业自信，转化差生自卑，防止学生自负，促进学生身心的健康发展。

二、通过项目训练可以提高学生学业自我概念

围绕影响学生学业自我概念的内在因素，如归因方式、合理比较、内在能力观念等，通

过"我是谁""合理归因""合理比较""动机训练与确立目标""找优点树信心"等主题，设置一系列合理的训练项目，对学生进行训练，可以提高学生的学业自我概念。通过项目训练，让学生认识自我，建立或增强自信。

教育干预对总体的自我概念产生效果需要较长的时间，但是针对特定领域的自我概念，如数学自我概念、几何自我概念、语文阅读自我概念等，可能会取得较好的效果。在本研究中，开展初二学生数学自我概念辅导训练的实验研究只是一项初步的尝试，这方面还有待进一步深入开展教育实验研究。

本章参考文献

[1] 郭成，何晓燕，张大均. 学业自我概念及其与学业成绩关系的研究述评 [J]. 心理科学，2006，29（1）：133 - 136.

[2] 姚计海，屈智勇，井卫英. 中学生自我概念的特点及其与学业成绩的关系 [J]. 心理发展与教育，2001，17（4）：57 - 64.

[3] 张姣妹. 提高初中二年级学业不良学生自我概念水平的干预研究 [D]. 昆明：云南师范大学，2004.

[4] 刘惠军，石俊杰. 中学生自我概念与心理健康的关系研究 [J]. 中国临床心理学杂志，2000，8（1）：48 - 50.

[5] 李祚山，张涛. 中学生自我概念与心理健康研究 [J]. 安徽师范大学学报（人文社会科学版），2006，34（1）：114 - 117.

[6] 王玲，李定荣. 青少年自我概念发展的意义与培养策略 [J]. 江西教育，2007（6）：29 - 30.

[7] 宋剑辉，郭德俊，张景浩，等. 青少年自我概念的特点及培养 [J]. 心理科学，1998，21（3）：277 - 278.

[8] 刘凌，张馨元，马旭颖，等. 农村初中生学业自我概念的发展及其对教育的启示 [J]. 辽宁教育行政学院学报，2013，（1）：93 - 97.

[9] 薛文鑫. 高中英语教学中自我概念的培养 [J]. 语文学刊·外语教育教学，2011（1）：171 - 172.

[10] 吴圣潘. 生物学教学中学生自我概念的发展与培养 [J]. 中学生物学，2006，22（5）：21 - 22.

[11] 梁好翠. 初中生数学自我概念影响因素的定量分析——基于"学生个体"和"数学教室文化"等因素的考察 [J]. 数学教育学报，2016，25（4）：23 - 29.

[12] 郑毓信."（数学）教室文化"：数学教育的微观文化研究 [J]. 数学教育学报，2000，9（1）：11 ~ 15.

[13] 喻平. 数学教学心理学 [M]. 北京：北京师范大学出版社，2010：166 - 169.

[14] 董林伟，喻平. 基于学业水平质量监测的初中生数学核心素养发展状况调查 [J]. 数学教育学报，2017，26（1）：7 - 13.

[15] 张奠宙，郑振初. "四基"数学模块教学的构建——兼谈数学思想方法的教学 [J]. 数学教育学报，2011，20（5）：16 - 19.

[16] 易婷. 学业自我概念训练对高中生学业情绪的影响 [D]. 长沙：湖南师范大

学，2011.

［17］黄丹媚，张敏强.中学生自我概念、学业归因与学业成绩关系的研究［J］.心理与行为研究，2004，2（2）：419－424.

［18］伍媚春，赵玲，吴艳平.归因训练对临床实习前护生专业自我概念的影响［J］.护理学杂志，2014，29（24）：7－10.

［19］赖瑾霞.浅谈表扬对学生意识形成和发展的影响作用［J］.学周刊，2012，（4）：141－142.

［20］张佳佳.提高高中学业不良学生自我概念的干预研究［D］.上海：华东师范大学，2009.

附录1　学业自我概念量表

亲爱的同学：

你好！为了了解同学们学习过程中的一些想法或感受，我们邀请你参与此次调查。请根据你的实际情况或感受，选出合适的答案，注意每个问题只能选一个答案。以下各题答案没有好坏对错之分，回答结果只作为科学研究之用。我们对回答结果绝对保密，请认真、如实回答每个问题，你的回答对我们的研究非常重要。

第一部分：你的基本信息

学校：_____　班级：_____　年龄：_____　性别：_____　民族：_____

你在期中考试中，语文成绩是_____分，数学成绩是_____分。

第二部分：调查项目（每小题只选一个答案，每题都做，不要漏选）

A1. 数学是我学得最好的学科之一。（　　）

　　①完全不符合　②比较不符合　③不确定　④比较符合　⑤完全符合

A2. 我的语文是学不好了。（　　）

　　①完全不符合　②比较不符合　③不确定　④比较符合　⑤完全符合

A3. 在大多数的课程学习中，同学们都会来找我帮忙。（　　）

　　①完全不符合　②比较不符合　③不确定　④比较符合　⑤完全符合

A4. 在学习数学中我经常需要帮忙。（　　）

　　①完全不符合　②比较不符合　③不确定　④比较符合　⑤完全符合

A5. 我很想上语文课。（　　）

　　①完全不符合　②比较不符合　③不确定　④比较符合　⑤完全符合

A6. 我很笨，所以进不了大学。（　　）

　　①完全不符合　②比较不符合　③不确定　④比较符合　⑤完全符合

A7. 我很想上数学课。（　　）

　　①完全不符合　②比较不符合　③不确定　④比较符合　⑤完全符合

A8. 在需要阅读能力的测验中我总是考不好。（　　）

　　①完全不符合　②比较不符合　③不确定　④比较符合　⑤完全符合

A9. 要是我真的努力学习，我就会成为同年级中最好的学生之一。（　　）

　　①完全不符合　②比较不符合　③不确定　④比较符合　⑤完全符合

A10. 理解与数学有关的任何问题我都有困难。（　　）

　　①完全不符合　②比较不符合　③不确定　④比较符合　⑤完全符合

A11. 对我来说语文很容易。（　　）

　　①完全不符合　②比较不符合　③不确定　④比较符合　⑤完全符合

A12. 我大多数课程成绩很差。（　　　）

　　　①完全不符合　②比较不符合　③不确定　④比较符合　⑤完全符合

A13. 我喜欢数学。（　　　）

　　　①完全不符合　②比较不符合　③不确定　④比较符合　⑤完全符合

A14. 我在阅读方面不太好。（　　　）

　　　①完全不符合　②比较不符合　③不确定　④比较符合　⑤完全符合

A15. 对绝大多数课程我都学得很快。（　　　）

　　　①完全不符合　②比较不符合　③不确定　④比较符合　⑤完全符合

A16. 在数学考试中我总是做得很糟糕。（　　　）

　　　①完全不符合　②比较不符合　③不确定　④比较符合　⑤完全符合

A17. 语文是我学得最好的课程之一。（　　　）

　　　①完全不符合　②比较不符合　③不确定　④比较符合　⑤完全符合

A18. 在绝大多数课程的学习中我都显得很笨。（　　　）

　　　①完全不符合　②比较不符合　③不确定　④比较符合　⑤完全符合

A19. 我的数学成绩很好。（　　　）

　　　①完全不符合　②比较不符合　③不确定　④比较符合　⑤完全符合

A20. 我讨厌阅读。（　　　）

　　　①完全不符合　②比较不符合　③不确定　④比较符合　⑤完全符合

A21. 我绝大多数课程的成绩都挺好。（　　　）

　　　①完全不符合　②比较不符合　③不确定　④比较符合　⑤完全符合

A22. 我永远不想再上数学课。（　　　）

　　　①完全不符合　②比较不符合　③不确定　④比较符合　⑤完全符合

A23. 我的语文成绩很好。（　　　）

　　　①完全不符合　②比较不符合　③不确定　④比较符合　⑤完全符合

A24. 我学习大多数课程都有困难。（　　　）

　　　①完全不符合　②比较不符合　③不确定　④比较符合　⑤完全符合

A25. 我的数学总是很好。（　　　）

　　　①完全不符合　②比较不符合　③不确定　④比较符合　⑤完全符合

A26. 在写作中我总是表达不好。（　　　）

　　　①完全不符合　②比较不符合　③不确定　④比较符合　⑤完全符合

A27. 我绝大多数课程都学得很好。（　　　）

　　　①完全不符合　②比较不符合　③不确定　④比较符合　⑤完全符合

A28. 我讨厌数学。（　　　）

　　　①完全不符合　②比较不符合　③不确定　④比较符合　⑤完全符合

A29. 我在语文课上学得很快。（　　　）

　　　①完全不符合　②比较不符合　③不确定　④比较符合　⑤完全符合

A30. 大多数课程对我来说太难。（　　　）

　　　①完全不符合　②比较不符合　③不确定　④比较符合　⑤完全符合

量表说明：本量表由陈国鹏修订的马什（1992）的自我描述问卷Ⅱ中选取出与学业自我概念有关的30个题目，构成学业自我概念量表，由语文自我概念、数学自我概念和一般学校情况自我概念等3个维度构成。供选项有"完全不符合""比较不符合""不确定""比较符合"和"完全符合"等5项，采用五点计分法。

数学自我概念包括10道题目，可以划分为两个维度：数学能力自我维度和数学情感自我维度。正向计分题选1得1分，选5得5分。反向计分题选1得5分，选5得1分。这部分可单独使用。

语文自我概念包括10道题目，也划分为两个维度：语文能力自我维度和语文情感自我维度。正向计分题选1得1分，选5得5分。反向计分题选1得5分，选5得1分。这部分可单独使用。

附录 2　学生自尊量表

亲爱的同学：

　　你好！为了了解同学们学习过程中的一些想法或感受，我们邀请你参与此次调查。请根据你的实际情况或感受，选出合适的答案，注意每个问题只能选一个答案。以下各题答案没有好坏对错之分，回答结果只作为科学研究之用。我们对回答结果绝对保密，请认真、如实回答每个问题，你的回答对我们的研究非常重要。

第一部分：你的基本信息

　　学校：_____　班级：_____　年龄：_____　性别：_____　民族：_____
　　你在期中考试中，语文成绩是_____分，数学成绩是_____分。

第二部分：调查项目（每小题只选一个答案，每题都做，不要漏选）

B1. 我感到我是一个有价值的人，至少与其他人在同一水平上。（　　）
　　①完全不符合　②比较不符合　③不确定
　　④比较符合　　⑤完全符合

B2. 我觉得我有许多优点。（　　）
　　①完全不符合　②比较不符合　③不确定
　　④比较符合　　⑤完全符合

B3. 归根结底，我倾向于认为自己是一个失败者。（　　）
　　①完全不符合　②比较不符合　③不确定
　　④比较符合　　⑤完全符合

B4. 我能像大多数人一样把事情做好。（　　）
　　①完全不符合　②比较不符合　③不确定
　　④比较符合　　⑤完全符合

B5. 我觉得自己没有什么值得自豪的地方。（　　）
　　①完全不符合　②比较不符合　③不确定
　　④比较符合　　⑤完全符合

B6. 我对自己持有一种肯定的态度。（　　）
　　①完全不符合　②比较不符合　③不确定
　　④比较符合　　⑤完全符合

B7. 总的来说，我对自己感到满意。（　　）
　　①完全不符合　②比较不符合　③不确定
　　④比较符合　　⑤完全符合

B8. 我希望我能为自己赢得更多尊重。（　　）

　　　　①完全不符合　②比较不符合　③不确定
　　　　④比较符合　　⑤完全符合

B9. 有时我的确感到自己毫无用处。（　　）
　　　　①完全不符合　②比较不符合　③不确定
　　　　④比较符合　　⑤完全符合

B10. 我时常认为自己一无是处。（　　）
　　　　①完全不符合　②比较不符合　③不确定
　　　　④比较符合　　⑤完全符合

　　量表说明：采用 Rosnebegr（1965）编的自尊量表（the self-esteem scale），自尊量表由 10 个条目组成，由被试直接报告所罗列的项目是否符合他们自己。计分方法为分五级评分，总分范围为 10 至 50 分（汪向东，王希林，马弘. 心理卫生评定量表手册（增订版）[M].中国心理卫生杂志社，1999）。

附录3 UWES–S学习投入量表

亲爱的同学：

你好！为了了解同学们学习过程中的一些想法或感受，我们邀请你参与此次调查。请根据你的实际情况或感受，选出合适的答案，注意每个问题只能选一个答案。以下各题答案没有好坏对错之分，回答结果只作为科学研究之用。我们对回答结果绝对保密，请认真、如实回答每个问题，你的回答对我们的研究非常重要。

第一部分：你的基本信息

学校：_____ 班级：_____ 年龄：_____ 性别：_____ 民族：_____

你在期中考试中，语文成绩是_____分，数学成绩是_____分。

第二部分：调查项目（每小题只选一个答案，**每题都做，不要漏选**）

C1. 早晨一起床，我就乐意去学习。（   ）
　　①从来没有　②几乎没有　③经常没有　④不确定　⑤偶尔　⑥经常　⑦总是

C2. 学习时，我感到精力充沛。（   ）
　　①从来没有　②几乎没有　③经常没有　④不确定　⑤偶尔　⑥经常　⑦总是

C3. 即使学习不顺利，我也毫不气馁，能够坚持不懈。（   ）
　　①从来没有　②几乎没有　③经常没有　④不确定　⑤偶尔　⑥经常　⑦总是

C4. 我能持续学习很长时间，中间不需要休息。（   ）
　　①从来没有　②几乎没有　③经常没有　④不确定　⑤偶尔　⑥经常　⑦总是

C5. 学习时，即使精神疲劳，我也能很快恢复。（   ）
　　①从来没有　②几乎没有　③经常没有　④不确定　⑤偶尔　⑥经常　⑦总是

C6. 学习时，我浑身有力而且干劲十足。（   ）
　　①从来没有　②几乎没有　③经常没有　④不确定　⑤偶尔　⑥经常　⑦总是

C7. 我发现学习富有挑战性。（   ）
　　①从来没有　②几乎没有　③经常没有　④不确定　⑤偶尔　⑥经常　⑦总是

C8. 学习激发我的灵感。（   ）
　　①从来没有　②几乎没有　③经常没有　④不确定　⑤偶尔　⑥经常　⑦总是

C9. 我对学习充满热情。（   ）
　　①从来没有　②几乎没有　③经常没有　④不确定　⑤偶尔　⑥经常　⑦总是

C10. 我因我的学习而感到自豪。（   ）
　　①从来没有　②几乎没有　③经常没有　④不确定　⑤偶尔　⑥经常　⑦总是

C11. 我发现学习目的明确，而且很有意义。（   ）
　　①从来没有　②几乎没有　③经常没有　④不确定　⑤偶尔　⑥经常　⑦总是

C12. 学习时，我忘了周围的一切。（　　）
　　①从来没有　②几乎没有　③经常没有　④不确定　⑤偶尔　⑥经常　⑦总是

C13. 学习时，我感到时间过得很快。（　　）
　　①从来没有　②几乎没有　③经常没有　④不确定　⑤偶尔　⑥经常　⑦总是

C14. 学习时，我心里只想着学习。（　　）
　　①从来没有　②几乎没有　③经常没有　④不确定　⑤偶尔　⑥经常　⑦总是

C15. 我难以放下手中的学习。（　　）
　　①从来没有　②几乎没有　③经常没有　④不确定　⑤偶尔　⑥经常　⑦总是

C16. 我沉浸在学习中。（　　）
　　①从来没有　②几乎没有　③经常没有　④不确定　⑤偶尔　⑥经常　⑦总是

C17. 全身心投入学习时，我感到很快乐。（　　）
　　①从来没有　②几乎没有　③经常没有　④不确定　⑤偶尔　⑥经常　⑦总是

　　量表说明：该量表由方来坛、时勘、张风华（2008）在研究 Schaufeli 等人编制的学习投入量表的基础上翻译并修订所得，包括活力（Vigor）、奉献（Dedication）和专注（Absorpotion）三个分量表，分别含有 6 个、5 个和 6 个和项目。量表采用李克特七点计分法，从 1~7 分别表示从来没有、几乎没有、经常没有、不确定、偶尔、经常、总是。量表的内部一致性信度为 0.82~0.95，相关系数为 0.76~0.77，项目荷载为 0.42~0.81，拟合度较好，信效度较高。

附录4 数学学习动机问卷

亲爱的同学：

你好！为了了解同学们学习过程中的一些想法或感受，我们邀请你参与此次调查。请根据你的实际情况或感受，选出合适的答案，注意每个问题只能选一个答案。以下各题答案没有好坏对错之分，回答结果只作为科学研究之用。我们对回答结果绝对保密，请认真、如实回答每个问题，你的回答对我们的研究非常重要。

第一部分：你的基本信息

学校：_____　班级：_____　年龄：_____　性别：_____　民族：_____

你在期中考试中，语文成绩是_____分，数学成绩是_____分。

第二部分：调查项目（每小题只选一个答案，每题都做，不要漏选）

D1. 做数学题目的就是为了得出正确的答案。（　　　）
　　①总是这样　②经常这样　③有时这样　④很少这样　⑤从不这样

D2. 我认为，数学题目做得越多，数学成绩就会越好。（　　　）
　　①总是这样　②经常这样　③有时这样　④很少这样　⑤从不这样

D3. 因为数学是我今后生活所必需的，所以我非常努力地学习它。（　　　）
　　①总是这样　②经常这样　③有时这样　④很少这样　⑤从不这样

D4. 我认为，数学成绩是我在学校学习中成功或失败的最重要的标志。（　　　）
　　①总是这样　②经常这样　③有时这样　④很少这样　⑤从不这样

D5. 只有非常聪明的人才能学好数学。（　　　）
　　①总是这样　②经常这样　③有时这样　④很少这样　⑤从不这样

D6. 数学非常难学，但它能给我成功感，增强我的学习信心，所以我喜欢它。（　　　）
　　①总是这样　②经常这样　③有时这样　④很少这样　⑤从不这样

D7. 数学学习中，只要我做出努力，就会取得好成绩。（　　　）
　　①总是这样　②经常这样　③有时这样　④很少这样　⑤从不这样

D8. 数学学习中，我以能够取到好分数为目的。（　　　）
　　①总是这样　②经常这样　③有时这样　④很少这样　⑤从不这样

问卷说明：依据成就动机理论，主要考虑成绩目标取向和学习目标取向设计问卷。成绩目标取向分卷的同质性系数为 0.653 1，学习目标取向的同质性系数为 0.402 2。其中，成绩目标取向：第2、4、7、8题共4题；学习目标取向：第1、3、5、6题共4题。

附录5　数学学习焦虑问卷

亲爱的同学：

　　你好！为了了解同学们学习过程中的一些想法或感受，我们邀请你参与此次调查。请根据你的实际情况或感受，选出合适的答案，注意每个问题只能选一个答案。以下各题答案没有好坏对错之分，回答结果只作为科学研究之用。我们对回答结果绝对保密，请认真、如实回答每个问题，你的回答对我们的研究非常重要。

第一部分：你的基本信息

学校：_____　班级：_____　年龄：_____　性别：_____　民族：_____

你在期中考试中，语文成绩是_____分，数学成绩是_____分。

第二部分：调查项目（每小题只选一个答案，每题都做，不要漏选）

E1. 数学考试时，越想考好，我越觉得慌乱。（　　　）

　　①完全不同意　②比较不同意　③不能确定　④很同意　⑤完全同意

E2. 上数学课时，回答老师的提问而出错，我会感到难堪。（　　　）

　　①完全不同意　②比较不同意　③不能确定　④很同意　⑤完全同意

E3. 跟同学一起做数学题时，同学做对了，而自己做错了时，我会感到很难受。（　　　）

　　①完全不同意　②比较不同意　③不能确定　④很同意　⑤完全同意

E4. 我常因在数学课上听不懂而感到难过。（　　　）

　　①完全不同意　②比较不同意　③不能确定　④很同意　⑤完全同意

E5. 同学在讨论数学时，我会感到紧张。（　　　）

　　①完全不同意　②比较不同意　③不能确定　④很同意　⑤完全同意

E6. 考数学的时候，我会紧张得流汗。（　　　）

　　①完全不同意　②比较不同意　③不能确定　④很同意　⑤完全同意

E7. 我担心父母对我的数学成绩感到失望。（　　　）

　　①完全不同意　②比较不同意　③不能确定　④很同意　⑤完全同意

E8. 我会因为明天要考数学而睡不着。（　　　）

　　①完全不同意　②比较不同意　③不能确定　④很同意　⑤完全同意

E9. 数学试卷发下来后，我常会因为答案错误而难过。（　　　）

　　①完全不同意　②比较不同意　③不能确定　④很同意　⑤完全同意

E10. 在数学考试前，我常常会担心自己考不好。（　　　）

　　①完全不同意　②比较不同意　③不能确定　④很同意　⑤完全同意

　　问卷说明：数学学习焦虑问卷参考国内有关数学焦虑问卷自编而成，由学习焦虑和考试焦虑两部分共10道选择题组成，采用五点计分法，克伦巴赫系数为0.753。

附录6 数学教师期望问卷

亲爱的同学：

你好！为了了解同学们学习过程中的一些想法或感受，我们邀请你参与此次调查。请根据你的实际情况或感受，选出合适的答案，注意每个问题只能选一个答案。以下各题答案没有好坏对错之分，回答结果只作为科学研究之用。我们对回答结果绝对保密，请认真、如实回答每个问题，你的回答对我们的研究非常重要。

第一部分：你的基本信息

学校：_____ 班级：_____ 年龄：_____ 性别：_____ 民族：_____

你在期中考试中，语文成绩是_____分，数学成绩是_____分。

第二部分：调查项目（每小题只选一个答案，每题都做，不要漏选）

F1. 数学老师发现我有些没听懂时，会耐心地再给我讲一遍。（　　　）
　　①完全符合　②大部分符合　③部分符合部分不符合
　　④大部分不符合　　　　⑤完全不符合

F2. 当我回答问题时，数学老师经常耐心倾听、点头赞同。（　　　）
　　①完全符合　②大部分符合　③部分符合部分不符合
　　④大部分不符合　　　　⑤完全不符合

F3. 数学老师态度严厉，经常批评我。（　　　）
　　①完全符合　②大部分符合　③部分符合部分不符合
　　④大部分不符合　　　　⑤完全不符合

F4. 数学老师经常用其中之一（微笑、点头、手势、目光）鼓励我。（　　　）
　　①完全符合　②大部分符合　③部分符合部分不符合
　　④大部分不符合　　　　⑤完全不符合

F5. 数学老师非常喜欢我，经常和我交往、谈心，帮助我。（　　　）
　　①完全符合　②大部分符合　③部分符合部分不符合
　　④大部分不符合　　　　⑤完全不符合

F6. 我常担心数学老师对我不好的看法而感到焦虑不安。（　　　）
　　①完全符合　②大部分符合　③部分符合部分不符合
　　④大部分不符合　　　　⑤完全不符合

F7. 在数学课上我常担心自己的言行会遭到老师的批评。（　　　）
　　①完全符合　②大部分符合　③部分符合部分不符合
　　④大部分不符合　　　　⑤完全不符合

F8. 当我学习有进步时，经常得到数学老师的表扬。（　　　）
①完全符合　②大部分符合　③部分符合部分不符合
④大部分不符合　　　　⑤完全不符合

F9. 当我回答问题不正确时，数学老师就及时启发诱导我回答问题。（　　　）
①完全符合　②大部分符合　③部分符合部分不符合
④大部分不符合　　　　⑤完全不符合

F10. 数学课上老师经常提问我。（　　　）
①完全符合　②大部分符合　③部分符合部分不符合
④大部分不符合　　　　⑤完全不符合

F11. 我觉得数学老师对我的成绩感到很失望，对我没有信心。（　　　）
①全符合　　②大部分符合　③部分符合部分不符合
④大部分不符合　　　　⑤完全不符合

问卷说明：数学教师期望问卷是学生知觉到的数学教师期望问卷，共有11题，包括教师态度和教师行为两个因素。其中，教师态度是指学生知觉到的对教师的一种情感的评价性反应，包括4道题目（第5、6、7、11题）；教师行为是指学生知觉到的教师活动方式，包括7项题目（第1、2、3、4、8、9、10题）。采用五点计分法，共55分，其中教师态度共20分、教师行为35分。

附录7　同学数学评价问卷

亲爱的同学：

你好！为了了解同学们学习过程中的一些想法或感受，我们邀请你参与此次调查。请根据你的实际情况或感受，选出合适的答案，注意每个问题只能选一个答案。以下各题答案没有好坏对错之分，回答结果只作为科学研究之用。我们对回答结果绝对保密，请认真、如实回答每个问题，你的回答对我们的研究非常重要。

第一部分：你的基本信息

学校：_____　班级：_____　年龄：_____　性别：_____　民族：_____

你在期中考试中，语文成绩是_____分，数学成绩是_____分。

第二部分：调查项目（每小题只选一个答案，**每题都做，不要漏选**）

G1. 同学们认为我的数学成绩很差，对我学好数学没有信心。（　　　）

　　①完全符合　②大部分符合　③部分符合部分不符合

　　④大部分不符合　　　　　⑤完全不符合

G2. 当我回答数学问题时，同学经常耐心倾听、点头赞同。（　　　）

　　①完全符合　②大部分符合　③部分符合部分不符合

　　④大部分不符合　　　　　⑤完全不符合

G3. 同学们对我的态度不好，经常指责我数学成绩差。（　　　）

　　①完全符合　②大部分符合　③部分符合部分不符合

　　④大部分不符合　　　　　⑤完全不符合

G4. 同学们经常用微笑、点头、手势、目光等方式赞赏我在数学方面的表现。（　　　）

　　①完全符合　②大部分符合　③部分符合部分不符合

　　④大部分不符合　　　　　⑤完全不符合

G5. 我常常因担心同学们认为我的数学成绩差而感到焦虑不安。（　　　）

　　①完全符合　②大部分符合　③部分符合部分不符合

　　④大部分不符合　　　　　⑤完全不符合

G6. 同学们非常喜欢我，经常和我交往、谈心，讨论数学学习有关的问题。（　　　）

　　①完全符合　②大部分符合　③部分符合部分不符合

　　④大部分不符合　　　　　⑤完全不符合

G7. 在数学课上我常担心自己的言行会遭到同学的冷笑。（　　　）

　　①完全符合　②大部分符合　③部分符合部分不符合

　　④大部分不符合　　　　　⑤完全不符合

G8. 当我回答数学问题不正确时，同学们就及时提示我。（　　　）

①全符合　②大部分符合　　③部分符合部分不符合

④大部分不符合　　　　⑤完全不符合

问卷说明：同学数学评价问卷是学生知觉到同班同学对他本人在数学方面评价的问卷，共8题，主要包括同学的态度和行为表现等两个维度。量表由8道选择题组成，供选项从"完全不符合"到"完全符合"共5项，采用五点计分法。经研究，本量表的克伦巴赫系数为0.736，量表具有较高的信度。

附录8 中学生数学学习投入问卷

亲爱的同学：

你好！为了了解同学们学习过程中的一些想法或感受，我们邀请你参与此次调查。请根据你的实际情况或感受，选出合适的答案，注意每个问题只能选一个答案。以下各题答案没有好坏对错之分，回答结果只作为科学研究之用。我们对回答结果绝对保密，请认真、如实回答每个问题，你的回答对我们的研究非常重要。

第一部分：基本信息

学校：_____ 班级：_____ 年龄：_____ 性别：_____ 民族：_____

你在期中考试中，语文成绩是_____分，数学成绩是_____分。

第二部分：调查项目（每小题只选一个答案，每题都做，不要漏选）

──────────────问卷1──────────────

1. 数学课上，我积极举手回答老师的问题。（　　）
　　①从不这样　②很少这样　③有时这样　④经常这样　⑤总是这样

2. 数学课上，老师要求看书时，我会认真看书。（　　）
　　①从不这样　②很少这样　③有时这样　④经常这样　⑤总是这样

3. 数学课上，老师要求同学互相讨论时，我会和同学积极讨论。（　　）
　　①从不这样　②很少这样　③有时这样　④经常这样　⑤总是这样

4. 当我做错题目时，我会努力改正直到弄懂为止。（　　）
　　①从不这样　②很少这样　③有时这样　④经常这样　⑤总是这样

5. 数学课下课，我会找数学老师（或同学）问自己在课上不懂的题目和没有听懂的地方。（　　）
　　①从不这样　②很少这样　③有时这样　④经常这样　⑤总是这样

6. 我每次课后作业时间，数学安排的时间最多。（　　）
　　①从不这样　②很少这样　③有时这样　④经常这样　⑤总是这样

7. 老师要求做的课堂练习我都会认真完成。（　　）
　　①从不这样　②很少这样　③有时这样　④经常这样　⑤总是这样

8. 上数学课时，我认真听老师讲课。（　　）
　　①从不这样　②很少这样　③有时这样　④经常这样　⑤总是这样

9. 如果我不能一下子把问题做出来，我会一直试下去，直到解决问题为止。（　　）
　　①从不这样　②很少这样　③有时这样　④经常这样　⑤总是这样

10. 除了完成老师布置的数学作业外，我通常花（　　　）用于课外数学学习。
　　①0~30分钟　②30~60分钟　③1小时到1.5小时　④1.5小时到2小时
　　⑤2小时以上

———————————— 问卷2 ————————————

1. 我觉得动脑筋解答数学难题是一种乐趣。（　　　）
　　①从不这样　②很少这样　③有时这样　④经常这样　⑤总是这样

2. 当老师讲新的学习内容时，我感觉感兴趣。（　　　）
　　①从不这样　②很少这样　③有时这样　④经常这样　⑤总是这样

3. 虽然我觉得数学学习是艰苦的，但是我对解答数学问题很有兴趣。（　　　）
　　①从不这样　②很少这样　③有时这样　④经常这样　⑤总是这样

4. 对数学考试，我会感到很紧张。（　　　）
　　①从不这样　②很少这样　③有时这样　④经常这样　⑤总是这样

5. 在数学考试时，当我有题目做不出来的时候，我心里很焦急。（　　　）
　　①从不这样　②很少这样　③有时这样　④经常这样　⑤总是这样

6. 我一做到有点复杂的题目时就烦躁。（　　　）
　　①从不这样　②很少这样　③有时这样　④经常这样　⑤总是这样

7. 当我做对数学习题时，我觉得很高兴。（　　　）
　　①从不这样　②很少这样　③有时这样　④经常这样　⑤总是这样

8. 如果有道题目全班就我一个人做出来，我会心里偷偷地乐。（　　　）
　　①从不这样　②很少这样　③有时这样　④经常这样　⑤总是这样

9. 尽管数学学习很艰苦，但是我会下苦功学好数学。（　　　）
　　①从不这样　②很少这样　③有时这样　④经常这样　⑤总是这样

10. 当学习新的数学内容时，我觉得很累。（　　　）
　　①从不这样　②很少这样　③有时这样　④经常这样　⑤总是这样

11. 我不太喜欢上数学课。（　　　）
　　①从不这样　②很少这样　③有时这样　④经常这样　⑤总是这样

12. 我很讨厌写数学作业。（　　　）
　　①从不这样　②很少这样　③有时这样　④经常这样　⑤总是这样

———————————— 问卷3 ————————————

1. 我觉得牢记公式和方法是学习数学的最好方法。（　　　）
　　①从不这样　②很少这样　③有时这样　④经常这样　⑤总是这样

2. 我觉得记忆一个课题的事实和细节，比全面理解更好。（　　　）
　　①从不这样　②很少这样　③有时这样　④经常这样　⑤总是这样

3. 在数学学习中，记忆应用题的解题方法是非常有用的。（　　　）
　　①从不这样　②很少这样　③有时这样　④经常这样　⑤总是这样

4. 我会在学完数学定理、公式后，自问它到底是怎样得来的，可以用在哪些地方。（　　　）
　　①从不这样　②很少这样　③有时这样　④经常这样　⑤总是这样

5. 解完数学题后，我会思考这道题还有没有其他的解法，争取一题多解。（　　）
① 从不这样　② 很少这样　③ 有时这样　④ 经常这样　⑤ 总是这样

6. 我会自己总结当天所学数学内容的重点，做到对所学的数学知识心中有数。（　　）
① 从不这样　② 很少这样　③ 有时这样　④ 经常这样　⑤ 总是这样

7. 在数学学习中，我喜欢记忆解题的方法技巧，这是很有效的方法。（　　）
① 从不这样　② 很少这样　③ 有时这样　④ 经常这样　⑤ 总是这样

8. 我喜欢多做题目，越多越好，这样我才能记住。（　　）
① 从不这样　② 很少这样　③ 有时这样　④ 经常这样　⑤ 总是这样

9. 在学习数学过程中，我总是向自己提出一些问题，这些问题帮助我理解主要内容。
（　　）
① 从不这样　② 很少这样　③ 有时这样　④ 经常这样　⑤ 总是这样

10. 做完一道题目，我会继续思考这道题可否推广、变形或得到比较有意义的特例。
（　　）
① 从不这样　② 很少这样　③ 有时这样　④ 经常这样　⑤ 总是这样

　　问卷说明：本问卷参考孔企平的数学学习参与问卷编制而成，包括数学行为投入（包括课堂行为表现和课后行为表现）、数学情感投入（包括乐趣、成功和焦虑、厌倦）和数学认知投入（包括浅层认知和深层认知）等三个分量表共计32题，其中问卷1是数学行为投入，问卷2是数学情感投入，问卷3是数学认知投入。采用五点计分法，选项从"从不这样"到"总是这样"共5项，量表总分范围32~160。在本研究中，该量表的克伦巴赫系数 $\alpha = 0.873$，具有较高的信度，说明符合心理测量学的要求。其中，问卷1是行为投入，包括课堂表现和课后表现两个维度。课堂表现包括第1、2、3、7、8题等题目，课后表现包括第4、5、6、9、10题等题目。问卷2是情感投入，包括乐趣、成功感和焦虑、厌倦感两个维度。乐趣、成功感包括第1、2、3、7、8、9题等题目。焦虑、厌倦感包括第4、5、6、10、11、12题等题。问卷3是认知投入，包括浅层次认知和深层次认知两个维度。浅层次认知包括第1、2、3、7、8题等题目。深层次认知包括第4、5、6、9、10题等题目。

附录9 中小学生心理健康诊断测验

同学们，本测试是调查你的心情和感受的，不是测验智力和学习能力，与学习成绩无关，答案也没有好坏之分，请按照你平时所想的如实回答。

每个问题都只有"是"和"不是"两种可供选择答案，请在每题后相应的字母上划圈"○"。请回答每一道题。

学校：_____ 年级：_____ 班级：_____ 学号：_____ 姓名：_____

1. 你夜里睡觉时，是否总想着明天的功课？　　　　　　　　　a. 是　b. 不是
2. 老师向全班提问时，你是否会觉得是在提问自己而感到不安？　a. 是　b. 不是
3. 你是否一听说"要考试"心里就紧张？　　　　　　　　　　　a. 是　b. 不是
4. 你考试成绩不好时，心里是否感到不快？　　　　　　　　　a. 是　b. 不是
5. 你学习成绩不好时，是否总是提心吊胆？　　　　　　　　　a. 是　b. 不是
6. 当你考试时，想不起原来掌握的知识时，是否会感到焦虑？　a. 是　b. 不是
7. 你考试后，在没有知道成绩之前，是否总是放心不下？　　　a. 是　b. 不是
8. 你是否一遇到考试，就担心会考坏？　　　　　　　　　　　a. 是　b. 不是
9. 你是否希望考试能顺利通过？　　　　　　　　　　　　　　a. 是　b. 不是
10. 你在完成任务之前，是否总担心完不成任务？　　　　　　a. 是　b. 不是
11. 你当大家面朗读课文时，是否总是怕读错？　　　　　　　a. 是　b. 不是
12. 你是否认为学校里得到的学习成绩总是不大可靠？　　　　a. 是　b. 不是
13. 你是否认为自己比别人更担心学习？　　　　　　　　　　a. 是　b. 不是
14. 你是否做过考试考坏了的梦？　　　　　　　　　　　　　a. 是　b. 不是
15. 你是否做过学习成绩不好时，受到爸爸妈妈或老师训斥的梦？a. 是　b. 不是
16. 你是否经常觉得有同学在背后说你的坏话？　　　　　　　a. 是　b. 不是
17. 你受到父母批评后，是否总是想不开，放在心上？　　　　a. 是　b. 不是
18. 你在游戏或与别人的竞争中输给对方，是否就不想再干了？a. 是　b. 不是
19. 人家在背后议论你，你是否感到讨厌？　　　　　　　　　a. 是　b. 不是
20. 你在大家面前或被老师提问时，是否会脸红？　　　　　　a. 是　b. 不是
21. 你是否很担心叫你担任班级工作？　　　　　　　　　　　a. 是　b. 不是
22. 你是否总是觉得好像有人在注意你？　　　　　　　　　　a. 是　b. 不是
23. 你在工作或学习时，如果有人在注意你，你心里是否紧张？a. 是　b. 不是
24. 你受到批评时，心情是否不愉快？　　　　　　　　　　　a. 是　b. 不是
25. 你受到老师批评时，心里是否总是不安？　　　　　　　　a. 是　b. 不是
26. 同学们在笑时，你是否也不大会笑？　　　　　　　　　　a. 是　b. 不是

27. 你是否觉得到同学家里去玩不如在自己家里玩？　　　a. 是　b. 不是

28. 你和大家在一起时，是否也觉得自己是孤单的一个人？　a. 是　b. 不是

29. 你是否觉得和同学一起玩，不如自己一个人玩？　　　a. 是　b. 不是

30. 同学们在交谈时，你是否不想加入？　　　　　　　a. 是　b. 不是

31. 你和大家在一起时，是否觉得自己是多余的人？　　a. 是　b. 不是

32. 你是否讨厌参加运动会和文艺演出会？　　　　　　a. 是　b. 不是

33. 你的朋友是否很少？　　　　　　　　　　　　　　a. 是　b. 不是

34. 你是否不喜欢同别人谈话？　　　　　　　　　　　a. 是　b. 不是

35. 在人多的地方，你是否觉得很怕？　　　　　　　　a. 是　b. 不是

36. 你在打排球、篮球、踢足球、拔河、广播操等体育比赛输了时，心里是否一直认为自己做得不好？　　　　　　　　　　　　　　　　a. 是　b. 不是

37. 你受到批评后，是否总认为是自己不好？　　　　　a. 是　b. 不是

38. 别人笑你的时候，你是否会认为是自己做错了什么事？　a. 是　b. 不是

39. 你学习成绩不好时，是否总是认为自己不用功的缘故？　a. 是　b. 不是

40. 你失败的时候，是否总是认为是自己的责任？　　　a. 是　b. 不是

41. 大家受到责备时，你是否认为主要是自己的过错？　a. 是　b. 不是

42. 你在乒乓球、羽毛球、篮球、踢足球、拔河、广播操等体育比赛时，是否一出错就特别留神？　　　　　　　　　　　　　　　　　a. 是　b. 不是

43. 碰到为难的事情时，你是否认为自己难以应付？　　a. 是　b. 不是

44. 你是否有时会后悔，那件事不做就好了？　　　　　a. 是　b. 不是

45. 你和同学吵架以后，是否总是认为是自己的错？　　a. 是　b. 不是

46. 你心里是否总想为班级做点好事？　　　　　　　　a. 是　b. 不是

47. 你学习的时候，思想是否经常开小差？　　　　　　a. 是　b. 不是

48. 你把东西借给别人时，是否担心别人会把东西弄坏？　a. 是　b. 不是

49. 碰到不顺利的事情时，你心里是否很烦躁？　　　　a. 是　b. 不是

50. 你是否非常担心家里有人生病或死去？　　　　　　a. 是　b. 不是

51. 你是否在梦里见到过死去的人？　　　　　　　　　a. 是　b. 不是

52. 你对收音机和汽车的声音是否特别敏感？　　　　　a. 是　b. 不是

53. 你心里是否总觉得好像有什么事没有做好？　　　　a. 是　b. 不是

54. 你是否担心会发生什么意外的事？　　　　　　　　a. 是　b. 不是

55. 你在决定要做什么事时，是否总是犹豫不决？　　　a. 是　b. 不是

56. 你手上是否经常出汗？　　　　　　　　　　　　　a. 是　b. 不是

57. 你害羞时是否会脸红？　　　　　　　　　　　　　a. 是　b. 不是

58. 你是否经常头痛？　　　　　　　　　　　　　　　a. 是　b. 不是

59. 你被老师提问时，心里是否总是很紧张？　　　　　a. 是　b. 不是

60. 你没有参加运动，心脏是否经常扑通扑通地跳？　　a. 是　b. 不是

61. 你是否很容易疲劳？　　　　　　　　　　　　　　a. 是　b. 不是

62. 你是否很不愿吃药？　　　　　　　　　　　　　　a. 是　b. 不是

63. 夜里你是否很难入睡？　　　　　　　　　　　　　a. 是　b. 不是

64. 你是否总觉得身体好像有什么毛病？　　　　　　　a. 是　b. 不是
65. 你是否经常认为自己的体型和面孔比别人难看？　　a. 是　b. 不是
66. 你是否经常觉得肠胃不好？　　　　　　　　　　　a. 是　b. 不是
67. 你是否经常咬指甲？　　　　　　　　　　　　　　a. 是　b. 不是
68. 你是否舔指头？　　　　　　　　　　　　　　　　a. 是　b. 不是
69. 你是否经常感到呼吸困难？　　　　　　　　　　　a. 是　b. 不是
70. 你去厕所的次数是否比别人多？　　　　　　　　　a. 是　b. 不是
71. 你是否很怕到高的地方去？　　　　　　　　　　　a. 是　b. 不是
72. 你是否害怕很多东西？　　　　　　　　　　　　　a. 是　b. 不是
73. 你是否经常做噩梦？　　　　　　　　　　　　　　a. 是　b. 不是
74. 你胆子是否很小？　　　　　　　　　　　　　　　a. 是　b. 不是
75. 夜里，你是否很怕一个人在房间里睡觉？　　　　　a. 是　b. 不是
76. 你乘车穿过隧道或路过高架桥时，是否很怕？　　　a. 是　b. 不是
77. 你是否整夜开着灯睡觉？　　　　　　　　　　　　a. 是　b. 不是
78. 你听到打雷声是否非常害怕？　　　　　　　　　　a. 是　b. 不是
79. 你是否非常害怕黑暗？　　　　　　　　　　　　　a. 是　b. 不是
80. 你是否感到后面有人跟着你？　　　　　　　　　　a. 是　b. 不是
81. 你是否经常生气？　　　　　　　　　　　　　　　a. 是　b. 不是
82. 你是否不想得到好的成绩？　　　　　　　　　　　a. 是　b. 不是
83. 你是否经常会突然想哭？　　　　　　　　　　　　a. 是　b. 不是
84. 你以前是否说过谎话？　　　　　　　　　　　　　a. 是　b. 不是
85. 你有时是否会觉得，还是死了好？　　　　　　　　a. 是　b. 不是
86. 你是否一次都没有失约过？　　　　　　　　　　　a. 是　b. 不是
87. 你是否经常想大声喊叫？　　　　　　　　　　　　a. 是　b. 不是
88. 你是否不愿说出别人不让说的事？　　　　　　　　a. 是　b. 不是
89. 你有时是否想过自己一个人到远的地方去？　　　　a. 是　b. 不是
90. 你是否总是很有礼貌？　　　　　　　　　　　　　a. 是　b. 不是
91. 你被人说了坏话，是否想立即采取报复行为？　　　a. 是　b. 不是
92. 老师或父母说的话，你是否都照办？　　　　　　　a. 是　b. 不是
93. 你心里不开心，是否会乱丢、乱砸东西？　　　　　a. 是　b. 不是
94. 你是否发过怒？　　　　　　　　　　　　　　　　a. 是　b. 不是
95. 你想要的东西，是否就一定要拿到手？　　　　　　a. 是　b. 不是
96. 你不喜欢的功课老师提前下课，你是否会感到特别高兴？　a. 是　b. 不是
97. 你是否经常想从高的地方跳下来？　　　　　　　　a. 是　b. 不是
98. 你是否无论对谁都很亲热？　　　　　　　　　　　a. 是　b. 不是
99. 你是否会经常急躁得坐立不安？　　　　　　　　　a. 是　b. 不是
100. 对不认识的人，你是否会都喜欢？　　　　　　　 a. 是　b. 不是

测验说明：（1）本测验是根据我国华南师范大学心理系由日本铃木清等人编制的不安

倾向诊断测验修订而成的中小学生心理健康诊断测验（简称MHT）编制而成。本量表可用于团体测验，也可以用于个人测验。本量表来源于：陈雪枫，刘科荣，宁斌编. 中小学生心理测评与心理档案［M］. 广州：暨南大学出版社，1997.

（2）本量表由8个分量表构成，分别是学习焦虑（第1～15题）、对人焦虑（第16～25题）、孤独倾向（第26～35题）、自责倾向（第36～45题）、过敏倾向（第46～55题）、身体倾向（第56～70题）、恐怖倾向（第71～80题）、冲动倾向（第81、83、85、87、89、91、93、95、97、99题）和一个效度量表（也称为说谎量表：第82、84、86、88、90、92、94、96、98、100题）。

（3）计分方法：选"a. 是"计1分，选择"b. 不是"计0分。

（4）若以上任何一个分量表上的标准分超过8分时，就必须为他制订有针对性的特别指导计划。整个测验的总分在65分以上者，需要制订特别的个人指导计划。这种人在日常生活中有不适应行为，其目的是消除焦虑。当他们有攻击和暴力行为时，如果进行惩罚反而增强焦虑，必须用其他方法进行指导。日常不引人注目的人，虽然不会给别带来麻烦，但不可放过，应制订计划以改变其退避的性格。说谎量表的得分范围是0～10，如果测验得分在7分以上的人，要在适当时候重新进行测验。各分量表的含义见表1。

表1 各分量表的含义

序号	分量表名称	高分的含义	低分的含义
1	学习焦虑	对考试怀有恐惧，无法安心学习，十分关心考试分数	学习焦虑低，学习不会受到干扰，能正确对待考试成绩
2	对人焦虑	过分注重自己的形象，害怕与人交往，退缩	热情、大方、容易结交朋友
3	孤独倾向	孤独、抑郁，不善与人交往，自我封闭	爱好社交，喜欢寻求刺激，喜欢与他人一起
4	自责倾向	自卑，常怀疑自己的能力，常将失败、过失归咎自己	自信，能正确看待失败
5	过敏倾向	过于敏感，容易为一些小事而烦恼	敏感性较低，能较好地处理日常事务
6	身体倾向	极度焦虑时，会出现呕吐失眠、小便失禁等明显症状	基本没有身体异常表现
7	恐怖倾向	对某些日常事物，如黑暗等，有较严重的恐惧感	基本没有恐惧感
8	冲动倾向	十分冲动，自制力差	基本没有冲动

附录10　学习坚持性问卷

指导语：下面是关于学习方面的一些情况，请你都按照自己在学习过程中的实际做法来回答，即从各题后面的选项中选出最符合你的一项，并在相应的字母上画"○"。

年级：＿＿＿＿＿　班别：＿＿＿＿＿　姓名：＿＿＿＿＿　学号：＿＿＿＿＿　性别：＿＿＿＿＿

1. 你是否有因为和朋友、同学玩的时间过长而挤掉了学习时间？
    a. 不这样　　　　　　　　b. 有时这样　　　　　　　　c. 经常这样
2. 学习时，你能努力在规定时间完成任务吗？
    a. 总是努力　　　　　　　b. 有时努力　　　　　　　　c. 不努力
3. 当在参考书或习题集上发现了你过去不能解答问题的答案时，你是否会在两三天之内再次尝试去解决这个问题？
    a. 基本上会　　　　　　　b. 有时会　　　　　　　　　c. 不会
4. 由于教室、或外面吵闹，你能够专心学习吗？
    a. 经常能够　　　　　　　b. 有时能　　　　　　　　　c. 不能
5. 你是否不顾别人的指责，不断去做你认为对的事？
    a. 常常是　　　　　　　　b. 有时是　　　　　　　　　c. 不是
6. 你是否即使好朋友劝说，也不做不喜欢的事？
    a. 总是　　　　　　　　　b. 有时是　　　　　　　　　c. 不是
7. 在生活或学习上一旦决定了做什么，你能坚持到底吗？
    a. 能　　　　　　　　　　b. 只能坚持一周左右　　　　c. 坚持两三天就停止了
8. 当你开始做一件事时，即使有些辛苦，你也能坚持到底吗？
    a. 坚持做完　　　　　　　b. 有时半途而废　　　　　　c. 多半途而废
9. 做一些比较单调的作业，你是否会立即感到厌烦？
    a. 不　　　　　　　　　　b. 有时是　　　　　　　　　c. 常常是
10. 丢了东西又怎么也找不着时，你是否不厌其烦地坚持找下去？
    a. 是　　　　　　　　　　b. 有时是　　　　　　　　　c. 多半途而废
11. 遇到困难的问题，你是否耐心而努力地坚持到底？
    a. 总是　　　　　　　　　b. 有时不是　　　　　　　　c. 不是
12. 比赛中即使输定了，你也一定坚持到底吗？
    a. 一定　　　　　　　　　b. 有时中途放弃　　　　　　c. 中途放弃
13. 在共同活动中，如果不顺利时，你是否会马上发牢骚不参加活动？
    a. 不这样　　　　　　　　b. 有时这样　　　　　　　　c. 常常这样

14. 不管做什么事，你是否在结束时，把东西都整理好？
　　a. 总是这样　　　　　　　b. 有时这样　　　　　　　c. 不这样
15. 你是否认为自己不论做什么，都是徒劳无用的？
　　a. 不认为　　　　　　　　b. 有时认为　　　　　　　c. 常常认为
16. 你能否锲而不舍地把一项工作耐心地坚持下去？
　　a. 能　　　　　　　　　　b. 有时不能　　　　　　　c. 基本上不能
17. 你是否因生病了，就不去上课？
　　a. 不是　　　　　　　　　b. 有时是　　　　　　　　c. 经常是

　　问卷说明：该问卷是根据周步成的学习适应性问卷中"毅力"内容量表修订而成，测查学生在遇到学习困难与学习障碍或外界无关刺激时坚持努力的程度。评分方法采用三点记分法，分数越高代表学习坚持性程度越高。